Studienwissen kompakt

Mit dem Springer-Lehrbuchprogramm „Studienwissen kompakt" werden kurze Lerneinheiten geschaffen, die als Einstieg in ein Fach bzw. in eine Teildisziplin konzipiert sind, einen ersten Überblick vermitteln und Orientierungswissen darstellen.

Weitere Bände dieser Reihe finden Sie unter
http://www.springer.com/series/13388

Lena Rudkowski

Wirtschaftsrecht: BGB AT, Schuldrecht, Sachenrecht

Lena Rudkowski
Freie Universität Berlin
Berlin, Deutschland

Studienwissen kompakt
ISBN 978-3-658-09867-4   ISBN 978-3-658-09868-1 (eBook)
DOI 10.1007/978-3-658-09868-1

Die Deutsche Nationalbibliothek verzeichnet diese Publikation in der Deutschen Nationalbibliografie; detaillierte bibliografische Daten sind im Internet über http://dnb.d-nb.de abrufbar.

Springer Gabler
© Springer Fachmedien Wiesbaden GmbH 2016
Das Werk einschließlich aller seiner Teile ist urheberrechtlich geschützt. Jede Verwertung, die nicht ausdrücklich vom Urheberrechtsgesetz zugelassen ist, bedarf der vorherigen Zustimmung des Verlags. Das gilt insbesondere für Vervielfältigungen, Bearbeitungen, Übersetzungen, Mikroverfilmungen und die Einspeicherung und Verarbeitung in elektronischen Systemen.
Die Wiedergabe von Gebrauchsnamen, Handelsnamen, Warenbezeichnungen usw. in diesem Werk berechtigt auch ohne besondere Kennzeichnung nicht zu der Annahme, dass solche Namen im Sinne der Warenzeichen- und Markenschutz-Gesetzgebung als frei zu betrachten wären und daher von jedermann benutzt werden dürften.
Der Verlag, die Autoren und die Herausgeber gehen davon aus, dass die Angaben und Informationen in diesem Werk zum Zeitpunkt der Veröffentlichung vollständig und korrekt sind. Weder der Verlag noch die Autoren oder die Herausgeber übernehmen, ausdrücklich oder implizit, Gewähr für den Inhalt des Werkes, etwaige Fehler oder Äußerungen.

Gedruckt auf säurefreiem und chlorfrei gebleichtem Papier

Springer Gabler ist Teil von Springer Nature
Die eingetragene Gesellschaft ist Springer Fachmedien Wiesbaden GmbH

Vorwort

Das Buch bietet eine Einführung in den bürgerlich-rechtlichen Teil des Wirtschaftsprivatrechts, von der Rechtsgeschäftslehre, die das Zustandekommen und die Wirksamkeit von Verträgen regelt, über das Schuldrecht mit Verbraucherprivatrecht und einzelnen Schuldverhältnissen wie Kauf, Miete oder Bürgschaft bis hin zu den Grundlagen des Kreditsicherungs- und Sachenrechts.

Es vermittelt außerdem die Grundlagen der juristischen Methoden und Fallbearbeitung.

Für ihre Unterstützung bei der Erstellung der Übersichten und Abbildungen danke ich herzlich Frau Dipl.-Jur. Ina Kathrin Hansen und Frau stud. iur. Adja Niang.

Fragen und Anregungen sind jederzeit willkommen, die Verfasserin ist unter l.rudkowski@fu-berlin.de zu erreichen.

Auf der Produktseite zum Buch unter www.springer.com stehen die Lösungen zu den Fragen und Aufgaben der Lernkontrolle zum kostenlosen Download bereit.

Lena Rudkowski
Berlin, im Mai 2016

Inhaltsverzeichnis

1	**Grundlagen**	1
	Lena Rudkowski	
1.1	**Recht und Wirtschaftsrecht**	2
1.2	**Juristische Arbeitstechnik**	4
1.2.1	Subsumtion	5
1.2.2	Auslegung von Gesetzen, Lösung von Streitständen	6
1.2.3	Auslegung von Verträgen	7
1.2.4	Exkurs: Rechtswissenschaftliche Fundstellen finden	7
1.3	**Lern-Kontrolle**	8
2	**Allgemeiner Teil des BGB**	11
	Lena Rudkowski	
2.1	**Einführung in das bürgerliche Recht**	12
2.1.1	Das BGB in der Rechtsordnung	12
2.1.2	Ansprüche als Gegenstand des BGB	14
2.1.3	Entwicklung des BGB	15
2.1.4	Aufbau des BGB	15
2.1.5	Die Anspruchsprüfung	16
2.1.6	Grundprinzip des BGB: Das Trennungs- und Abstraktionsprinzip	18
2.2	**Rechtsfähigkeit und Geschäftsfähigkeit**	19
2.3	**Rechtsgeschäftslehre**	20
2.3.1	Zustandekommen des Vertrags durch Willenserklärungen	21
2.3.2	Vertragsschluss unter Einschaltung Dritter	26
2.3.3	Vertragsschluss im Internet	33
2.3.4	Formbedürftigkeit von Rechtsgeschäften	34
2.3.5	Verstoß gegen ein Verbotsgesetz	34
2.3.6	Sittenwidrigkeit und Wucher	35
2.3.7	Teilnichtigkeit, Umdeutung und Bestätigung	36
2.3.8	Das bewusste Auseinanderfallen von Wille und Erklärung	37
2.3.9	Anfechtung von Willenserklärungen	38
2.3.10	Bedingung, Befristung	42
2.4	**Verjährung (inkl. Fristberechnung)**	42
2.4.1	Verjährung	43
2.4.2	Exkurs: Fristberechnung	44

VIII Inhaltsverzeichnis

2.5	Treu und Glauben (inkl. Verwirkung)	45
2.6	Lern-Kontrolle	46
3	**Schuldrecht – Allgemeiner Teil**	49
	Lena Rudkowski	
3.1	**Einführung**	52
3.1.1	Hinweis zu den Regelungsgegenständen	52
3.1.2	Grundbegriffe des Schuldrechts	53
3.2	**Erlöschen von Ansprüchen und Schuldverhältnissen**	54
3.2.1	Erlöschen von Ansprüchen	54
3.2.2	Erlöschen von Schuldverhältnissen	59
3.3	**Leistungsstörungen**	63
3.3.1	Unmöglichkeit	63
3.3.2	Störung und Wegfall der Geschäftsgrundlage	66
3.3.3	Schlechtleistung	67
3.3.4	Schuldnerverzug	69
3.3.5	Gläubigerverzug	70
3.3.6	Nichtleistung des Schuldners	70
3.3.7	Schadensersatz und Rücktritt wegen Verletzung einer Nebenpflicht	71
3.3.8	Ersatz frustrierter Aufwendungen	72
3.4	**Einbeziehung Dritter ins Schuldverhältnis**	72
3.4.1	Vertrag zugunsten Dritter (§§ 328 ff. BGB)	72
3.4.2	Vertrag mit Schutzwirkungen für Dritte	73
3.5	**Gläubiger- und Schuldnermehrheit**	74
3.6	**Schadensrecht**	75
3.6.1	Inhalt und Umfang des Schadensersatzanspruchs	75
3.6.2	Kausale Verursachung des Schadens	77
3.6.3	Mitverschulden (§ 254 BGB)	78
3.7	**Verbraucherprivatrecht**	79
3.7.1	Überblick über die gesetzliche Regelung	79
3.7.2	Der verbraucherschützende Widerruf	80
3.8	**Allgemeine Geschäftsbedingungen**	82
3.8.1	Anwendbarkeit der §§ 305 ff.	83
3.8.2	Vorliegen von AGB (§ 305 Abs. 1 BGB)	83
3.8.3	Einbeziehung in den Vertrag	83
3.8.4	Inhaltskontrolle	84
3.9	**Abtretung**	85
3.10	**Lern-Kontrolle**	86

Inhaltsverzeichnis

4	**Schuldrecht – Besonderer Teil**	89
	Lena Rudkowski	
4.1	**Einführung**	92
4.2	**Kaufvertrag**	93
4.2.1	Überblick	93
4.2.2	Überblick über den Inhalt des § 433 BGB	94
4.2.3	Leistungsstörungen und Mängelgewährleistung	94
4.2.4	Besondere Formen des Kaufs	100
4.3	**Darlehensvertrag**	104
4.4	**Mietrecht, Pacht und Leasing**	106
4.4.1	Mietvertrag	106
4.4.2	Pacht	111
4.4.3	Leasing	112
4.5	**Schenkung**	112
4.6	**Dienstvertrag**	112
4.7	**Werkvertrag**	115
4.8	**Leihe**	117
4.9	**Bürgschaft**	117
4.10	**Reisevertrag**	118
4.11	**Maklervertrag**	118
4.12	**Auftrag, Geschäftsbesorgung und Geschäftsführung ohne Auftrag**	119
4.12.1	Auftrag	119
4.12.2	Geschäftsbesorgung	120
4.12.3	Geschäftsführung ohne Auftrag	121
4.13	**Ungerechtfertigte Bereicherung**	122
4.14	**Deliktsrecht**	124
4.15	**Lern-Kontrolle**	129
5	**Sachenrecht**	133
	Lena Rudkowski	
5.1	**Einführung**	134
5.2	**Besitz**	136
5.3	**Eigentum**	138
5.3.1	Rechtsgeschäftlicher Eigentumserwerb an beweglichen Sachen	138
5.3.2	Der lastenfreie Erwerb gem. § 936 BGB	143
5.3.3	Der Erwerb des Eigentums gem. §§ 946 ff. BGB	144
5.3.4	Exkurs: Eigentum an Schuldurkunden, § 952 BGB	145

5.3.5	Das Anwartschaftsrecht	146
5.3.6	Der Eigentumserwerb an unbeweglichen Sachen	147
5.4	**Das Eigentümer-Besitzer-Verhältnis (EBV)**	148
5.4.1	Die Vindikationslage (§ 985 BGB)	149
5.4.2	Nutzungen	150
5.4.3	Schadensersatzansprüche des Eigentümers	151
5.4.4	Haftung für Verzug	151
5.4.5	Ansprüche gegen den redlichen Besitzer	151
5.4.6	Haftung des deliktischen Besitzers	153
5.4.7	Ansprüche des Besitzers auf Verwendungsersatz	153
5.5	**Kreditsicherung**	154
5.5.1	Personalsicherheiten	155
5.5.2	Realsicherheiten	158
5.6	**Lern-Kontrolle**	165
6	**Anhang: Wichtige Definitionen**	169

Lena Rudkowski

Serviceteil ... 173
Tipps fürs Studium und fürs Lernen ... 174

Grundlagen

Lena Rudkowski

1.1   Recht und Wirtschaftsrecht – 2

1.2   Juristische Arbeitstechnik – 4
1.2.1   Subsumtion – 5
1.2.2   Auslegung von Gesetzen, Lösung von Streitständen – 6
1.2.3   Auslegung von Verträgen – 7
1.2.4   Exkurs: Rechtswissenschaftliche Fundstellen finden – 7

1.3   Lern-Kontrolle – 8

© Springer Fachmedien Wiesbaden GmbH 2016
L. Rudkowski, *Wirtschaftsrecht: BGB AT, Schuldrecht, Sachenrecht*,
Studienwissen kompakt, DOI 10.1007/978-3-658-09868-1_1

Lern-Agenda

Das Wirtschaftsrecht setzt sich aus verschiedenen Rechtsgebieten des öffentlichen Rechts und des Zivilrechts zusammen. In diesem Kapitel erfahren Sie, wie der Begriff des „Wirtschaftsrechts" bestimmt wird, und lernen diejenigen Arbeitsmethoden kennen, die unabhängig vom Rechtsgebiet alle Juristen anwenden: die Subsumtion, Auslegung und Arbeit mit juristischen Quellen.

Wirtschaftsrecht als Teil des Rechts	▶ Abschn. 1.1
Juristische Arbeitstechnik, einschließlich der Technik der Subsumtion, der Auslegung von Gesetzen und von Verträgen und des Auffindens juristischer Quellen	▶ Abschn. 1.2

1.1 Recht und Wirtschaftsrecht

Unter „Wirtschaftsrecht" versteht man diejenigen Rechtsnormen, die die rechtlichen Beziehungen der am Wirtschaftsleben Beteiligten untereinander und zum Staat regeln. Welche Gesetze zum Stoff der „Wirtschaftsrecht"-Studiengänge gehören, ist allerdings unterschiedlich. In jedem Fall gehört das bürgerliches Recht dazu, außerdem das Handels- und Gesellschaftsrecht. Oft werden auch Grundzüge des Immaterialgüter-, Zivilprozess- und Insolvenzrechts unterrichtet. Bei all diesen Rechtsgebieten handelt es sich um sog. **Wirtschaftsprivatrecht**, dasjenige Wirtschaftsrecht, das privatrechtliche Rechtsbeziehungen regelt.

Seltener kommt in den Wirtschaftsrechts-Studiengängen **öffentliches Wirtschaftsrecht** vor, Rechtsgebiete also, die das Verhältnis Privater gegenüber dem Staat bestimmen. Wenn, dann geht es meist um Steuerrecht oder um die staatliche Aufsicht über bestimmte regulierungsbedürftige Unternehmen (wie Banken, Versicherer, Energieversorger, Telekommunikationsunternehmen).

Das Wirtschaftsrecht ist damit, wie das Recht allgemein, aufgeteilt in Regelungen, die das Verhältnis gleichberechtigt Handelnder untereinander (Privatrecht oder, synonym, **Zivilrecht**) betreffen, und solche, die das Verhältnis zum hoheitlich tätigen Staat oder von Trägern hoheitlicher Gewalt untereinander betreffen (**öffentliches Recht**, zum Gegenüber von Privatrecht und öffentlichem Recht, ◘ Abb. 1.1).

Auch der Staat kann allerdings privatrechtlich („fiskalisch") tätig werden, wenn er sich aus seiner hoheitlichen Stellung herausbegibt und als den Privaten gleichgestellt agiert.

Beispiel
Die Stadt X kauft zwei Kartons Bleistifte bei Bürowarenhändler B. Der Kaufvertrag unterliegt den Regeln des Privatrechts.

1.1 · Recht und Wirtschaftsrecht

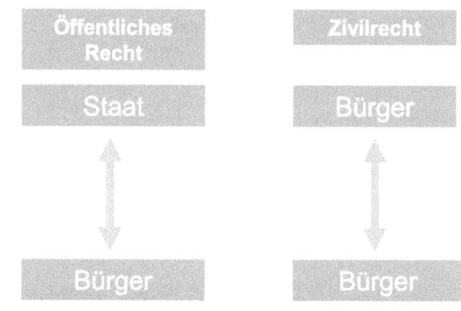

◻ **Abb. 1.1** Gegenüber von öffentlichem Recht und Zivilrecht

Erlässt demgegenüber die Stadt X einen Bescheid an Bürowarenhändler B, mit dem sie ihm aufgibt, sich finanziell an den Kosten der Straßenreinigung vor seinem Betriebsgrundstück zu beteiligen, handelt die Stadt hoheitsrechtlich. Die Bewertung, ob der Bescheid rechtmäßig ist, erfolgt anhand des öffentlichen Rechts.

Während das öffentliche Recht staatliches Verhalten auf Rechtmäßigkeit überprüft (z. B. durfte der Bundestag ein bestimmtes Gesetz, die Verwaltungsbehörde einen bestimmten Verwaltungsakt erlassen?), geht es im Privatrecht typischerweise um „**Ansprüche**", um das Recht, von einem anderen ein Tun oder Unterlassen zu verlangen (s. die Definition in § 194 Abs. 1 BGB). Gefragt wird, ob jemand einem anderen verpflichtet ist, z. B. zur Zahlung einer Geldsumme oder Unterlassung einer Handlung.

Ein Unterfall des öffentlichen Rechts ist das **Strafrecht**. Es legt fest, welches Verhalten seiner Bürger der Staat missbilligt und wie dieses Verhalten sanktioniert wird. Diejenigen Normen, die bestimmte Verhaltensweisen von Beteiligten des Wirtschaftslebens unter Strafe stellen, nennt man **Wirtschaftsstrafrecht** (z. B. Bestechung im geschäftlichen Verkehr (§ 299 StGB), Insolvenzverschleppung (§ 15a Abs. 4 InsO)).

Das Zivilrecht setzt sich aus verschiedenen eigenständigen Rechtsgebieten zusammen: Aus dem **bürgerlichen Recht**, das insbesondere allgemeine Bestimmungen über Zustandekommen und Wirksamkeit von Verträgen bereitstellt, aus dem **Handelsrecht** als „Sonderrecht" der Kaufleute bis hin zu Rechtsgebieten wie dem Insolvenz-, Urheber- oder Versicherungsrecht.

Neben das **materielle Recht**, das regelt, wie die Rechtslage ist, tritt in jedem Rechtsgebiet das **Prozessrecht**: Das materielle Zivilrecht z. B. sagt etwas aus über das Bestehen oder Nichtbestehen eines bestimmten Rechts, das Zivilprozessrecht regelt, wie dieses Recht durchgesetzt wird.

Beispiel
K kauft ein Smartphone von Onlinehändler V.

Die Pflichten der Parteien regelt das materielle Recht, z. B. also die Frage, ob K den Kaufpreis zahlen muss. Im Beispiel findet sich die Antwort im **Bürgerlichen Gesetzbuch** (BGB). Zahlt K den Kaufpreis nicht, obwohl er dazu verpflichtet ist, richtet sich nach dem Prozessrecht, was V tun muss, um sein Recht auf Kaufpreiszahlung durchzusetzen. Im Zivilrecht heißt das: Er muss Klage bei einem zuständigen Zivilgericht erheben, damit dieses K verurteilt, den Kaufpreis zu zahlen. Die Einzelheiten regelt die **Zivilprozessordnung** (ZPO).

Das (Wirtschafts-)Recht behandelt nur in Rechtsvorschriften gefasste Verhaltensvorschriften. Allerdings stellen auch „Anstand" oder „Moral" Verhaltensvorschriften auf. Im Unterschied zur Einhaltung von Rechtsnormen lässt sich die Einhaltung von Anstand und Moral aber nicht mit rechtlichen Mitteln durchsetzen – Sanktion für „ungehöriges" oder „unmoralisches" Verhalten ist nur gesellschaftliche Missbilligung.

Beispiel
X lädt seine Schwiegermutter S zum Kaffeetrinken zu sich ein. Weil X dann aber doch keine Lust hat, S zu sehen, lässt er sie vor seiner Tür stehen.

X verhält sich damit zwar unhöflich. Einen Anspruch auf ihren Kaffee hat S aber nicht. Siehe aber die Abgrenzung von Gefälligkeit, Schuldverhältnis und Gefälligkeitsverhältnis ▶ Abschn. 3.1.2.

1.2 Juristische Arbeitstechnik

Juristische Arbeitstechnik heißt vor allem: Arbeit mit und am Gesetz.

Das heißt für Sie: Alle hier zitierten §§ unbedingt *lesen!* Es erleichtert das Verständnis sehr.

Auswendiglernen von einzelnen §§ ist dagegen nicht gefragt. Sie haben in der Prüfung ja ein Gesetz dabei, das Ihnen helfen soll, die richtige Antwort zu finden. Sie müssen nur den passenden § finden. Im Zivilrecht suchen Sie üblicherweise nach einer „Anspruchsgrundlage", einem §, der dem Anspruchsteller das zu geben vermag, was er haben will.

Stehen mehrere §§ zur Verfügung, die in Betracht kommen, sind grundsätzlich auch alle zu prüfen und es ist ihr Verhältnis zueinander (die „**Konkurrenz**") zu prüfen. Wichtigste Regel: Gibt es eine spezielle Vorschrift (**lex specialis**) für den zu prüfenden Fall, geht die vor. Gibt es keine spezielle Vorschrift, muss auf allgemeinere Vorschriften zurückgegriffen werden. Gibt es für einen bestimmten Fall überhaupt keine Vorschrift, weil der Gesetzgeber den Fall nicht gesehen hat („planwidrige Regelungslücke" des Gesetzes) und gibt es einen §, der für einen ähnlichen Fall (für eine „vergleichbare Interessenlage") eine Wertung beinhaltet, ist zu prüfen, ob dieser § auf den ungeregelten Fall durch sog. **Analogie** erstreckt, d. h. entsprechend angewendet werden kann.

1.2.1 Subsumtion

Da Gesetze abstrakt formuliert sind, besteht die Aufgabe für Juristinnen und Juristen darin, sie auf den Einzelfall anzuwenden, aus ihnen herzuleiten, was sie für den konkreten Fall sagen. Dies geschieht durch **Auslegung** und **Subsumtion**.

§ 433 Abs. 2 BGB lautet: „Der Käufer ist verpflichtet, dem Verkäufer den vereinbarten Kaufpreis zu zahlen und die gekaufte Sache abzunehmen."

Beispiel
Wenn nun K bei V ein Smartphone zu 199 € kauft, aber den Kaufpreis nicht bezahlt, kann die Frage etwa lauten, ob V einen Anspruch auf Zahlung von 199 € gegen K hat.

Dann gehört es zur Aufgabe, den § zu finden, aus dem sich die Antwort auf die Rechtsfrage herleiten lässt. Hier ist es § 433 BGB. Der § muss genau zitiert werden (gegebenenfalls bis auf den letzten Halbsatz genau), um Unklarheiten zu vermeiden (hier also: § 433 Absatz (Abs.) 2 BGB, alt. Schreibweise: § 433 II BGB). Und dann ist unter den § zu „subsumieren", d. h. der § ist auszulegen und auf den Fall anzuwenden.

Damit K verpflichtet ist, an V 199 € zu zahlen, müsste K Käufer und V Verkäufer des Smartphones sein, müsste also ein Kaufvertrag zwischen K und V zustande gekommen sein. Ob dies der Fall ist, wäre im Ernstfall Klausur dann weiter auszuführen.

In der Klausur wird von Ihnen grundsätzlich die Einhaltung des **Gutachtenstils** (im Unterschied zum „**Urteilsstil**") verlangt. Dahinter steht eine bestimmte Art, seine Gedankengänge darzustellen: Es wird erst eine Frage aufgeworfen, dann wird sie beantwortet.

In Bezug auf das Beispiel:
1. Schritt (Obersatz, *These*): „V könnte gegen K einen Anspruch auf Zahlung von 199 € aus Kaufvertrag gem. § 433 Abs. 2 BGB haben."
2. Schritt (Erläuterung, *Definition*): „Dafür müsste zwischen K und V ein wirksamer Kaufvertrag zustande gekommen sein. *Ein Kaufvertrag ist ein Rechtsgeschäft …*"
3. Schritt (Subsumtion, Sachverhalt mit § zusammenbringen): „K erklärte, für 199 € das Smartphone des V kaufen zu wollen …"
4. Schritt (Ergebnis): „Damit ist ein wirksamer Kaufvertrag zwischen K und V zustande gekommen. V hat gegen K einen Anspruch auf Zahlung von 199 € aus Kaufvertrag gem. § 433 Abs. 2 BGB."

Anders das Vorgehen beim Urteilsstil. Dies ist der Stil, in dem Gerichte ihre Urteile abfassen. Die Prozessbeteiligten haben ein Interesse daran, erst einmal das Ergebnis zu wissen: Unterliege oder obsiege ich?

Beim Urteilsstil wird daher erst ein Ergebnis festgestellt, dann wird es begründet: „V hat gegen K einen Anspruch auf Zahlung von 199 € aus Kaufvertrag gem. § 433

Abs. 2 BGB, weil zwischen K und V ein wirksamer Kaufvertrag zustande gekommen ist …"
- Kennzeichnend für den Gutachtenstil sind Worte wie „daher", „somit", „folglich".
- Kennzeichnend für den Urteilsstil sind Worte wie „denn", „da" oder „weil".

1.2.2 Auslegung von Gesetzen, Lösung von Streitständen

Das Beispiel ► Abschn. 1.2.1 war denkbar einfach. Der Schwierigkeitsgrad lässt sich aber beliebig erhöhen. Und je höher der Schwierigkeitsgrad eines Falls ist, desto wahrscheinlicher wird es, dass Sie irgendwann an ein Problem geraten: Das Gesetz lässt sich so oder so verstehen, die eine Auslegung führt zu dem einem, die andere Auslegung zu einem anderen Ergebnis. Natürlich können Sie versuchen, sämtliche in der einschlägigen Studienliteratur vorkommenden Streitstände zu verschiedenen Auslegungsfragen auswendig zu lernen. Weniger aufwändig ist es aber, das Gesetz einfach selbst auszulegen. Dafür gibt es juristische **Auslegungsmethoden**. Dazu ein einfaches Beispiel.

Beispiel
§ 919 Abs. 1 BGB lautet: „Der Eigentümer eines Grundstücks kann von dem Eigentümer eines Nachbargrundstücks verlangen, dass dieser (…), wenn ein Grenzzeichen verrückt oder unkenntlich geworden ist, zur Wiederherstellung mitwirkt."
Problem: Heißt das, wenn ein Grenzzeichen seelische Probleme hat, muss der Eigentümer des Nachbargrundstücks sich an den Kosten für eine Therapie beteiligen?

Lösung mithilfe der vier juristischen **Auslegungsmethoden**:
1. Grammatikalische Auslegung (Auslegung am Wortlaut)
   Der Wortlaut des § 919 Abs. 1 BGB lässt keinen sicheren Schluss zu, was gemeint ist. „Verrückt" kann als „seelisch krank" verstanden werden, aber auch als „nicht an seinem richtigen Ort befindlich".
2. Systematische Auslegung (Regelungszusammenhang)
   Der zweite Schritt der Auslegung ist die systematische Auslegung, das Ansehen des Regelungszusammenhangs. Welche §§ stehen vor und/oder nach dem auszulegenden §, in welchem Abschnitt des Gesetzes steht der auszulegende §?
   Für unser Beispiel hilft etwa ein Blick auf § 920 BGB, der die „Grenzverwirrung" regelt, und damit den Fall, dass sich ein Grenzverlauf nicht klar ermitteln lässt. Von seelischer Gesundheit eines Grenzzeichens handelt § 920 BGB nicht.
3. Historische Auslegung
   Die historische Auslegung fragt nach Entstehungsgeschichte und Entwicklung der Norm und dem Willen des Gesetzgebers. Was ergibt sich aus den Gesetzesmaterialien für die Auslegung? Bei jüngeren Gesetzen des Bundes findet sich der Gesetzgebungsprozess online, detailliert in den Bundestagsdrucksachen (**BT-Drs.**).

In der Klausur ist die Möglichkeit zur historischen Auslegung regelmäßig eingeschränkt, weil Sie keine Materialien dabei haben.

4. Teleologische Auslegung (Auslegung nach Sinn und Zweck)
Nicht zuletzt ist nach dem Sinn und Zweck der auszulegenden Vorschrift zu fragen. Dies führt sehr häufig zum Ziel (und nur am Rande: Es schadet auch beim Lernen nie, zu fragen, was die Norm bezweckt und warum …).
Für unser Beispiel heißt das: Ein Grenzstein mit psychischen Problemen …?!

Wenn Sie an ein nicht ganz so einfaches Beispiel geraten, hilft oft auch eine Faustformel weiter: Fragen Sie sich nach den Extrempositionen, die man vertreten könnte (für den Anspruchsteller, gegen ihn), und entscheiden Sie sich für die „goldene Mitte" zwischen den beiden Extremen.

1.2.3 Auslegung von Verträgen

Als Wirtschaftsjurist oder Wirtschaftsjuristin werden Sie aber vor allem häufig Verträge oder Erklärungen Privater auslegen müssen. Hier sieht es ähnlich aus wie bei Gesetzen: Sie gehen vom Wortlaut der problematischen Bestimmung (hier nur eben: der Vertragsbestimmung) aus. Wenn der Vertrag mehrdeutig ist, fragen Sie natürlich nicht nach dem Willen des Gesetzgebers, sondern nach dem Willen der Vertragsparteien. Dieser ergibt sich häufig aus den näheren Umständen des Einzelfalls, etwa bei Vertragsschluss. Und Sie fragen sich, welche Auslegung sinnvoll oder allgemein üblich ist. Nichts anderes sagen Ihnen die **§§ 133, 157 BGB** (Sie erinnern sich: Alle hier zit. §§ lesen!).

1.2.4 Exkurs: Rechtswissenschaftliche Fundstellen finden

Hilfsmittel ist aber nicht nur das Gesetz, sondern sind auch Gerichtsentscheidungen und Literatur (hier vor allem Aufsätze und Kommentare). Literatur und Rechtsprechung werden häufig in spezieller Weise zitiert. Diese Zitierweise müssen Sie verstehen, sonst können Sie die Quellen nicht auffinden:

Gerichtsentscheidungen (Urteile, Beschlüsse) werden in der deutschen Rechtswissenschaft in Zeitschriften und in amtlichen Entscheidungssammlungen veröffentlicht.

> Auf den Punkt gebracht: Vorsicht – manche Zeitschriften enthalten die Gerichtsentscheidungen nur als Auszüge, etwa nur die Leitsätze. Oder es handelt sich um Urteilsbesprechungen (= Aufsätze!) ohne Abdruck des Urteils selbst. Oder sie bereiten (gilt v. a. für die Ausbildungszeitschriften, d. h. JuS, Jura, JA, adlegendum) die Urteile didaktisch auf. Maßgeblich ist aber, was in der amtlichen Sammlung steht!

Die amtlichen Sammlungen werden in den einzelnen Rechtsgebieten tlw. unterschiedlich abgekürzt:

- Für das Zivilrecht hervorzuheben ist BGHZ (Entscheidungen des **Bundesgerichtshofs** in Zivilsachen) Die Fundstelle BGHZ 12, 345, 346 betrifft also eine Entscheidung des Bundesgerichtshofs in Zivilsachen; die erste Zahl ist der Band (Band 12), die zweite Zahl die Seite, auf welcher die Entscheidung beginnt (S. 345). Die letzte Zahl ist ebenfalls eine Seitenzahl (S. 346), auf ihr findet sich die zitierte Passage.
- Bekannte Zeitschriften, die sich dem gesamten Recht widmen, sind etwa NJW (Neue Juristische Wochenschrift) oder JZ (Juristenzeitung). Wird ein in einer Zeitschrift gefundenes Urteil etwa so zitiert: BGH NJW 1978, 110, stehen die Zahlen für Jahrgang und Seite. In diesem Fall ist das entscheidende Gericht der BGH (ob in Zivil- oder in Strafsachen, ist hier nicht ersichtlich), Fundstelle die NJW aus dem Jahr 1978, die Entscheidung ist abgedruckt auf S. 110.
- Aufsätze werden üblicherweise mit Verfasser, Zeitschrift, Erscheinungsjahr der Zeitschrift und Seite, auf welcher der Aufsatz beginnt, zitiert.
Rudkowski, Jura 2011, 567, 568 bedeutet daher: Verf. namens Rudkowski hat in der Zeitschrift „Jura" im Jahr 2011 auf S. 567 (ff.) einen Aufsatz veröffentlicht. Die genau in Bezug genommene Seite ist S. 568.
- Kommentare dienen dazu, Rechtsprechung und Literatur zu einer bestimmten Norm übersichtlich darzustellen.
J. Schmitt, in: MünchKomm-BGB, § 1 Rn. 1 oder MünchKomm-BGB/*J. Schmitt*, § 1 Rn. 1 wäre eine gängige Form, eine Fundstelle aus einem Kommentar zu zitieren. Ob der Name des Kommentars dem Namen des Bearbeiters voran gestellt wird oder hintenan, ist Geschmackssache. In jedem Fall aber sagen die oben stehenden Belege:
In einem Kommentar zum Bürgerlichen Gesetzbuch, nämlich im Münchener Kommentar, hat *J. Schmitt* (der Anfangsbuchstabe des Vornamens wird hier nur genannt, weil er beim Nachnamen Schmitt zur eindeutigen Identifizierung des Verf. erforderlich ist) den § 1 (BGB) kommentiert und unter der Randnummer (Rn., Rdnr. oder auch Rdn. abgekürzt) 1 die zitierte Aussage getroffen.

1.3 Lern-Kontrolle

Kurz und bündig

Die Normen des Wirtschaftsrechts regeln die rechtlichen Beziehungen der am Wirtschaftsleben Beteiligten untereinander und zum Staat. Das Wirtschaftsprivatrecht enthält diejenigen Vorschriften, die die privatrechtlichen Rechtsbeziehungen der Beteiligten regeln. Zentrale Aufgabe von (Wirtschafts-)Juristinnen und Juristen ist die Anwendung von Rechtsvorschriften auf Sachverhalte durch Subsumtion.

1.3 · Lern-Kontrolle

Let's check
1. Jede bürgerlich-rechtliche Norm ist zugleich eine zivilrechtliche Norm. Richtig?
2. Jede zivilrechtliche Norm ist zugleich eine privatrechtliche Norm. Richtig?
3. Das Prozessrecht regelt …
4. Die vier Auslegungsmethoden für Gesetze sind?

Lesen und Vertiefen
- Kerbein, B. (2002). Darstellung eines Meinungsstreits in Klausuren und Hausarbeiten. *JuS 2002*, 353 ff.
  Der Aufsatz zeigt insbesondere, wie in Prüfungen – statt „Meinungsstreits" nachzuvollziehen – problemorientiert verschiedene Auslegungsergebnisse dargestellt werden können.
- Schmidt, T. I. (2003). Grundlagen rechtswissenschaftlichen Arbeitens. *JuS 2003*, 649 ff.
  Der Aufsatz gibt einen Überblick über grundlegende juristische Arbeitstechniken und -begriffe.
- Bitter, G., Rauhut, T. (2009). Grundzüge zivilrechtlicher Methodik, *JuS 2009*, 289 ff.
  Der Aufsatz erläutert u. a. Arten und Aufbau von Normen, die Normenhierarchie und die Subsumtion.

Allgemeiner Teil des BGB

Lena Rudkowski

2.1 Einführung in das bürgerliche Recht – 12
2.1.1 Das BGB in der Rechtsordnung – 12
2.1.2 Ansprüche als Gegenstand des BGB – 14
2.1.3 Entwicklung des BGB – 15
2.1.4 Aufbau des BGB – 15
2.1.5 Die Anspruchsprüfung – 16
2.1.6 Grundprinzip des BGB: Das Trennungs- und Abstraktionsprinzip – 18

2.2 Rechtsfähigkeit und Geschäftsfähigkeit – 19

2.3 Rechtsgeschäftslehre – 20
2.3.1 Zustandekommen des Vertrags durch Willenserklärungen – 21
2.3.2 Vertragsschluss unter Einschaltung Dritter – 26
2.3.3 Vertragsschluss im Internet – 33
2.3.4 Formbedürftigkeit von Rechtsgeschäften – 34
2.3.5 Verstoß gegen ein Verbotsgesetz – 34
2.3.6 Sittenwidrigkeit und Wucher – 35
2.3.7 Teilnichtigkeit, Umdeutung und Bestätigung – 36
2.3.8 Das bewusste Auseinanderfallen von Wille und Erklärung – 37
2.3.9 Anfechtung von Willenserklärungen – 38
2.3.10 Bedingung, Befristung – 42

2.4 Verjährung (inkl. Fristberechnung) – 42
2.4.1 Verjährung – 43
2.4.2 Exkurs: Fristberechnung – 44

2.5 Treu und Glauben (inkl. Verwirkung) – 45

2.6 Lern-Kontrolle – 46

© Springer Fachmedien Wiesbaden GmbH 2016
L. Rudkowski, *Wirtschaftsrecht: BGB AT, Schuldrecht, Sachenrecht*,
Studienwissen kompakt, DOI 10.1007/978-3-658-09868-1_2

Kapitel 2 · Allgemeiner Teil des BGB

> **Lern-Agenda**
> Der Allgemeine Teil des Bürgerlichen Gesetzbuchs (BGB) enthält Regelungen, die für das gesamte bürgerliche Recht und darüber hinaus für das gesamte Zivilrecht von Bedeutung sind. Dieses Kapitel stellt das BGB vor, seinen Aufbau, seine Entwicklung und die Prinzipien, die es prägen. Sie lernen die Rechtsfähigkeit kennen als Grundvoraussetzung für die Teilnahme am Rechtsverkehr. Ein Schwerpunkt liegt dann auf der Rechtsgeschäftslehre, die sich mit dem Zustandekommen von Verträgen und ihrer Anerkennung durch die Rechtsordnung (mit ihrer „Wirksamkeit") befasst. Außerdem lernen Sie, unter welchen Voraussetzungen ein Anspruch verjährt und was es bedeutet, dass jeder sich redlich, „Treu und Glauben" entsprechend, zu verhalten hat.
>
> | | |
> |---|---|
> | Bürgerliches Recht: Begriff und Kontext; Entwicklung des bürgerlichen Rechts, Aufbau und Grundprinzipien des BGB. | ▶ Abschn. 2.1 |
> | Rechtsfähigkeit und Geschäftsfähigkeit | ▶ Abschn. 2.2 |
> | Rechtsgeschäftslehre | ▶ Abschn. 2.3 |
> | Verjährung | ▶ Abschn. 2.4 |
> | Treu und Glauben | ▶ Abschn. 2.5 |

2.1 Einführung in das bürgerliche Recht

2.1.1 Das BGB in der Rechtsordnung

Das Wirtschaftsprivatrecht hat seinen Ausgangspunkt im Bürgerlichen Gesetzbuch (BGB). Hier finden sich mit dem Allgemeinen Teil, dem Schuldrecht und dem Sachenrecht die grundlegenden Vorschriften zu Abschluss, Wirksamkeit und Durchführung von Verträgen.

Wie jede Rechtsvorschrift lässt sich auch das BGB in eine **Normenhierarchie** einordnen, in der jede Regelungsebene mit den über ihr liegenden Ebenen in Einklang stehen muss (◘ Abb. 2.1).

An der Spitze der Hierarchie steht das **Recht der Europäischen Union** – das **Primärrecht** („die Verträge", d. h. AEUV und EU-Vertrag) und das auf Grundlage des Primärrechts erlassene Recht, das sog. **Sekundärrecht** (v. a. Richtlinien und Verordnungen). Während Richtlinien vom deutschen Gesetzgeber in nationales Recht umgesetzt werden müssen (s. Art. 288 AEUV), gelten Verordnungen in den Mitgliedstaaten unmittelbar. Steht deutsches Recht im Widerspruch zum Unionsrecht, setzt sich das Unionsrecht bei der Rechtsanwendung durch, selbst gegen deutsches **Verfassungsrecht** (das im **Grundgesetz, GG,** geregelt ist)! Über die Auslegung des Unionsrechts

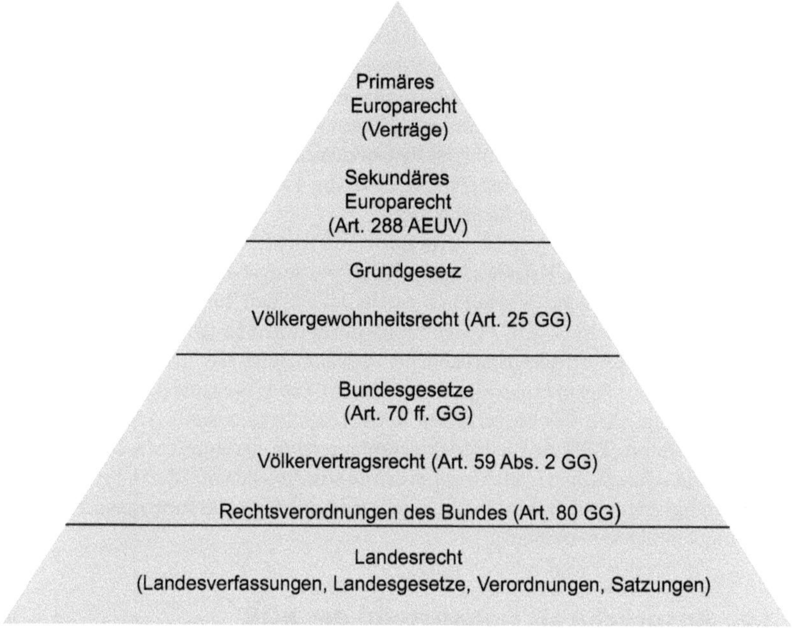

2.1 · Einführung in das bürgerliche Recht

```
                    Primäres
                   Europarecht
                    (Verträge)

                   Sekundäres
                   Europarecht
                  (Art. 288 AEUV)
       ─────────────────────────────────
                   Grundgesetz

           Völkergewohnheitsrecht (Art. 25 GG)
       ─────────────────────────────────
                  Bundesgesetze
                  (Art. 70 ff. GG)

           Völkervertragsrecht (Art. 59 Abs. 2 GG)

         Rechtsverordnungen des Bundes (Art. 80 GG)
       ─────────────────────────────────
                   Landesrecht
    (Landesverfassungen, Landesgesetze, Verordnungen, Satzungen)
```

Abb. 2.1 Normenhierarchie

entscheidet der **EuGH**, der insbesondere von nationalen Gerichten im Wege des „Vorabentscheidungsverfahrens" angerufen werden kann.

Beispiel
Der BGH ist sich nicht sicher, wie weit nach der europäischen Richtlinie zum Verbrauchsgüterkauf das Nacherfüllungsrecht des Verbrauchers reicht (in Deutschland § 439 BGB). Um dies zu klären, legt er die Frage beim EuGH vor.

Unter dem Europarecht steht das deutsche Verfassungsrecht. Das GG enthält Grundrechte und regelt grundlegende Fragen der Staatsorganisation, z. B. die Gesetzgebungskompetenzen des Bundes. Über die Auslegung des Grundgesetzes entscheidet das **Bundesverfassungsgericht** (BVerfG). Insbesondere besteht unter bestimmten Voraussetzungen die Möglichkeit jedes Bürgers zur **Verfassungsbeschwerde**. Einzelheiten regeln Art. 92 ff. GG und das BVerfGG.

Unter der Verfassung stehen „**formelle Gesetze**" des Bundes, Rechtssätze, die von der gesetzgebenden Gewalt (**Legislative**) in einem von der Verfassung vorgeschriebenen Verfahren und in vorgeschriebener Form erlassen wurden; also nur Maßnahmen, die vom Bundestag im Rahmen seiner Kompetenzen und im Gesetzgebungsverfahren nach Art. 76 ff. GG beschlossen und im Gesetzblatt bekannt gemacht wurden. Zu den „**einfachen Bundesgesetzen**" zählt auch das BGB.

Darunter stehen die **Rechtsverordnungen**, die von Organen der vollziehenden Gewalt (**Exekutive**, d. h. die Verwaltung) erlassen werden; aufgrund des rechtsstaatlichen Prinzips der Gewaltenteilung ist Rechtssetzung durch die Verwaltung grundsätzlich nur in engen Grenzen möglich: Art. 80 Abs. 1 GG fordert für Verordnungen im Bundesrecht eine formelle Ermächtigung.

Darunter stehen Satzungen: Sie werden von juristischen Personen des öffentlichen Rechts (z. B. Gemeinden, Kreise) zur Regelung ihres Aufgabenbereichs erlassen.

An der untersten Ebene der Hierarchie steht das von den Bundesländern erlassene Recht, das **Landesrecht** (s. Art. 31 GG: Bundesrecht bricht Landesrecht).

Das Wirtschaftsprivatrecht gehört üblicherweise zum Bundesrecht, insbesondere BGB und ZPO. Es muss daher in Einklang stehen mit dem Grundgesetz und dem Unionsrecht.

Über Streitigkeiten des bürgerlichen Rechts entscheiden unter Anwendung der Verfahrensordnung ZPO die Zivilgerichte: **Amtsgerichte, Landgerichte, Oberlandesgerichte** und schließlich in letzter Instanz der Bundesgerichtshof (BGH). Einzelheiten zu Zuständigkeiten und Instanzenzug regelt das **Gerichtsverfassungsgesetz** (GVG, unbedingt einmal reinschauen!).

2.1.2 Ansprüche als Gegenstand des BGB

Das BGB regelt das bürgerliche Recht als Kerngebiet des Zivilrechts. Seine allgemeinen Vorschriften gelten auch für die Sonderprivatrechte (z. B. Handels- und Gesellschaftsrecht, Arbeitsrecht, Versicherungsrecht), soweit es dort keine spezielleren Vorschriften gibt.

Das bürgerliche Recht beantwortet die Frage: *Quae sit actio?* – Was ist der Anspruch? Oder einfacher:

Wer kann was von wem woraus verlangen?

Es gibt immer einen **Anspruchsteller** (wer) mit einem bestimmten **Anspruchsziel** (was), einen **Anspruchsgegner** (von wem) und eine **Anspruchsgrundlage**, d. h. eine Norm, die möglicherweise dem Anspruchsteller dazu verhelfen kann, sein Ziel zu erreichen (woraus).

> **Merke!**
>
> - Wer = Anspruchsteller und (potentieller) Gläubiger
> - Von wem = Anspruchsgegner und (potentieller) Schuldner
> - Was = Inhalt des geltend gemachten Anspruchs
>   (etwa Schadensersatz, Herausgabe, Unterlassung)
> - Woraus = Anspruchsgrundlage (= Vertrag oder Rechtsnorm, §§)

2.1.3 Entwicklung des BGB

Das BGB ist nach längeren Vorarbeiten am 1.1.1900 in Kraft getreten und gilt in einigen Teilen (etwa dem Sachenrecht oder dem Allgemeinen Teil) fast unverändert bis heute fort. Andere Bereiche haben größere Änderungen erfahren oder sind erst im Laufe des 20. Jahrhunderts neu entstanden, etwa das Recht der Allgemeinen Geschäftsbedingungen oder das Verbraucherrecht.

Im Grundsatz gilt aber heute noch der dem BGB ursprünglich zugrunde liegende Gedanke, dass die Privaten sich alle frei und gleich gegenüber stehen, und dass jeder Private mündig genug ist, seine Interessen selbst zu verfolgen. Es herrscht deshalb sog. **„Privatautonomie"**, Vertragsfreiheit: Grundsätzlich ist jeder frei, mit jedem jeden beliebigen Vertrag abzuschließen (**Abschlussfreiheit** und **Gestaltungsfreiheit**) – der Wille der Parteien geht immer vor![1] Einmal gebunden, muss sich der mündige Private allerdings an seinen rechtserheblichen Erklärungen festhalten lassen. Dies führt u. a. zum Grundsatz der **Vertragstreue**: Pacta sunt servanda – Verträge müssen gehalten werden!

2.1.4 Aufbau des BGB

Das BGB besteht aus fünf größeren Abschnitten, „Bücher" genannt, ◘ Tab. 2.1.

Zum BGB gibt es ein eigenständiges **Einführungsgesetz**, das **EGBGB**. Es enthält Bestimmungen etwa zum zeitlichen und personellen Anwendungsbereich des BGB und außerdem einzelne Vorschriften zum **internationalen Privatrecht (IPR)**. Es handelt sich um das Recht, das bei Sachverhalten, die einen Bezug zum Ausland aufweisen, bestimmt, welches nationale Recht anwendbar ist. Das meiste IPR ist jetzt jedoch in europäischen Verordnungen (was war das noch mal?) zu finden, in den Verordnungen „Rom I-III".

Beispiel
Ein türkischer Staatsangehöriger vermietet einem italienischen Staatsangehörigen eine Wohnung in Deutschland. In der Wohnung funktioniert die Dusche nicht. Ob der Vermieter zur Reparatur verpflichtet ist, könnte sich nach türkischem, italienischem oder nach dem deutschen Zivilrecht richten. Welches Recht anwendbar ist, sagt das IPR.

Für das Wirtschaftsprivatrecht sind aus dem EGBGB außerdem die **Informationspflichten** des Verbraucherprivatrechts von Bedeutung, insbes. Art. 240 ff. EGBGB. Zum Verbraucherprivatrecht ▶ Abschn. 3.7.

---

1 Ausnahme: Das Sachenrecht! Weil es u. a. mit dem Eigentum an Sachen ein besonders wichtiges Recht regelt, begrenzt der Gesetzgeber hier die Gestaltungsfreiheit der Parteien, etwa durch einen abschließenden Katalog der Wege, Eigentum zu erwerben („numerus clausus der Erwerbsarten"). S. im Einzelnen ▶ Kap. 5.

Kapitel 2 · Allgemeiner Teil des BGB

Tab. 2.1 Aufbau des BGB

Buch 1: Allgemeiner Teil	Allgemeine Vorschriften, die den Menschen in der Rechtsordnung darstellen (Beginn der Rechtsfähigkeit, Geschäftsfähigkeit) und Regeln, die in jedem Bereich des bürgerlichen Rechts von Bedeutung sind (Vertragsschluss, Verjährung)
Buch 2: Recht der Schuldverhältnisse	Vorschriften über die Verpflichtungen aufgrund eines Vertrags (Kauf, Miete, Pacht) sowie aufgrund gesetzlicher Anordnung (gesetzliche Schuldverhältnisse)
Buch 3: Sachenrecht	Vorschriften über Verhältnisse von Sachen zu Personen: Besitz, Eigentum und beschränkte dingliche Rechte an beweglichen Sachen und an Grundstücken; Übertragung und Begründung von Eigentum und sonstigen dinglichen Rechten
Buch 4: Familienrecht	Regelung von Rechtsverhältnissen zwischen Personen, die durch Ehe und Verwandtschaft verbunden sind; Vormundschafts- und Betreuungsrecht
Buch 5: Erbrecht	Regelungen über die Weitergabe des Vermögens nach dem Tod

2.1.5 Die Anspruchsprüfung

Unter ▶ Abschn. 2.1.2 haben Sie bereits gelernt, dass das bürgerliche Recht Ansprüche regelt. Was ein Anspruch ist, das definiert § 194 Abs. 1 BGB (sog. **Legaldefinition**, eine Definition durch das Gesetz). Was im Gesetz nicht ausdrücklich steht, sich aber daraus herleiten lässt: Die Anspruchsprüfung folgt immer drei Fragen (Abb. 2.2): Anspruch entstanden? Anspruch untergegangen? Anspruch durchsetzbar?

Erst wenn alle drei Fragen abgearbeitet sind, ist klar, ob ein durchsetzbarer Anspruch besteht, kann also die Frage beantwortet werden, was X von Y verlangen kann.

Manchmal ist es aber notwendig, das Drei-Punkte-Schema aufzuweichen! Nicht immer ist etwa problematisch, ob der Anspruch untergegangen ist. Es dann zu prüfen, wäre falsch – denken Sie in der Anspruchsprüfung aber trotzdem immer an alle Prüfungspunkte, damit Sie nichts übersehen (das wäre auch falsch)!

Kommen verschiedene Anspruchsgrundlagen in Betracht, die dem Anspruchsteller zum Ziel verhelfen können, dürfen sie nicht in beliebiger Reihenfolge geprüft werden.

Beispiel
Handwerker H wischt mit seiner Leiter beim Kunden K eine teure Vase vom Tisch, sodass sie zerbricht. Schadensersatzansprüche des K?

2.1 · Einführung in das bürgerliche Recht

A. Anspruch entstanden?
Ist z.B. ein Vertrag zustande gekommen, aus dem sich der Anspruch ergeben könnte? → BGB AT

Oder liegen die vom Gesetz in einer Anspruchsgrundlage (in einem §) vorgesehenen Voraussetzungen vor? → Schuldrecht, Sachenrecht

B. Anspruch untergegangen?
Ist der Anspruch fortgefallen, z.B. durch Erfüllung oder Unmöglichkeit?
→ Schuldrecht AT

C. Anspruch durchsetzbar?
Besteht gegen den Anspruch eine Einrede, die seine Durchsetzung dauerhaft oder vorübergehend hemmt, wie Verjährung oder Stundung? → BGB AT, Schuldrecht

◘ Abb. 2.2 Punkte der Anspruchsprüfung

Hier kommen Ansprüche aus Vertrag in Betracht (H hat bei Durchführung eines Vertrags Eigentum seines Vertragspartners zerstört), aber auch Ansprüche aus Delikt (es ist verboten, anderer Leute Eigentum zu zerstören). Welche §§ prüft man also zuerst?

> **Auf den Punkt gebracht: Die Reihenfolge lautet:**
> 1. Vertragliche Ansprüche (▶ Kap. 3 und 4).
> 2. Quasivertragliche Ansprüche (z. B. Vertrag mit Schutzwirkungen für Dritte, ▶ Kap. 3).
> 3. Dingliche Ansprüche (dazu noch im Sachenrecht, ▶ Kap. 5).
> 4. Ansprüche aus gesetzlichen Schuldverhältnissen (GoA, Delikt, dazu noch ▶ Kap. 4).

> **Auf den Punkt gebracht:** Vereinfacht lautet die Grundregel also: Vertrag geht vor! Warum ist das so? Weil natürlich das, was die Parteien im konkreten Fall wollten, immer Vorrang hat vor dem, was das Gesetz ganz allgemein festlegt: Privatautonomie (▶ Abschn. 2.1.3)!

2.1.6 Grundprinzip des BGB: Das Trennungs- und Abstraktionsprinzip

Bevor es an die Anspruchsprüfung geht, vorab noch ein Blick auf das prägende Grundprinzip des BGB: das Trennungs- und Abstraktionsprinzip.

Man trennt das **Verpflichtungsgeschäft** (auch: **Kausalgeschäft**) vom **Verfügungsgeschäft**. D. h., man trennt die schuldrechtliche Rechtslage von der sachenrechtlichen oder „dinglichen" Rechtslage. Das Schuldrecht regelt das Versprechen zwischen den Parteien (z. B. den Kaufvertrag), das Sachenrecht die Beziehung einer Person zu einer Sache, und damit den Vollzug des Versprechens (beim Kaufvertrag: Übereignung einer Sache). Schuldrechtliche Rechtsverhältnisse wirken nur zwischen den Parteien (relativ). Die **Verfügung** wirkt absolut, gegen alle.

Der einfache Kauf eines Brötchens setzt sich daher aus mindestens drei Rechtsgeschäften zusammen: einem Kaufvertrag mit Pflicht zur Übereignung des Brötchens (§ 433 Abs. 1 BGB) und zur Zahlung des Kaufpreises und Abnahme des Brötchens (§ 433 Abs. 2 BGB). Dies ist die schuldrechtliche Lage, Käufer und Verkäufer werden jeweils zu etwas verpflichtet Der Eigentumswechsel an Geld und Brötchen vollzieht sich aber erst einmal nicht. Dazu braucht es erst eine Verfügung, hier ein Rechtsgeschäft, mit dem das Eigentum an einer Sache übertragen wird, die sog. **Übereignung** (§ 929 S. 1 BGB). Auf dieser sachenrechtlichen Ebene fallen mindestens zwei Rechtsgeschäfte an: eine Übereignung des Brötchens gem. § 929 S. 1 BGB, und die Übereignung des Geldstücks, ebenfalls gem. § 929 S. 1 BGB. Kostet das Brötchen 20 Cent und zahlt der Käufer statt mit einem 20 Cent-Stück mit zwei 10 Cent-Stücken, liegt hier nicht nur eine, sondern liegen sogar zwei Verfügungen vor – für jedes Geldstück eine!

Das hat zur Folge, dass der Abschluss von schuldrechtlichem und dinglichem Vertrag zeitlich und räumlich auseinanderfallen können (◘ Abb. 2.3).

Beispiel
K bestellt bei Onlinehändler V durch Klick auf den „kostenpflichtig bestellen"-Button ein neues Fahrrad. V schickt ihm eine Mail zurück, die Bestellung habe er dankend angenommen.

Ein Kaufvertrag ist damit zustande gekommen. V ist verpflichtet, K das bestellte Fahrrad zu übergeben und zu übereignen. K wiederum ist verpflichtet, den Kaufpreis zu zahlen. Trotz dieser bestehenden Verpflichtungen: Eigentümer des Fahrrads wird K erst, wenn ihm dies übergeben wird (s. § 929 S. 1 BGB, lesen!). Eigentumsübergang und Abschluss des Kaufvertrags fallen also zeitlich und räumlich auseinander!

Aber warum macht es das BGB so kompliziert?

Dahinter steht der Gedanke, dass die sachenrechtliche Ebene, die insbesondere regelt, wer Eigentümer einer Sache ist, sehr wichtig ist. Es gibt kein stärkeres Recht an einer Sache als das Eigentum, also muss auch jederzeit klar sein, wer Eigentümer einer bestimmten Sache ist!

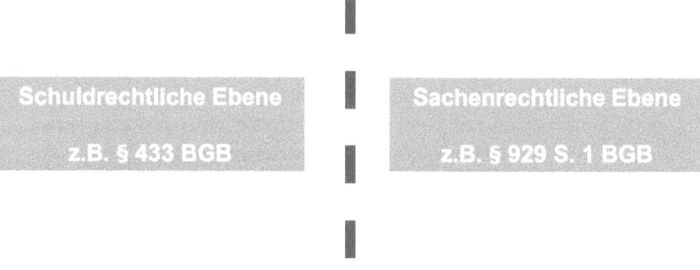

Abb. 2.3 Trennungs- und Abstraktionsprinzip

Der Gesetzgeber sieht aber die schuldrechtliche Ebene, etwa den Kaufvertrag, als sehr fehleranfällig an. Er möchte vermeiden, dass all die zahlreichen Fehler, die das Schuldverhältnis beeinträchtigen können, sich auf den Eigentumserwerb auswirken. Also vollzieht sich der Eigentumserwerb nach eigenen Vorschriften.

Zugleich bewirkt die Trennung, dass schuldrechtliches und dingliches Geschäft in ihrer Anerkennung durch die Rechtsordnung, in ihrer **„Wirksamkeit"**, abstrakt, d. h. losgelöst, unabhängig voneinander zu betrachten sind. Die dingliche Ebene ist frei von allen schuldrechtlichen Problemen. Wenn der Kaufvertrag unwirksam ist, heißt das für die Übereignung der Kaufsache gar nichts! Es kann also die Konstellation eintreten, dass der Kaufvertrag unwirksam ist, K aber trotzdem Eigentümer der Kaufsache ist!

Lautet die Klausurfrage also: „Ist K Eigentümer des Fahrrads?", wäre es ein Verstoß gegen das Trennungs- und Abstraktionsprinzip (und damit der sicherste Weg, um durch die Klausur zu fallen), jetzt § 433 BGB zu prüfen. Die Antwort liefert nur das Sachenrecht, §§ 929 ff. BGB.

Es gibt übrigens noch andere Verfügungen als die Übereignung einer Sache (z. B. die Abtretung einer Forderung). Allgemein formuliert:

— **Merke!** ─────────────────────────

Die **Verfügung** ist ein Rechtsgeschäft, durch das auf ein Recht eingewirkt wird, indem es belastet, aufgehoben, übertragen oder inhaltlich geändert wird.

Interessant wird dies vor allem im Sachenrecht!

2.2 Rechtsfähigkeit und Geschäftsfähigkeit

Eine weitere elementare Aussage des BGB für den gesamten Rechtsverkehr findet sich in seinem § 1: Die **Rechtsfähigkeit** des Menschen beginnt mit der Vollendung der Geburt.

Die Rechtsfähigkeit ist die Fähigkeit, Träger von Rechten und Pflichten zu sein – etwa überhaupt einen Anspruch innehaben zu können. Wenn die Rechtsfähigkeit des Menschen (synonym: der **natürlichen Person**, im Gegensatz zur **juristischen**) mit der Vollendung der Geburt beginnt, folgt daraus: Tiere sind nicht rechtsfähig. Die Rechtsfähigkeit von Gesellschaften ist abhängig von der Gesellschaftsform. Juristische Personen zeichnen sich durch ihre Rechtsfähigkeit aus (unter welchen Voraussetzungen sie es erlangen, regelt das einschlägige Regelwerk), andere Gesellschaften oder Personenmehrheiten sind nicht oder nur teilrechtsfähig.

Von der Rechtsfähigkeit ist die **Geschäftsfähigkeit** zu unterscheiden, die Fähigkeit, sich selbst durch Rechtsgeschäfte verpflichten zu können. Sie ist in den §§ 104 ff. BGB geregelt. Für Studentinnen und Studenten des Wirtschaftsprivatrechts genügt die Information, dass alle Menschen ab dem vollendeten 18. Lebensjahr (= dem 18. Geburtstag) grundsätzlich geschäftsfähig sind.

Juristische Personen sind nicht geschäftsfähig – als Rechtskonstrukte können sie schließlich nicht handeln. Sie müssen von ihrem gesetzlichen Vertreter vertreten werden. Wer das ist, bestimmt das jeweils einschlägige Gesellschaftsrecht (z. B. § 35 GmbHG für den Geschäftsführer der GmbH). Wer sonstige Personenzusammenschlüsse vertritt, regeln ebenfalls die jeweils einschlägigen Vorschriften.

Daneben gibt es die **Geschäftsunfähigkeit** von Kindern unter 7 Jahren und ausgewählten Erwachsenen (s. i. E. § 104 BGB, lesen!) und die **beschränkte Geschäftsfähigkeit** von Personen zwischen sieben und 18 Jahren, siehe §§ 106 ff. BGB. Beide sind für das Wirtschaftsprivatrecht nach den meisten Studien- und Prüfungsordnungen irrelevant. Ist dies nach Ihrer Studienordnung anders, unbedingt lesen und vertiefen!

Einzelne Hinweise, wo Probleme im Minderjährigen- oder Familienrecht liegen und wie Sie vertiefen müssen, enthält auch dieses Buch. Gehören Minderjährigenrecht und Bezüge zum Familienrecht nicht zu Ihrem Studiengang, können Sie über diese Hinweise „hinweglesen".

2.3 Rechtsgeschäftslehre

Da der Vertrag der Ausgangspunkt in jeder Anspruchsprüfung ist, muss geklärt werden, unter welchen Voraussetzungen ein Vertrag überhaupt zustande kommt und welche Umstände seiner Anerkennung durch die Rechtsordnung, seiner **Wirksamkeit**, entgegenstehen. In der Anspruchsprüfung ist der in diesem Abschnitt dargestellte Stoff unter dem Prüfungspunkt „*Anspruch entstanden*" unterzubringen.

2.3 · Rechtsgeschäftslehre

2.3.1 Zustandekommen des Vertrags durch Willenserklärungen

Um zu wissen, wie ein Vertrag zustande kommt, müssen Sie wissen, was ein Vertrag ist. Einzelheiten regeln §§ 145–157 BGB (lesen!). Die folgenden Definitionen finden sich in der Lehrbuchliteratur und der Rechtsprechung mal wie hier wiedergegeben, mal zumindest ähnlich, wichtig ist der Sinn, der dahinter steht (fällt Ihnen auch auf: die Definitionen bauen aufeinander auf!):

> **Merke!**
>
> Ein **Vertrag** ist ein *Rechtsgeschäft*, das sich aus zwei zueinander passenden *Willenserklärungen* zusammensetzt, *Angebot* und *Annahme*.

> **Merke!**
>
> Ein **Rechtsgeschäft** besteht aus mindestens einer Willenserklärung[2], und die Rechtsordnung knüpft an das Rechtsgeschäft einen rechtlichen Erfolg.

> **Merke!**
>
> **Willenserklärungen** sind menschliche Willensäußerungen, die auf die Herbeiführung eines rechtlichen Erfolges abzielen.

> **Merke!**
>
> Die **Willenserklärung „Angebot"** (vom Gesetz auch „Antrag" genannt, siehe §§ 145 ff. BGB) ist eine *empfangsbedürftige Willenserklärung*, die einem anderen einen Vertragsschluss so anträgt, dass dieser nur noch zustimmen muss.

> **Merke!**
>
> Demgegenüber ist die **Annahme** die Willenserklärung, mit der der Annehmende seine Zustimmung zum Vertragsschluss ausdrückt.

---

[2] Verträge müssen mehrere Beteiligte haben und aus mehreren Willenserklärungen bestehen. Es sind **mehrseitige Rechtsgeschäfte**. Ein Rechtsgeschäft, für dessen Vornahme schon eine Willenserklärung genügt, ist ein **einseitiges Rechtsgeschäft** (z. B. Testament, Kündigung, Vollmachterteilung).

Ein Angebot zum Abschluss eines Vertrags, so ergibt sich aus diesen Definitionen, muss also bestimmt sein, es muss die sog. **essentialia negotii** enthalten, alles, was für das Geschäft wesentlich ist. Ein Angebot wäre z. B. „Kaufst du mein Fahrrad für 150 €?" Die Annahme lautet dann nur auf „Ja." Lautet die Gegenerklärung „Ja, für 100 €", liegt keine Annahmeerklärung, sondern ein neuer Antrag vor (s. § 150 Abs. 2 BGB, lesen!).

Nicht enthalten muss der Antrag die sog. **accidentalia negotii**, die „Nebensächlichkeiten" des Geschäfts (z. B. „Brauchen Sie eine Tüte?").

2.3.1.1 Wirksamwerden von Willenserklärungen

Es braucht also für einen Vertrag (mindestens) zwei übereinstimmende Willenserklärungen. Die Parteien müssen sich einig sein, müssen das Gleiche wollen. Unter Gleichen kann schließlich niemand einseitig seinen Willen gegen den des anderen durchsetzen!

Auf die Form der Willenserklärung kommt es grundsätzlich nicht an. Sie kann mündlich, schriftlich oder elektronisch erfolgen, auch bloße Gesten oder sonstige Verhaltensweisen können eine Willenserklärung sein – etwa das kommentarlose Einstellen des Pkw auf einem kostenpflichtigen Parkplatz als Angebot, einen Mietvertrag über einen Parkplatz abzuschließen.

> **Auf den Punkt gebracht:** Bloßes Schweigen genügt allerdings als Erklärung grundsätzlich nicht: wer schweigt, erklärt nichts!

Willenserklärungen können empfangsbedürftig oder **nicht empfangsbedürftig** sein (siehe § 130 Abs. 1 S. 1 BGB). Bei letzteren reicht das bloße Entäußern in den Rechtsverkehr, die sog. **Abgabe**; um die Willenserklärung wirksam (und damit für den Erklärenden bindend) werden zu lassen. Empfangsbedürftige Willenserklärungen müssen hingegen auch noch einem Empfänger „zugehen". Zum **Zugang** ▶ Abschn. 2.3.1.3.

Beispiel
A hängt Plakate aus, auf denen er verspricht, wer ihm seinen entlaufenen Dackel D wieder zurück bringe, erhalte 500 €. Wenn X den Dackel zurückbringt, aber von der Auslobung nichts weiß, muss A ihm dann 500 € zahlen?

Antwort: Ja! § 657 BGB macht deutlich, dass die Auslobung eine nicht empfangsbedürftige Willenserklärung ist. Sie bindet den Auslobenden bereits, wenn er sie „entäußert" hat.

Eine Besonderheit gilt allerdings für Annahmeerklärungen, siehe § 151 BGB: Wenn die Erklärung der Annahme nach der Verkehrssitte nicht zu erwarten ist oder der Antragende auf sie verzichtet hat, braucht die Annahme nicht gegenüber dem Antragenden erklärt zu werden. Die Annahmeerklärung wird dadurch allerdings nicht entbehrlich, sie muss nur dem Antragenden nicht zugehen.

2.3 · Rechtsgeschäftslehre

Äußerer Erklärungstatbestand	Innerer Erklärungstatbestand
- Nach Empfängerhorizont eines objektiven Dritten: Liegt eine Willenserklärung vor?	- Handlungswille (ohne ihn keine Willenserklärung!)
	- Erklärungsbewusstsein (str. ob entbehrlich)
- Konkludente Willenserklärung genügt, aber: Wer schweigt, erklärt nichts!	- Geschäftswille (immer entbehrlich)

Abb. 2.4 Bestandteile einer Willenserklärung

Beispiel
Bestellung bei Versandhäusern aus dem Katalog. Das Versandhaus erklärt die Annahme nie extra gegenüber dem Kunden, sondern sendet irgendwann die Ware (anders im Online-Handel, wo Annahmeerklärungen üblich sind).

Die Willenserklärung lässt sich noch einmal weiter aufteilen, in einen „äußeren" und einen „inneren Erklärungstatbestand". Zum einen ist zu prüfen, ob „nach außen hin" eine Willenserklärung vorliegt (◘ Abb. 2.4).

Beispiel
Im Streit wirft F den Diamantring, den M ihr geschenkt hat, dem M vor die Füße und sagt: „Das Teil kannst du zurückhaben, du ****!"

Nach dem „objektiven Empfängerhorizont" ist hier zu bestimmen, ob F nur leicht cholerisch ist oder etwas Rechtserhebliches erklären wollte (Rückübereignung des Ringes an M?).

Ein praktisch häufiger Fall, in dem keine Willenserklärung vorliegt, ist die **invitatio ad offerendum**". Es handelt sich um die Einladung, ein Angebot abzugeben. Die etwa in Supermärkten „angebotenen" Produkte werden nicht im Rechtssinne zum Verkauf *angeboten*, sondern erst der Käufer, der die Waren für sich auswählt und sie an der Kasse auf das Laufband legt, gibt eine Willenserklärung (das Angebot auf Vertragsschluss) ab. Das Kassenpersonal nimmt es durch Scannen der Ware an – und hat die Freiheit, noch abzulehnen (z. B. beim Verkauf an Kinder). Das ist wichtig, denn erst einmal steht weder die andere Vertragspartei fest, noch, ob die Ware vorrätig ist.

So wäre es z. B. dem Online-Handel wenig recht, wenn durch das bloße Anklicken der im Onlineshop eingestellten Ware ein Kaufvertrag zustande kommen könnte, obwohl der Artikel nicht mehr vorrätig ist …

Jede Willenserklärung setzt sich zudem aus drei inneren Merkmalen zusammen, deren Nichtvorliegen rechtliche Folgen hat:

Hat der Erklärende nicht den Willen zu handeln (Handlungswillen) liegt keine Willenserklärung vor (wer z. B. im Schlaf etwas erzählt, erklärt nichts).

Das Erklärungsbewusstsein (Rechtsbindungswille) ist der Wille, etwas Rechtserhebliches zu erklären. Sein Fehlen macht die Willenserklärung zwar nicht nichtig, aber anfechtbar. Standardbeispiel („Trierer Weinversteigerung"): X stürmt in eine Versteigerung (s. § 156 BGB), wo das Handheben gleichzusetzen ist mit der Abgabe eines verbindlichen Kaufangebots, und hebt die Hand. Er erhält den Zuschlag für eine sehr teure Flasche Wein. Es fehlt X am Erklärungsbewusstsein, wenn er gar kein Gebot abgeben wollte, sondern unter den Besuchern der Versteigerung nur einen alten Freund entdeckt hat, dem er zuwinken wollte. Nach der Rechtsprechung liegt eine Willenserklärung vor, muss X sich also an seinem „Gebot" festhalten lassen. Man gesteht ihm aber ein Anfechtungsrecht zu.

Der Geschäftswille fehlt, wenn der Erklärende gerade *dieses* Geschäft so nicht hat abschließen wollen. Fehler in diesem Teil der Willenserklärung berechtigen zur Anfechtung, siehe noch die Beispiele bei § 119 BGB (▶ Abschn. 2.3.9.2)!

2.3.1.2 Auslegung von Willenserklärungen

Um festzustellen, ob objektiv eine Willenserklärung vorliegt (und/oder welchen Inhalt sie hat), ist die Willenserklärung auszulegen (s. § 133 BGB für Willenserklärungen, § 157 BGB für Verträge, üblicherweise werden beide §§ zusammen zitiert), und zwar an den Interessen der Parteien orientiert, „normativ" (= wertend, weil sie sich vom tatsächlich Gesagten/Verstandenen löst). Grundsätzlich kommt es zwar auf die Äußerung an, auf das, was aus Sicht des Erklärungsempfängers vernünftigerweise nur verstanden werden konnte (sog. **objektiver Empfängerhorizont**).

Das BGB lebt aber vom Gedanken der Privatautonomie: Was die Parteien wollen, darauf kommt es an. Mit dem Erklärten muss das aber längst nicht deckungsgleich sein. Frage also: *Was haben die Parteien wirklich gewollt?*

Dies geht soweit, dass die Parteien, wenn sie Übereinstimmendes gewollt haben, auch eine falsche Bezeichnung dafür wählen können. Das Gewollte wird trotzdem Vertragsinhalt („**falsa demonstratio non nocet**"). Wenn K von V einen Pullover kauft, können K und V den Pullover auch „Flugzeug" nennen, solange sie nur einig sind, dass die Sache Vertragsgegenstand ist, die man objektiv, allgemein als „Pullover" bezeichnet. Bedeutung erlangt dies v. a., wenn die Parteien bei Vertragsschluss Begriffe verwenden, die sie selbst nicht richtig verstehen, z. B. aus einer fremden Sprache.[3]

---

3 Berühmt ist der sog. „Haakjöringsköd"-Fall, RGZ 99, 147 ff. (entschieden vom **Reichsgericht**, als Vorgänger des BGH, in Zivilsachen)

2.3.1.3 Abgabe und Zugang von Willenserklärungen

Zum Wirksamwerden ist die Abgabe der Willenserklärung erforderlich, bei empfangsbedürftigen Willenserklärungen darüber hinaus noch der Zugang beim Empfänger (für die Erklärung gegenüber Abwesenden siehe § 130 BGB). Vorher ist die Willenserklärung „nicht in der Welt". Der Erklärende muss sich nicht an ihr festhalten lassen.

> **Merke!**
>
> Die **Abgabe** ist die Entäußerung einer Willenserklärung (in Richtung des Erklärungsempfängers).

> **Merke!**
>
> **Zugang der Willenserklärung** ist eingetreten, wenn sie so in den Herrschaftsbereich des Empfängers gelangt ist, dass dieser Kenntnis nehmen kann und damit unter normalen Umständen zu rechnen ist.[4]

Beispiel

K wirft ein schriftliches Angebot auf Abschluss eines Kaufvertrags in den Briefkasten von Vs Ladenlokal. Es ist Samstagabend, das Geschäft des V hat nur von Montag bis Freitag geöffnet.

Zugang tritt hier erst Montag mit Geschäftsbeginn ein, dies dann aber unabhängig von der Frage, ob der Brief tatsächlich Montag um 10 Uhr gelesen wurde oder V erst nachmittags die Post öffnet.

Die empfangsbedürftige Willenserklärung kann gem. § 130 Abs. 1 S. 2 BGB widerrufen werden, allerdings nur in einem kleinen Zeitfenster, nämlich solange die Willenserklärung noch nicht beim Empfänger zugegangen ist.

Beispiel

K will von V einen Orientteppich ankaufen und verfasst ein schriftliches Angebot, das er zur Post gibt. Noch bevor der Brief den V erreicht, überlegt es sich K anders, ruft bei V an und erklärt, welche Nachricht von ihm postalisch eintreffen wird und dass V sie bitte ignorieren soll.

---

4 Die Definition des Zugangs ist umstritten. Sollten Sie auf die erste Staatsprüfung hin studieren, hier vertiefen.

Die Widerrufserklärung muss mindestens gleichzeitig mit der Willenserklärung zugehen. Dieses enge Zeitfenster hat damit zu tun, dass ein mündiger Privater grundsätzlich in der Lage ist, sich zu überlegen, was er erklärt – deshalb muss er sich an dem von ihm Erklärten, wenn es den Empfänger einmal erreicht hat, festhalten lassen. Etwas anders sieht es im Verbraucherprivatrecht mit dem „verbraucherschützenden Widerruf" aus (▶ Abschn. 3.7.2).

2.3.1.4 Konsens und Dissens

Dem Grundsatz entsprechend, dass bei einander gleichgestellten Personen keiner die Macht hat, einseitig seinen Willen durchzusetzen, muss das BGB für den Vertragsschluss Konsens der Parteien verlangen. Das tut es, indem es für den Vertragsschluss zwei übereinstimmende Willenserklärungen verlangt (Sie erinnern sich …). Es gibt also keinen eigenständigen Prüfungspunkt „Konsens der Parteien".

Fehlt es aber am Konsens, sei es auch nur teilweise, und tritt dies offen zutage, ordnet § 154 BGB an, dass im Zweifel kein Vertrag geschlossen ist (Auslegungsregel betreffend den **„offenen Dissens"** oder **„offenen Einigungsmangel"**).

Gehen die Parteien aber irrtümlich von einer Einigung aus, obwohl sie sich in Wirklichkeit gar nicht geeinigt haben, bestimmt die Auslegungsregel in § 155 BGB zum **„versteckten Einigungsmangel"** oder **„versteckten Dissens"**: Es gilt das Vereinbarte, sofern anzunehmen ist, dass der Vertrag auch ohne den ungeregelten Punkt geschlossen sein würde. D. h. insbesondere: Haben sich die Parteien nicht über alle wesentlichen Vertragsbestandteile (essentialia negotii) geeinigt, kommt ein Vertrag nicht zustande, wie sehr die Parteien auch glauben mögen, sie hätten sich geeinigt!

2.3.2 Vertragsschluss unter Einschaltung Dritter

Um das arbeitsteilige Wirtschaftsleben zu erleichtern, können zum Vertragsschluss auch dritte Personen eingeschaltet werden, Boten und Stellvertreter.

2.3.2.1 Botenschaft

Der Bote überbringt als Hilfsperson, als „Werkzeug" des Erklärenden dessen Willenserklärung, ohne eigenen Entscheidungsspielraum zu haben. Das Gesetz regelt ihn nicht näher, setzt aber die Botenschaft in § 120 BGB voraus.

Beispiele
Arzt A drückt seinem Praktikanten P einen 10-Euro-Schein in die Hand und schickt ihn los, für diese Summe aus der Pizzeria um die Ecke As Mittagessen abzuholen.
Mutter M schickt ihren sechsjährigen Sohn S mit einem Euro zum Kiosk, um Eis zu kaufen.

2.3 · Rechtsgeschäftslehre

Man unterscheidet **Erklärungs- und Empfangsboten**. Beide werden zwar vom Erklärenden eingesetzt, um seine Erklärung an den Empfänger weiterzuleiten. Aber:

> **Merke!**
>
> **Empfangsboten** gehören zum Machtbereich des Empfängers, sie sind „lebender Briefkasten" des Empfängers und vom Empfänger ermächtigt oder nach Verkehrsanschauung als ermächtigt anzusehen, Willenserklärungen für den Empfänger entgegenzunehmen.

In die Kategorie „Empfangsbote" gehören etwa Sekretäre oder Persönliche Assistenten. Es tritt Zugang der Willenserklärung ein, wenn nach gewöhnlichen Umständen mit ihrer Weiterleitung an den Empfänger zu rechnen ist. Ob Zugang eingetreten ist, hängt also von den gleichen Grundsätzen ab wie beim „normalen" Briefkasten (▶ Abschn. 2.3.1.3).

Erklärungsboten (= alle anderen Boten) dagegen agieren im Machtbereich des Erklärenden. Sie sind nicht lebender Briefkasten, sondern „lebender Brief".

Bedeutung erlangt diese Unterscheidung, wenn bei der Übermittlung etwas schief läuft. Übermittelt der Erklärungsbote nicht oder unrichtig, geht das zulasten des Erklärenden. Wird die übermittelte Willenserklärung aber vom Empfangsboten verfälscht, geht dies zulasten des Empfängers. Es geht hier um Risikosphären: Den Empfangsboten kann der Erklärende sich nicht aussuchen, er ist mit ihm konfrontiert, muss also für die Fehler des Empfangsboten auch nicht einstehen. Den Erklärungsboten aber kann der Erklärende sich aussuchen, und er kann ihn sorgfältig auswählen und gut instruieren!

Beispiel
K erklärt gegenüber F, er wolle Vs Stradivari für 2,5 Mio. Euro kaufen. F leitet später an V 5,2 Mio. Euro als Kaufpreis weiter, weil sie sich nicht mehr genau erinnern kann.

War F die Sekretärin des V, und damit Empfangsbotin, geht ihr Fehler zulasten ihres Chefs. Das Angebot des K lautet richtig 2,5 Mio. Euro. K darf sich auf das berufen, was er F gesagt hat. War F aber die zehnjährige Tochter des V, und damit Erklärungsbotin (eine Zehnjährige wird vom Rechtsverkehr nicht für vernünftig genug gehalten, Erklärungen entgegen zu nehmen ...), geht ihr Fehler zulasten des K. Dann muss K sich an dem festhalten lassen, was F gesagt hat: 5,2 Mio. Euro.

Im Unterschied zum Boten, bei dem erst die Erklärung weitergeleitet werden muss, geht eine gegenüber einem „**Empfangsvertreter**", einem Stellvertreter, der Vertretungsmacht zur Entgegennahme von Erklärungen für den Vertretenen hat (§ 164

Abs. 3 BGB), abgegebene Willenserklärung dem Geschäftsherrn in dem Augenblick zu, indem sie beim Empfangsvertreter zugeht. Eine Weiterleitung ist also nicht erforderlich.

2.3.2.2 Stellvertretung

Statt eines Boten kann der Erklärende auch einen **Stellvertreter** einschalten (zum Vertreter auf Empfängerseite ▶ Abschn. 2.3.2.1).[5] Dies geschieht nach den §§ 164 ff. BGB (lesen!). Anders als der Bote gibt der Stellvertreter eine eigene Willenserklärung ab. Er ist mehr als nur ein „lebender Brief", er trifft eine eigenständige Entscheidung über den Vertragsschluss, und seine – im Namen des Vertretenen abgegebene – Erklärung wirkt unmittelbar für und gegen den Erklärenden (**Vertretener** genannt), siehe § 164 Abs. 1 BGB.

Der Vertretene begibt sich also zu einem guten Teil in die Hand seines Stellvertreters. Damit er geschützt ist, wird er nur dann durch den Stellvertreter verpflichtet, wenn dieser „im Rahmen der Vertretungsmacht" gehandelt hat. Vertretungsmacht haben bestimmte Personen aufgrund gesetzlicher Anordnung („kraft Gesetzes"), etwa Eltern für ihre Kinder (§§ 1626, 1629 BGB) oder GmbH-Geschäftsführer für die GmbH (§ 35 Abs. 1 S. 1 GmbHG). Vertretungsmacht kann der Stellvertreter aber auch erlangen, indem der Vertretene sie ihm durch Rechtsgeschäft erteilt, durch eine sog. **Vollmacht** (s. § 167 BGB). ▶ Abschn. 2.3.2.2.2.

Für den Rechtsverkehr, von „außen", ist die Konstellation „Stellvertretung" etwas unübersichtlich. Der (zukünftige) Vertragspartner (in den §§ 164 ff. BGB oft „**Dritter**" genannt) will wissen, mit wem er es zu tun hat. Das Gesetz schützt ihn mit dem sog. **Offenkundigkeitsprinzip**: Der Vertreter muss „im Namen" des Vertretenen handeln, d. h. offenlegen, dass er nicht für sich selbst, sondern dass er in fremdem Namen handelt. ▶ Abschn. 2.3.2.2.1.

Voraussetzungen für die Stellvertretung sind also (§ 164 Abs. 1 BGB):
1. eine eigene Willenserklärung des Vertreters (im Unterschied zum Boten),
2. in fremdem Namen,
3. im Rahmen der Vertretungsmacht (▶ Abschn. 2.3.2.2.3).

2.3.2.2.1 Insbesondere: Handeln in fremdem Namen

Bei der Voraussetzung „in fremdem Namen" können einige Probleme auftreten. Nach dem „Offenkundigkeitsprinzip" muss sich aus dem Inhalt der vom Stellvertreter abgegebenen Erklärung ergeben, dass er für einen Dritten, den Vertretenen, tätig werden will. Eine sog. **Verpflichtungsermächtigung**, eine Ermächtigung, durch Handeln in eigenem Namen jemanden zu verpflichten, gibt es im deutschen Recht nicht (s. die Ausnahme des § 1357 Abs. 1 S. 2 BGB, die Schlüsselgewalt der Ehegatten).

---

5 Die Stellvertretung ist ausgeschlossen bei höchstpersönlichen Geschäften – s. § 1311 BGB für die Eheschließung.

2.3 · Rechtsgeschäftslehre

Ausnahme zum Offenkundigkeitsgrundsatz sind die **„Geschäfte für den, den es angeht"**: Es handelt sich um **Bargeschäfte des täglichen Lebens**, bei denen der Vertragspartner kein Interesse daran hat, zu erfahren, wer auf der anderen Seite des Vertrags genau steht.

Beispiel
S kauft für sich in der Cafeteria einen Kaffee. Auf Bitten seines Kommilitonen K bringt er K ein Sandwich mit. S muss nicht an der Kasse offenlegen, dass er das Sandwich für K mitnimmt, das Geschäft wird ohnehin sofort abgewickelt.

Handelt eine Person **unter fremdem Namen**, benutzt sie also den fremden Namen wie den eigenen, ist durch Auslegung der Erklärung zu ermitteln, welche Identität hier vorrangig sein soll: die der handelnden Person oder der angegebene Name.

Bei Geschäften unter Anwesenden kommt es regelmäßig nur auf die Person des Handelnden, nicht auf den Namen an (**Namenstäuschung**). Das Geschäft soll sofort abgewickelt werden, es liegt keine Stellvertretung vor. Verpflichtet wird die Person, die präsent ist:

Beispiele
Erbtante E hat im Restaurant einen Tisch reservieren lassen, weil sie ihrer Nichte N zu deren Geburtstag einen Restaurantbesuch mit ihrem Freund spendieren will. Im Restaurant angekommen, stellt N sich der Einfachheit halber mit „E" vor.

Dem gegenüber steht die **„Identitätstäuschung"**. Es geht um Geschäfte, bei denen es gerade auf die Identität der handelnden Person ankommt – etwa im Versandhandel, wo aus Gründen der Bonität gerade mit dem wahren Namensträger ein Vertrag geschlossen werden soll. Dieses Geschäft wird über das Stellvertretungsrecht abgewickelt. Wenn der wahre Namensträger nichts vom Missbrauch seines Namens weiß, kommt es zur Anwendung der Vorschriften über die Vertretung ohne Vertretungsmacht (▶ Abschn. 2.3.2.2.3).

2.3.2.2.2 Insbesondere: Die Vollmacht

Die Vollmacht ist eine einseitige empfangsbedürftige Willenserklärung[6] und kann dem Stellvertreter gegenüber erteilt werden (**Innenvollmacht**) oder aber dem zukünftigen potenziellen Geschäftspartner gegenüber (**Außenvollmacht**), siehe § 167 Abs. 1 BGB. Die Erteilung ist grundsätzlich formlos möglich. Insbesondere braucht die Vollmacht nicht die Form, die für das Rechtsgeschäft, das der Vertreter vornehmen soll, vorgesehen ist (z. B. keine notariell beurkundete Vollmacht beim Kauf eines Grundstückes),

---

6 Auf sie sind deshalb alle für Willenserklärungen geltenden §§ anzuwenden – d. h. etwa auch zur Anfechtung. Vertiefen Sie hier, soweit nach Ihrer Studien- und Prüfungsordnung erforderlich, das Problemfeld „Anfechtung der Vollmacht".

siehe § 167 Abs. 2 BGB. In der Praxis wird jedoch üblicherweise eine schriftliche Vollmacht erteilt, aus Beweisgründen (s. z. B. § 174 BGB zur Bedeutung der Schriftlichkeit bei einseitigen Rechtsgeschäften eines Bevollmächtigten).

Inhalt und Umfang der Vollmacht kann der Vertretene selbst bestimmen. Er entscheidet, wie viel Macht er seinem Vertreter einräumt. Er kann Vertretungsmacht nur für ein einziges, ganz bestimmtes Geschäft erteilen („**Spezialvollmacht**"), für eine bestimmte Art von Rechtsgeschäften („**Gattungsvollmacht**") oder für jegliche Art („**Generalvollmacht**"). **Prokura** (§ 48 HGB) und **Handlungsvollmacht** (§ 54 HGB) sind Gegenstand des Handelsrechts.

Gem. § 168 S. 2 BGB ist die nicht ausgeübte Vollmacht frei widerruflich. Bei der ausgeübten Vollmacht dagegen ist ein Dritter im Boot (der, gegenüber dem der Vertreter ein Rechtsgeschäft, das sog. **Vertretergeschäft**, vorgenommen hat). Er muss geschützt werden – der Vertretene soll nicht einfach durch Widerruf der Vollmacht den Stellvertreter zum Vertreter ohne Vertretungsmacht machen können.

Das **Erlöschen der Vollmacht** richtet sich gem. § 168 S. 1 BGB nach dem ihr zugrunde liegenden Rechtsverhältnis. Dieses Rechtsverhältnis, das sog. Kausalrechtsverhältnis, liefert den Grund, aus dem die Vollmacht erteilt wird. Kausalgeschäfte können etwa Auftrag (§ 662 BGB), Geschäftsbesorgungsvertrag (§ 675 BGB) oder Arbeitsvertrag (§ 611 BGB) sein. Kausalgeschäft und Vollmacht sind grundsätzlich voneinander zu trennen und in ihrer Wirksamkeit unabhängig (abstrakt) voneinander zu betrachten.

Beispiel 1
Ist die Vollmacht, die der Arbeitgeber seinem Arbeitnehmer erteilt hat, unwirksam, heißt das nicht, dass auch der gesamte Arbeitsvertrag unwirksam wäre!

Beispiel 2
Besteht etwa ein Auftrag darin, dass der Auftragnehmer einen Pkw für seinen Auftraggeber ankaufen soll, erlischt die Vollmacht mit Ankauf – das Geschäft, auf das der Auftrag abzielte, ist erledigt.

2.3.2.2.3 Eigenmächtigkeiten des Stellvertreters

Inhalt und Umfang der Vollmacht legt der Vollmachtgeber fest, und Unklarheiten sind durch Auslegung der Vollmacht zu beseitigen. Eine solche Auslegung kann zu dem Ergebnis führen, dass der Stellvertreter bei seinem Handeln die Vollmacht überschritten hat. Er wird dann zum **Vertreter ohne Vertretungsmacht**.

Beispiel
Arbeitgeber AG erteilt Arbeitnehmer AN die Weisung, für AG (nur) Lieferwagen anzukaufen. Die von AG erteilte Vollmacht enthält ausdrücklich eine entsprechende Beschränkung. AN kauft einen Maserati bei V und spiegelt ihm vor, dies sei von der von AG erteilten Vollmacht gedeckt.

2.3 · Rechtsgeschäftslehre

Handelt der Vertreter – wissentlich oder nicht – ohne Vertretungsmacht (als „**falsus procurator**"), kann sein Handeln dem vermeintlich „Vertretenen" nicht zugerechnet werden. Das Gesetz macht das so abgeschlossene Geschäft aber auch nicht zum Geschäft des Vertreters. Vielmehr ist es gem. § 177 Abs. 1 BGB **schwebend unwirksam**. Der „Vertretene" kann es genehmigen. Tut er es, z. B. weil er mit dem Geschäft im Ergebnis ganz zufrieden ist, wird der Schwebezustand aufgehoben, das Geschäft wird zum Geschäft des Vertretenen. Tut er es nicht, greift § 179 BGB (lesen!): Kennt der Vertreter den Mangel seiner Vertretungsmacht, kann er vom Dritten gem. § 179 Abs. 1 BGB auf Erfüllung oder Schadensersatz in Anspruch genommen werden. Der Schadensersatz geht auf das „positive Interesse" oder „Erfüllungsinteresse". Der Dritte ist so zu stellen, wie er stünde, wenn der Vertreter Vertretungsmacht gehabt hätte.

Hatte der Vertreter keine Kenntnis vom Mangel seiner Vertretungsmacht, haftet er auch auf Schadensersatz, allerdings nur in Höhe des negativen Interesses (sog. Vertrauensschaden). Ersetzt werden die Schäden, die entstanden sind, weil der Dritte auf die Gültigkeit der Erklärung vertraut hat. Die Haftung darf aber nicht weiter gehen als die auf das positive Interesse (§ 179 Abs. 2 BGB). Der Geschädigte soll nicht besser gestellt werden, als er bei Wirksamkeit des Geschäfts gestanden hätte. Wie wäre die Lage also, wenn das Geschäft wirksam gewesen wäre?

Beispiel

Transportkosten, die entstanden sind, weil der Käufer die vermeintlich gekaufte Ware abholen will, gehören zum Vertrauensschaden.

Zu keiner Haftung kommt es in den Fällen des § 179 Abs. 3 BGB.

Die hier angesprochene Genehmigung ist in § 184 BGB legaldefiniert als nachträgliche Zustimmung. Demgegenüber ist die Einwilligung die vorherige Zustimmung (§ 183 BGB). Einzelheiten regeln die §§ 182 ff. BGB. Wann immer das Gesetz von Einwilligung, Zustimmung oder Genehmigung spricht, sind die §§ 182 ff. BGB anzuwenden.

Nicht immer, wenn das abgeschlossene Geschäft aufgrund einer Eigenmächtigkeit des Vertreters nicht im Sinne des Vertretenen ist, liegt Vertretung ohne Vertretungsmacht vor. Auch wenn der Vertreter sich im Rahmen der Vertretungsmacht bewegt, kann er sich über den Willen des Vertretenen hinwegsetzen, vorausgesetzt, dass der Vertreter rechtlich mehr kann, als er im Verhältnis zum Vertretenen darf.

Beispiel

AG erteilt AN die Weisung, für AG (nur) Lieferwagen anzukaufen. Die von AG erteilte Vollmacht aber enthält eine solche Beschränkung nicht. AN kauft bei V im Namen des AG einen Maserati.

AN kann AG soweit verpflichten, wie seine Vertretungsmacht reicht. Die Vertretungsmacht war hier, anders als im Beispiel davor, und anders als die von AG erteilte

Weisung, nicht auf Lieferwagen beschränkt. Sie deckte auch den Kauf aller anderen Fahrzeuge ab. AN kann daher AG auch beim Kauf eines Maserati verpflichten. Dass es sich um eine Missachtung der AG-Weisung (und um eine Pflichtverletzung im Arbeitsverhältnis) handelt, ist hier unerheblich. Die §§ 177 ff. BGB sind hier nicht anwendbar.

2.3.2.2.4 Rechtsscheinsvollmacht

Besteht keine gesetzliche und keine rechtsgeschäftliche Vertretungsmacht, heißt das aber nicht zwingend, dass überhaupt keine Vertretungsmacht vorläge. Setzt der Vertretene den Rechtsschein einer Vollmacht, halten ihn die §§ 170–172 BGB unter den dort genannte Voraussetzungen an diesem Rechtsschein fest. Es entsteht eine sog. **Rechtsscheinsvollmacht**. Weil der Vertretene sich in einer Art und Weise verhalten hat, die bei einem Dritten Vertrauen darauf erweckt, dass Vertretungsmacht bestehe, muss er dafür einstehen.

Beispiel
V erteilt S schriftlich eine Vollmacht, widerruft diese dann, unterlässt es aber, sich von S die Urkunde zurückgeben zu lassen.

Tätigt S ein Geschäft unter Vorlage der Urkunde im Namen des V, muss V sich grundsätzlich daran festhalten lassen, siehe § 172 Abs. 2 BGB. Es hatte für den Dritten schließlich den Anschein, als würde S den V wirksam vertreten können. Das Ergebnis ist auch gerechtfertigt, denn V hätte schließlich die Urkunde zurückverlangen können (s. nur § 175 BGB!).
Das Ganze funktioniert natürlich nicht, siehe § 173 BGB, wenn der Dritte wusste, dass V die Vollmacht widerrufen hatte – dann ist er schließlich nicht schutzwürdig.
Neben den Rechtsscheinsvollmachten gem. §§ 170–172 BGB gibt es zwei nicht im Gesetz vorkommende, durch Rechtsprechung und Literatur entwickelte Rechtsscheinsvollmachten, nämlich Anscheins- und Duldungsvollmacht.

Beispiel 1
V kümmert sich nicht um seine Geschäfte, das übernimmt seit Jahren S für ihn, ohne dazu bevollmächtigt zu sein. Für alle Kunden des V sieht es so aus, als sei S Vertreter des V. V findet es in Ordnung. Nur als S einen Vertrag mit K abschließt, gefällt V das nicht. Muss er sich von K am Vertrag festhalten lassen?

Beispiel 2
V kümmert sich nicht um seine Geschäfte, sonst hätte er mitbekommen, dass schon seit einiger Zeit S Geschäfte in seinem Namen tätigt, ohne dazu bevollmächtigt zu sein. Als V mitbekommt, dass S in seinem Namen tätig ist und einen Vertrag mit dem ihm unliebsamen, aber arglosen K geschlossen hat, kommt alles ans Licht.

2.3 · Rechtsgeschäftslehre

In Beispiel 1 liegt eine sog. **Duldungsvollmacht** vor. V wusste, dass S als Vertreter für ihn handelt, und duldete es. Damit sieht es für einen außenstehenden Dritten so aus, als wäre S Vertreter des V. Er muss sich deshalb von K am Vertrag festhalten lassen.

Ebenso in Beispiel 2: V hat wieder einen Rechtsschein gesetzt, diesmal liegt eine sog. **Anscheinsvollmacht** vor. V wusste zwar nicht von der Tätigkeit des S (konnte sie folglich auch nicht billigen), doch wenn er sich nur etwas gekümmert hätte, wäre sie ihm aufgefallen. Dies genügt, um ihn an den Geschäften des S festzuhalten.

> **Merke!**
>
> Eine **Anscheinsvollmacht** liegt vor, wenn der Vertretene das Handeln des Vertreters nicht kennt, es aber bei pflichtgemäßer Sorgfalt hätte erkennen und verhindern können und der andere Teil annehmen durfte, der Vertretene dulde und billige das Handeln des Vertreters.

> **Merke!**
>
> Eine **Duldungsvollmacht** liegt vor, wenn der Vertretene es wissentlich geschehen lässt, dass ein anderer für ihn wie ein Vertreter auftritt, und der Dritte dieses Dulden kennt und nach Treu und Glauben dahin verstehen darf, dass der als Vertreter Handelnde bevollmächtigt ist.

2.3.3 Vertragsschluss im Internet

Da Willenserklärungen nicht formbedürftig sind, können sie grundsätzlich auch durch elektronische Übermittlung einer Datei im Internet abgegeben und wirksam werden. Folglich ist auch ein Vertragsschluss „online" möglich, und zwar nach denselben Grundsätzen wie „offline", nach den §§ 145 ff. BGB.

Besonderheiten gelten bei „**Versteigerungen**" im Internet. Hier handelt es sich meist nicht um klassische Versteigerungen (s. § 156 BGB), bei denen der Vertragsschluss durch den Zuschlag eines Auktionators zustande kommt. Vielmehr wird das Bild der „**Online-Auktionen**" von Anbietern wie Ebay geprägt. Hier wird die Auktion durch Zeitablauf beendet. Wie der Vertragsschluss im Einzelnen abläuft, bestimmen die AGB des Plattformanbieters, die von den Kunden bei Registrierung akzeptiert werden müssen und die daher zur Auslegung ihrer Willenserklärung herangezogen werden können.

Eine Möglichkeit ist, dass im Einstellen der Ware auf der Plattform eine verbindliche **antizipierte Annahmeerklärung** liegt, bezogen auf das bei Auktionsschluss höchste Gebot. Alternativ kann im Einstellen auch ein Angebot zu sehen sein, an den Meistbietenden zu verkaufen. Dieses nimmt dann der Meistbietende an (s. zum Ganzen BGH NJW 2005, 53, 54 (ebay.de) und BGHZ 149, 129, 133 ff. (ricardo.de)).

2.3.4 Formbedürftigkeit von Rechtsgeschäften

Im deutschen Recht können grundsätzlich alle Rechtsgeschäfte formfrei vorgenommen werden. Ausnahmen können sich aus gesetzlichen Vorschriften oder aus der Vereinbarung der Parteien ergeben, siehe § 127 BGB.

Formerfordernisse können der Warnung des Erklärenden vor besonders riskanten Rechtsgeschäften dienen (z. B. die Schriftform der Bürgschaft, siehe § 766 S. 1 BGB), seiner Beratung (z. B. durch einen Notar etwa bei der notariellen Beurkundung eines Grundstückskaufvertrags, siehe § 311b Abs. 1 S. 1 BGB) oder dem Beweis (der Volksmund sagt: Was nicht in den Akten ist, ist nicht in der Welt!).

Unter welchen Voraussetzungen ein Dokument einem bestimmten Formerfordernis genügt, sagen die §§ 126 ff. BGB (lesen!). Dort sind die verschiedenen Formerfordernisse (Schriftform, Textform, elektronische Form …) näher definiert. Wenn etwa eine Bürgschaftserklärung der Schriftform genügen muss (§ 766 S. 1 BGB), sagt § 126 Abs. 1 BGB, wann Schriftform vorliegt, wenn nämlich das Dokument vom Aussteller eigenhändig durch Namensunterschrift unterzeichnet ist.

Ein Rechtsgeschäft, das der *gesetzlich* vorgeschriebenen Form ermangelt, ist nach § 125 S. 1 BGB nichtig (aber Achtung – einige Vorschriften lassen die Heilung des formnichtigen Geschäfts zu, etwa durch Erfüllung, siehe §§ 766 S. 3, 518 Abs. 2 BGB!).

Ist nur die *vertraglich* vorgeschriebene Form nicht eingehalten, ist zu prüfen, ob die Formwidrigkeit Einfluss auf die Wirksamkeit des Rechtsgeschäfts haben soll. Im Zweifel ist das Rechtsgeschäft nichtig (s. § 125 S. 2 BGB). Zu Besonderheiten bei der vertraglich bestimmten Form siehe § 127 BGB.

2.3.5 Verstoß gegen ein Verbotsgesetz

Ein Rechtsgeschäft ist nichtig, wenn es gegen ein gesetzliches Verbot verstößt, sofern sich nicht aus dem Gesetz etwas anderes ergibt (s. § 134 BGB). Auf den Willen der Parteien oder ihre Kenntnis von der Gesetzeswidrigkeit kommt es dafür grundsätzlich nicht an: Wer objektiv gegen die Rechtsordnung verstößt, ist zu sanktionieren.

Allerdings ist zu prüfen, welches Gesetz ein „Verbotsgesetz" ist. Dafür muss die in Betracht kommende Vorschrift ausgelegt werden:

2.3 · Rechtsgeschäftslehre

> **Merke!**
>
> Ein **Verbotsgesetz** i. S. d. § 134 BGB richtet sich nach seinem Sinn und Zweck gegen den Inhalt eines Rechtsgeschäfts, nicht nur gegen die Art und Weise seines Zustandekommens.

Selbst wenn aber das Gesetz ein Verbotsgesetz ist, ist damit immer noch nicht gesagt, dass ein Verstoß zur Nichtigkeit des Rechtsgeschäfts führt, siehe § 134 BGB letzter Halbsatz. Zu prüfen ist, ob das Verbotsgesetz auch die Nichtigkeit des Rechtsgeschäfts erfordert.

Beispiel
Supermarkt S hat unter Verstoß gegen das Ladenschlussgesetz auch sonntags geöffnet. Die von S mit seinen Kunden sonntags abgeschlossenen Kaufverträge sind deshalb aber nicht nichtig. Nicht die abgeschlossenen Kaufverträge selbst sind zu missbilligen, sondern nur die Zeit, zu der die Verträge zustande gekommen sind.

Beispiel
Hehler H kauft von Dieb D eine gestohlene Sache an und macht sich damit gem. § 259 Abs. 1 StGB (Hehlerei) strafbar. Der Kaufvertrag ist nichtig, denn die Rechtsordnung missbilligt Hehlerei, den Ankauf gerade der gestohlenen Sache, nicht nur einzelne Nebenpunkte wie die Zeit, zu der das Geschäft zustande kam.

2.3.6 Sittenwidrigkeit und Wucher

Nichtig ist gem. § 138 Abs. 1 BGB auch ein Geschäft, das gegen die guten Sitten verstößt. § 138 Abs. 2 BGB enthält dazu einen Spezialfall, den **Wucher**. Bei § 138 BGB handelt es sich letztlich um einen Auffangtatbestand: Wenn § 134 BGB nicht greift, aber das Rechtsgeschäft doch irgendwie unanständig wirkt, ist § 138 BGB zu prüfen.

Als Spezialfall der Sittenwidrigkeit (und daher in der Klausur vor § 138 Abs. 1 BGB zu prüfen!) ordnet § 138 Abs. 2 BGB für „wucherische" Rechtsgeschäfte Unwirksamkeit an. Die Vorschrift setzt ein auffälliges Missverhältnis zwischen Leistung und Gegenleistung voraus und, dass der Wucherer beim Bewucherten eine Zwangslage, Unerfahrenheit, einen Mangel an Urteilsvermögen oder eine erhebliche Willensschwäche „ausbeutet" (s. auch die Strafvorschrift § 291 StGB).

Ein auffälliges Missverhältnis setzt in der Regel voraus, dass eine von einer Partei zu erbringende Vergütung die marktübliche Vergütung für ein vergleichbares Geschäft um 100 % oder mehr übersteigt. Bei Darlehen besteht zudem die Faustformel, dass ein Zinssatz von mehr als zwölf Prozentpunkten über dem marktüblichen wucherisch ist.

Die Voraussetzungen für Wucher liegen in der Praxis allerdings eher selten vor. Das „Ausbeuten" i. S. d. § 138 Abs. 2 BGB setzt schließlich voraus, dass der Wucherer sich der prekären Lage des Bewucherten bewusst ist. Praktisch ist dies fast nie nachzuweisen. Daher hat die Rechtsprechung das sog. **„wucherähnliche Rechtsgeschäft"** entwickelt, bei dem es auf diese subjektiven Voraussetzungen nicht ankommt. Es ist nichtig gem. § 138 Abs. 1 BGB.

Nach § 138 Abs. 1 BGB nichtig sind Rechtsgeschäfte, die gegen die guten Sitten verstoßen. Dies ist der Fall, wenn sie *„dem Anstandsgefühl aller billig und gerecht Denkenden"* widersprechen. Hier kommt es letztlich also auf die moralischen Vorstellungen des Gerichts an. Die Rechtsprechung hat (neben dem bereits angesprochenen wucherähnlichen Rechtsgeschäft) bestimmte Fallgruppen entwickelt, die die Handhabung der Vorschrift vereinfachen.

Anfällig für Sittenverstöße sind – im Bereich des Wirtschaftsrechts – etwa Verträge, die einer Vertragspartei nur geringe wirtschaftliche Bewegungsfreiheit lassen (sie „knebeln"), sie in besondere Abhängigkeit zur anderen Vertragspartei bringen, sie wirtschaftlich besonders krass überfordern oder die nur erfüllbar sind, wenn die Vertragspartei einen Vertragsbruch gegenüber Dritten begeht.

2.3.7 Teilnichtigkeit, Umdeutung und Bestätigung

Ist ein Rechtsgeschäft teilweise nichtig, muss das nicht unbedingt zur Nichtigkeit des Rechtsgeschäfts insgesamt führen. § 139 BGB enthält die Auslegungsregel, dass zwar grundsätzlich das Rechtsgeschäft im Ganzen nichtig ist, sich aus dem hypothetischen Parteiwillen aber etwas anderes ergeben kann. Voraussetzung ist, dass der „restliche", der nach der Nichtigkeit übrig bleibende Teil, noch als Rechtsgeschäft bestehen kann. So können etwa nicht die essentialia negotii aus dem Geschäft „herausgenommen" werden, ohne dass das Rechtsgeschäft im Ganzen nichtig ist.

Der Parteiwille lässt sich mit einer sog. **„salvatorischen Klausel"** bestimmen: „Sollten eine oder mehrere Bestimmungen dieses Vertrags unwirksam sein, berührt das nicht die Wirksamkeit des Vertrags im Ganzen."

§ 140 BGB hingegen lässt zu, ein nichtiges Rechtsgeschäft in ein anderes, wirksames umzudeuten, wenn das nichtige Rechtsgeschäft den Erfordernissen dieses anderen Rechtsgeschäfts entspricht.

Beispiel
Arbeitgeber AG kündigt seinem Arbeitnehmer AN wegen einer Pflichtverletzung außerordentlich. Das Gericht kommt zu dem Schluss, für eine außerordentliche Kündigung reiche das dem AN vorgeworfene Verhalten nicht. Möglicherweise kann die außerordentliche Kündigung aber in eine ordentliche Kündigung umgedeutet werden.

Ist ein Rechtsgeschäft nichtig, haben die Parteien außerdem die Möglichkeit, es zu **bestätigen** (§ 141 BGB). Die Bestätigung wirkt wie die Neuvornahme des Rechtsgeschäfts. Dies funktioniert natürlich nur, wenn der alte Nichtigkeitsgrund dann nicht mehr gegeben und auch kein neuer Nichtigkeitsgrund dazu gekommen ist.

2.3.8 Das bewusste Auseinanderfallen von Wille und Erklärung

Das BGB enthält mehrere Regelungen zum bewussten Auseinanderfallen von Wille und Erklärung:

§ 116 BGB regelt den „**geheimen Vorbehalt**" (auch „Mentalreservation", „böser Scherz"). Der Erklärende spielt hier dem Erklärungsempfänger einen Geschäftswillen vor, den er in Wirklichkeit nicht hat. Es gilt aber das Gesagte – der Schutz des Rechtsverkehrs hat Vorrang vor dem Willen des Erklärenden.

Beispiel
K verspricht V, ihm (V) seinen alten VW Polo für 2000 € abzukaufen. In Wirklichkeit hat K keineswegs vor, für „die alte Rostlaube" auch nur einen Cent zu geben, und will V nur einen Streich spielen. K wird wegen § 116 BGB aber beim Wort genommen.

§ 118 BGB behandelt dagegen den „**guten Scherz**" und bestimmt die Unwirksamkeit der sog. „Scherzerklärung". Unterschied zu § 116 BGB: Bei § 118 BGB ist der Erklärende der Auffassung, dass die andere Seite erkennen wird, dass die Erklärung nicht ernst gemeint ist. Weil der Erklärende daher grundsätzlich schutzbedürftig ist, wird er nicht an seiner Erklärung festgehalten. Der Erklärende kann allerdings gem. § 122 BGB schadensersatzpflichtig sein (zu § 122 BGB ▶ Abschn. 2.3.9.5).

Beispiel
Nach einer höllischen Autofahrt, bei der sein 18-jähriger Sohn S mit Tempo 80 durch die Dreißigerzone gerast ist, beinahe einen Kinderwagen, einen Radfahrer und zwei parkende Autos gerammt hätte, kriecht Vater V mehr tot als lebendig aus dem Auto und sagt: „Junge, so gut wie du fährst, schenke ich dir den Wagen!"

Bei der sog. **Scheinerklärung** (§ 117 BGB) wird eine Willenserklärung hingegen mit dem Einverständnis des Erklärungsempfängers nur zum Schein abgegeben. Die zum Schein abgegebene Erklärung ist nichtig. Soll durch sie ein anderes Rechtsgeschäft verdeckt werden, finden gem. § 117 Abs. 2 BGB die für das verdeckte Rechtsgeschäft geltenden Vorschriften Anwendung. Standardfall ist die Steuerhinterziehung beim Grundstückskauf: Um (die sich nach der Höhe des Kaufpreises richtende) Grunderwerbssteuer zu sparen, erklären V und K beim Notar übereinstimmend, K wolle das Grundstück des V zu 800.000 € kaufen. In Wirklichkeit hat K dem V versprochen, 1 Mio. Euro zu zahlen.

2.3.9 Anfechtung von Willenserklärungen

Während bei §§ 116–118 BGB das Gesetz als Rechtsfolge von bewusstem Auseinanderfallen von Wille und Erklärung nur zwischen Nichtigkeit und Wirksamkeit der abgegebenen Willenserklärung unterscheidet, greift beim unbewussten Auseinanderfallen von Wille und Erklärung (beim Irrtum) ebenso wie bei Willenserklärungen, die aufgrund von Täuschung oder Drohung abgegeben worden sind, eine dritte Kategorie, die Anfechtbarkeit.

Die anfechtbare Willenserklärung ist wirksam. Ihre Wirksamkeit kann aber durch die **Anfechtung**, eine sog. **Gestaltungserklärung**, mit der der Erklärende einseitig auf die Rechtslage einwirkt, beseitigt werden. Das angefochtene Rechtsgeschäft ist als von Anfang an (**ex tunc**) nichtig anzusehen (s. § 142 Abs. 1 BGB). Die Lage ist also so, als hätte es nie existiert. Angefochten wird aber nicht das Rechtsgeschäft, sondern nur die eigene Willenserklärung (orientieren Sie sich bei Ihrer Wortwahl hier wie sonst immer am Gesetzeswortlaut).

Im Einzelnen setzt eine wirksame Anfechtung voraus:
1. **Anfechtungserklärung gegenüber dem richtigen Anfechtungsgegner**
Als Gestaltungsrecht muss die Anfechtung erklärt werden. Sie ist eine empfangsbedürftige Willenserklärung, es gelten daher die allgemeinen Regelungen. Insbesondere ist die Erklärung der Auslegung zugänglich (sodass auch Erklärungen, die nicht ausdrücklich von „Anfechtung" sprechen, mitunter als Anfechtung ausgelegt werden können). Wer richtiger Anfechtungsgegner ist, bestimmt § 143 BGB. Beim Vertrag ist es der Vertragspartner („der andere Teil", § 143 Abs. 2 BGB).
2. **Anfechtungsgrund**
Der Anfechtungsgrund ist der Tatbestand, auf den die Anfechtung gestützt wird, etwa § 123 Abs. 1 (arglistige Täuschung/Drohung) oder § 119 Abs. 1 (Inhalts-/Erklärungsirrtum) oder § 119 Abs. 2 BGB (Eigenschaftsirrtum).
3. **Anfechtungsfrist**
Die Frist variiert abhängig vom Anfechtungsgrund, siehe § 122/§ 124 BGB: Ein bedrohter oder arglistig getäuschter Erklärender ist besonders schutzbedürftig und erhält eine längere Anfechtungsfrist als ein „gewöhnlicher" Erklärender.

2.3.9.1 Anfechtungsgrund: Arglistige Täuschung und widerrechtliche Drohung

Wird der Erklärende bei Abgabe seiner Erklärung vom Erklärungsempfänger widerrechtlich bedroht oder arglistig getäuscht, kann er seine Erklärung anfechten, siehe § 123 Abs. 1 BGB. § 123 Abs. 2 BGB regelt den Fall, dass ein Dritter die Täuschung verübt hat, d. h. jemand, dem gegenüber die Erklärung nicht abzugeben war und dessen Verhalten nicht ohnehin dem Erklärungsempfänger zuzurechnen ist.

Beispiel
S, der Stellvertreter des V, erklärt K wahrheitswidrig, das Auto des V sei kein Unfallfahrzeug. K entschließt sich zum Kauf in dem Glauben, kein Unfallfahrzeug vor sich zu haben. § 123 Abs. 2 BGB ist hier nicht einschlägig, denn das Verhalten des S ist ohnehin dem Verhalten des V gleichzusetzen.

Merke!

Täuschung ist das Erregen oder Aufrechterhalten eines Irrtums. Eine Täuschung durch *Unterlassen* ist möglich, wenn der Täuschende zur *Aufklärung* über den fraglichen Umstand verpflichtet war. *Arglistig* i. S. d. § 123 Abs. 1 BGB meint „vorsätzlich", der Täuschende muss wissen und wollen, dass der andere durch Täuschung zur Abgabe einer Willenserklärung veranlasst wird, die er ohne sie (so) nicht abgegeben hätte. Unter einer **Drohung** versteht man das Inaussichtstellen eines empfindlichen Übels, auf dessen Eintritt der Drohende Einfluss hat oder zu haben vorgibt. Die Drohung ist widerrechtlich, wenn ihr Zweck rechtswidrig ist, das angedrohte Übel ein rechtswidriges ist oder, selbst wenn Zweck und Drohmittel erlaubt sind, die Verknüpfung von Zweck und Mittel rechtswidrig ist. Außerdem müssen Täuschung/Drohung für die Abgabe der Willenserklärung *kausal* (ursächlich) sein.

Zur Anfechtungsfrist siehe § 124 BGB.
Eine Schadensersatzpflicht des Anfechtenden besteht nicht. Der Anfechtende ist als Getäuschter/Bedrohter in besonderer Weise schutzbedürftig.

2.3.9.2 Anfechtungsgrund: Inhalts- oder Erklärungsirrtum

§ 119 Abs. 1 BGB gestattet die Anfechtung, wenn der Erklärende bei der Abgabe seiner Willenserklärung über deren Inhalt im Irrtum war oder eine Erklärung dieses Inhalts überhaupt nicht abgeben wollte. Dahinter stehen der **Erklärungsirrtum** (Fall 2) und der **Inhaltsirrtum** (Fall 1).

Bei einem Erklärungsirrtum wählt der Erklärende ein anderes Erklärungszeichen, als er eigentlich wählen wollte – er verspricht sich, verschreibt sich.

Bei einem Inhaltsirrtum weiß der Erklärende, was er sagt, nur nicht, was er damit sagt: Er wählt das richtige Erklärungszeichen, ist sich aber über den Inhalt des Gesagten im Unklaren.

Beispiel (Erklärungsirrtum)
K will bei Versandhaus V eine elektrische Zahnbürste mit der Bestellnummer 233.333 bestellen, verschreibt sich aber und bestellt deshalb einen Rasenmäher mit der Bestellnummer 323.333.

Beispiel (Inhaltsirrtum)
K bestellt bei V „ein Gros Pakete Toilettenpapier", denn sie glaubt, ein Gros seien zwölf Stück.

Grundsätzlich unbeachtlich sind demgegenüber „**Motivirrtümer**". Der Erklärende gibt aus einem bestimmten Motiv heraus seine Erklärung ab, die Lage hat sich aber inzwischen geändert:

Beispiel (Motivirrtum)
K hat gerade bei Juwelier J einen Verlobungsring für seine Freundin F gekauft, als er auf F trifft, die mit ihrem neuen Freund X durchbrennt.

Zur Anfechtungsfrist § 121 BGB. Die Anfechtung hat „**unverzüglich**" zu erfolgen, die Unverzüglichkeit ist hier legaldefiniert:

> **Merke!**
>
> **Unverzüglich** heißt „ohne schuldhaftes Zögern", also nicht „sofort".

Um den Erklärungsempfänger zu schützen, sieht das Gesetz in § 122 BGB eine Schadensersatzpflicht des Anfechtenden vor (▶ Abschn. 2.3.9.5).

2.3.9.3 Anfechtungsgrund: Eigenschaftsirrtum

Irrt der Erklärende sich über eine Eigenschaft einer Person oder einer Sache (sogenannter **Eigenschaftsirrtum**), kann auch das ihn zur Anfechtung berechtigen.

Beispiel
V bevollmächtigt S, ihm eine wertvolle Gemäldesammlung anzulegen, in der Annahme, S sei ein berühmter Kunstexperte. S hat aber lediglich einen Namensvetter, der berühmter Kunstexperte ist.

2.3 · Rechtsgeschäftslehre

> **Merke!**
>
> Unter **Eigenschaft** versteht man alle gegenwärtigen Merkmale tatsächlicher oder rechtlicher Art, die der Person oder der Sache selbst unmittelbar und für eine gewisse Dauer anhaften. Zu den Eigenschaften einer Sache gehören alle wertbildenden Faktoren, wie z. B. der Goldgehalt eines Schmuckstücks, die Urheberschaft eines Gemäldes. Der Preis einer Sache ist dagegen keine Eigenschaft. Er ist nur Ergebnis der freien Preisbildung am Markt. Zu den Eigenschaften einer Person gehören etwa Alter oder Sachkunde.

> **Merke!**
>
> **Verkehrswesentlich** („im Verkehr als wesentlich angesehen", siehe § 119 Abs. 2 letzter Halbsatz BGB) ist eine Eigenschaft, wenn sie nicht bloß nach der Auffassung des Erklärenden, sondern auch nach der Verkehrsanschauung für das konkrete Rechtsgeschäft wesentlich, also ausschlaggebend für seinen Abschluss ist.

2.3.9.4 Anfechtungsgrund: Falsche Übermittlung

Eine Willenserklärung kann nach § 120 BGB angefochten werden, wenn sie „durch die zur Übermittlung verwendete Person oder Anstalt unrichtig übermittelt worden ist". Es handelt sich letztlich um einen Fall des Erklärungsirrtums, der greift, wenn die Erklärung mit unrichtigem Inhalt an den richtigen Empfänger oder mit richtigem Inhalt an den falschen Empfänger gerät. Dies kann etwa der Fall sein, wenn der Bote sich verspricht, ein Dolmetscher falsch übersetzt oder elektronischer Datentransfer fehlerhaft ist.

2.3.9.5 Schadensersatzanspruch gem. § 122 BGB

Um den Erklärungsempfänger zu schützen, der auf die Gültigkeit der Erklärung vertraut hat, sieht § 122 Abs. 1 BGB eine Schadensersatzpflicht des Anfechtenden vor (ebenso wie für Fälle des § 118 BGB). Der Anspruch ist ausgeschlossen, wenn der Anspruchsteller die Nichtigkeit/Anfechtbarkeit kannte oder sie hätte kennen müssen (§ 122 Abs. 2 BGB). Ersatzfähig ist der Vertrauensschaden (**negatives Interesse**), allerdings begrenzt auf das **positive Interesse** (die Vertragserfüllung).

Der Anspruchsinhaber ist bei Ersatz des negativen Interesses so zu stellen, als wäre die nichtige Willenserklärung nicht abgegeben worden. So sind ihm insbesondere Vertragsabschlusskosten zu ersetzen.

Begrenzt wird der Anspruch durch das positive Interesse, durch den **Erfüllungsschaden** („nicht über den Betrag des Interesses hinaus, welches der andere oder der Dritte an der Gültigkeit der Erklärung hat"). Der Anspruchsinhaber soll durch § 122 BGB nicht besser gestellt werden, als wenn die Erklärung gültig gewesen wäre. Zu den Begriffen negatives/positives Interesse ▶ Abschn. 2.3.2.2.3, die Vertretung ohne Vertretungsmacht.

2.3.10 Bedingung, Befristung

Die Folgen eines Rechtsgeschäfts können auch zu einem anderen Zeitpunkt als (wie im Regelfall) zu dem seiner Vornahme eintreten.

So kann ein Rechtsgeschäft unter einer **Bedingung** vorgenommen werden (s. § 158 BGB). Seine Wirkungen hängen dann vom Eintritt eines *zukünftigen ungewissen Ereignisses* ab. Anders die **Befristung**, bei der der Eintritt des Ereignisses (das Erreichen eines bestimmten Termins) gewiss ist (dazu § 163 BGB).

Nicht alle Rechtsgeschäfte können unter einer Bedingung vorgenommen werden. Bei manchen ist die sogenannte **Bedingungsfeindlichkeit** ausdrücklich vom Gesetz angeordnet (s. z. B. § 388 S. 2 BGB). Die Ausübung eines Gestaltungsrechts (z. B. Anfechtung) ist, auch wenn dies nicht vom Gesetz angeordnet wird, immer bedingungsfeindlich: Der Gegner soll sofort Klarheit über die Rechtslage haben, und nicht auf den Eintritt eines ungewissen Ereignisses warten müssen. Auch bei bedingungsfeindlichen Erklärungen ist aber die **Potestativbedingung** zulässig. Hier hängt der Eintritt der Bedingung vom Willen des Erklärungsempfängers ab, er selbst hat es in der Hand, über die Wirksamkeit des Geschäfts zu bestimmen.

Die Bedingung kann aufschiebend wirken (§ 158 Abs. 1 BGB), mit der Folge, dass das Rechtsgeschäft erst wirksam wird, wenn die Bedingung eintritt. Umgekehrt kann sie auch auflösend wirken (§ 158 Abs. 2 BGB), sodass die Wirkungen des Rechtsgeschäfts mit Bedingungseintritt enden.

Von Bedeutung ist die Bedingung v. a. beim Kauf unter Eigentumsvorbehalt (s. § 449 BGB). Dazu ▶ Abschn. 4.2.4.1.

2.4 Verjährung (inkl. Fristberechnung)

Obwohl sich die Vorschriften im AT des BGB befinden (§§ 194 ff. BGB), hat die Verjährung nichts zu tun mit der Frage, ob ein Anspruch entstanden ist, sondern betrifft die Frage, ob der Anspruch „durchsetzbar" ist (dritte Frage des bürgerlich-rechtlichen Prüfungsschemas, zur Erinnerung ▶ Abschn. 2.1.5).

2.4.1 Verjährung

Ist ein Anspruch verjährt, existiert er immer noch, aber der Schuldner (derjenige, der durch den Anspruch verpflichtet wird) hat das Recht, die Leistung zu verweigern (s. § 214 Abs. 1 BGB).

Das heißt also: Der Gläubiger (der Anspruchsinhaber) kann den Anspruch nicht mehr durchsetzen. Wenn der Schuldner aber leisten möchte, kann er dies tun. Er leistet auf einen bestehenden Anspruch, den er durch die Erfüllung zum Erlöschen bringen kann. Das auf einen verjährten Anspruch Geleistete kann nicht zurückgefordert werden, auch wenn in Unkenntnis der Verjährung geleistet worden ist (s. § 214 Abs. 2 S. 1 BGB).

Der Gedanke dahinter: Wenn viel Zeit verstrichen ist, wird es schwierig, das Bestehen eines Anspruchs noch zu beweisen. Ein Gläubiger des Anspruchs, der diesen nicht geltend macht, erweckt zudem den Eindruck, daran auch kein Interesse (mehr) zu haben. Es ist also gerechtfertigt, irgendwann den Anspruch „ad acta" zu legen.

Natürlich hätte der Gesetzgeber als Rechtsfolge von Verjährung auch das Erlöschen des Anspruchs anordnen können. Aber:

Versetzen Sie sich zurück ins späte 19. Jahrhundert. Es widerspricht der Ehre eines echten Bürgers, nicht auf eine bestehende Schuld zu zahlen und zu hoffen, dass der Gläubiger sich nicht rührt, mit der Folge, dass man am Ende etwas schuldig bleibt. Das Sprichwort sagt: „Ein hanseatischer Kaufmann beruft sich nicht auf Verjährung." Er zahlt immer seine Schulden! Die Möglichkeit, dies mit befreiender Wirkung zu tun, d. h. den Anspruch, auf den er leistet, zum Erlöschen zu bringen, will das Gesetz dem Schuldner lassen.

Folge aus diesen Erwägungen ist außerdem, dass der Gesetzgeber die Verjährung nicht als gewöhnliche **„Einwendung"** gegen den Anspruch, sondern als **„Einrede"** konzipiert hat. Während Einwendungen gegen den Anspruch vom Gericht von Amts wegen geprüft und berücksichtigt werden, muss die Einrede von demjenigen, dem sie zusteht, erhoben werden. Der Schuldner muss sich auf Verjährung berufen. Dies zu tun, steht ihm frei. Entscheidet er sich dafür, die Einrede zu erheben, ist der Anspruch dauerhaft nicht durchsetzbar (**peremptorische Einrede**).[7] Tut er es nicht, wird er zur Leistung verurteilt.

Verjähren können nur Ansprüche (s. § 194 Abs. 1 BGB, was regelte er außerdem noch?). Rechte, die nicht Anspruch sind, verjähren nicht. Es passiert aber etwas Ähnliches: Sie verfristen (für den Rücktritt siehe § 218 BGB).

Wann aber tritt Verjährung ein?

Die Berechnung der Verjährungsfrist erfordert Wissen um ihre Länge und den Fristbeginn.

---

[7] Demgegenüber gibt es auch **dilatorische Einreden**. Sie hemmen nur vorübergehend die Durchsetzbarkeit des Anspruchs (z. B. Stundung).

Prüfen Sie erst, welche Fristlänge anzuwenden ist. Dies hängt ab von Art und Inhalt des Anspruchs, um dessen Verjährung es geht. Durchforsten Sie die Ausnahmetatbestände der §§ 196, 197, 198 BGB (unbedingt lesen!). Wenn hier der zu prüfende Anspruch nicht genannt ist, wenden Sie § 195 BGB an: Die regelmäßige Verjährungsfrist beträgt drei Jahre.

Der Fristbeginn richtet sich danach, um welchen Anspruch es geht und ob Sie die regelmäßige Verjährungsfrist anwenden können. Ist § 195 BGB einschlägig, richtet sich der Fristbeginn nach § 199 Abs. 1 BGB. Soweit nichts anderes bestimmt ist, beginnt die Verjährung mit dem Schluss des Jahres, in dem der Anspruch entstanden ist und der Gläubiger von den Anspruch begründenden Umständen und der Person des Schuldners Kenntnis erlangt oder ohne grobe Fahrlässigkeit erlangen müsste. Wegen des Anknüpfens an das Jahresende heißt diese Verjährung „**Ultimoverjährung**".

Zum Schluss prüfen Sie die Verjährungshöchstfristen des § 199 Abs. 2–4 BGB. Sie „deckeln" die Verjährung: Spätestens nach Ablauf der hier genannten Fristen ist Fristende, selbst dann, wenn die Verjährung nach § 199 Abs. 1 BGB noch gar nicht begonnen hat, z. B. weil der Anspruchsgegner noch gar nicht bekannt ist.

Der Lauf der Verjährungsfrist kann außerdem gehemmt sein, d. h. die Verjährung läuft nicht, solange das hemmende Ereignis vorliegt. Standardfall sind die Verhandlungen über den Anspruch oder die Hemmung durch Rechtsverfolgung (insbesondere: durch Klageerhebung), §§ 203, 204 BGB.

Achtung: Im Schuldrecht BT gibt es besondere Vorschriften, wann Verjährung und/oder Verfristung von Rechten eintritt (z. B. im Kaufrecht: § 438 BGB). Sie gehen als speziellere Normen vor!

2.4.2 Exkurs: Fristberechnung

Fristen werden nach den §§ 186 ff. BGB berechnet. Sie sind die leider nicht immer gut verständlich formuliert. Der Fristbeginn richtet sich nach § 187 Abs. 1 oder Abs. 2 BGB, das Ende nach § 188 BGB. Sehr vereinfacht und als Faustformel lässt sich festhalten, dass bei den praktisch besonders häufigen Monats- und Jahresfristen die Zahl des Tages gleich bleibt und nur die Monats-/Jahreszahl ausgewechselt werden muss.

Beispiel
Eine Monatsfrist, die am 18.1. beginnt, endet am 18.2.

Fehlt der fragliche Tag im „Zielmonat", wird die Frist gekürzt und endet am letzten Tag dieses Monats (s. § 188 Abs. 3 BGB).

Beispiel
Eine Monatsfrist, die am 31.1. beginnt, endet am 28.2. (am 29.2. in Schaltjahren).

Fällt der Fristablauf (nicht: der Fristbeginn!) auf einen Samstag, Sonntag oder gesetzlichen Feiertag, läuft die Frist erst ab am Ende des nächsten Werktages (s. § 193 BGB).

Beispiel
Fristablauf wäre Donnerstag, der 25.12. Es handelt sich um einen gesetzlichen Feiertag, ebenso wie beim 26.12. Der 27.12. ist ein Samstag, der 28.12. ein Sonntag. Ablauf der Frist also am 29.12., dem nächsten Montag/Werktag!

2.5 Treu und Glauben (inkl. Verwirkung)

Der eigentlich aus dem Schuldrecht stammende § 242 BGB bestimmt, dass der Schuldner verpflichtet ist, die Leistung so zu bewirken, wie Treu und Glauben mit Rücksicht auf die Verkehrssitte es erfordern. Man versteht die Norm aber deutlich weiter, ganz allgemein als Verhaltensanforderung: Jeder muss sich so verhalten, wie „Treu und Glauben" es erfordern, jeder muss sich mit anderen Worten „redlich" verhalten. Was das ist, bestimmen allgemeine gesellschaftliche und geschäftliche Gepflogenheiten. § 242 BGB wird daher als die **Generalklausel** des bürgerlichen Rechts angesehen. Die Norm dient als „Notnagel", um als unbillig empfundene Ergebnisse zu korrigieren.

Es gibt einige Fallgruppen, von der Rechtsprechung entwickelt, um den unbestimmten § 242 BGB zu konkretisieren. So dient § 242 BGB dazu, die Ausübung von Rechten zu beschränken, z. B. durch das „Verbot rechtsmissbräuchlichen Verhaltens", das „Verbot widersprüchlichen Verhaltens" und die „Verwirkung".

Beispiel
Obwohl er verpflichtet wäre, die Kreditraten wegen Unwirksamkeit des Kreditvertrags wieder zurück zu zahlen, verlangt Kreditgeber K, dass der Kreditnehmer weiter Raten bezahlt. K verstößt gegen den Grundsatz „dolo agit qui petit quod statim redditurus est" (unredlich verhält sich, wer verlangt, was er sofort wieder zurückgeben müsste). Er verhält sich wider Treu und Glauben.

Verwirkung meint die illoyale Verspätung der Rechtsausübung. Verwirkt ist ein Recht, wenn der Berechtigte es über einen längeren Zeitraum hinweg nicht ausübt, obwohl er dazu in der Lage wäre („**Zeitmoment**"), und sich der Verpflichtete mit Rücksicht auf das gesamte Verhalten des Berechtigten darauf eingerichtet hat und sich auch darauf einrichten durfte, dass der Berechtigte sein Recht auch in Zukunft nicht geltend machen werde („**Umstandsmoment**"). Man beachte die Ähnlichkeit zur Verjährung! Aber: Anders als die Verjährung handelt es sich nicht um eine Einrede, sondern um eine Einwendung (wo war noch mal der Unterschied? ▶ Abschn. 2.4). Und: Für die Verjährung genügt bloßer Zeitablauf, für die Verwirkung nicht!

2.6 Lern-Kontrolle

Kurz und bündig

Der grundlegende Teil des Wirtschaftsprivatrechts ist im BGB geregelt. Das erste Buch des BGB stellt Regeln auf über Zustandekommen und Wirksamkeit von Verträgen. Aus ihm ergibt sich, wer überhaupt Träger von Rechten und Pflichten sein und sich selbst rechtlich binden kann (Rechts- und Geschäftsfähigkeit), und wie der Vertragsschluss mithilfe von Dritten bewirkt wird (über Botenschaft und Stellvertretung). Außerdem behandelt der Allgemeine Teil des BGB die Willenserklärung als kleinste bürgerlich-rechtliche „Einheit", ihre Abgabe, ihren Zugang, ihre Wirksamkeit und ihre Beseitigung ex tunc durch Anfechtung. Daneben finden sich im ersten Buch des BGB Vorschriften über die Verjährung von Ansprüchen.

? Let's check

1. „K könnte auf Grund eines mit V geschlossenen Kaufvertrages Eigentümer der Sache geworden sein." Ist der Satz klausurtauglich?
2. Was ist eine Verfügung?
3. Wer ist rechtsfähig?
    a. Nur deutsche Staatsbürger
    b. Nur volljährige Personen
    c. Alle Menschen ab Vollendung der Geburt
4. Die subjektiven Bestandteile der Willenserklärung sind _____, _____ und _____.
5. Empfangsbedürftige Willenserklärungen sind stets zweiseitige Rechtsgeschäfte. Richtig?
6. Ob ein Bote Empfangs- oder Erklärungsbote ist, hängt davon ab, ob er vom Empfänger oder vom Erklärenden eingesetzt wird. Richtig?
7. Grundverhältnis und Innenverhältnis sind ebenso deckungsgleich wie Außenverhältnis und ausgeübte Vollmacht. Richtig?
8. Bei einseitigen Rechtsgeschäften ist Stellvertretung nicht möglich. Richtig?
9. Eine Einwilligung ist _____, siehe § _____ BGB.
10. Das Auktionshaus A überträgt seine Versteigerungen per Livestream im Internet, es kann online mitgeboten werden. Anwendbarkeit des § 156 BGB?
11. Ordnen Sie die Arten der Form– von den geringsten Anforderungen zu den höchsten.
    - Schriftform
    - Elektronische Form
    - Notarielle Beurkundung
    - Textform
    - Öffentliche Beglaubigung
12. § 23 Abs. 1b StVO lautet: „Wer ein Fahrzeug führt, darf ein technisches Gerät nicht betreiben oder betriebsbereit mitführen, das dafür bestimmt ist, Verkehrs-

2.6 · Lern-Kontrolle

überwachungsmaßnahmen anzuzeigen oder zu stören. Das gilt insbesondere für Geräte zur Störung oder Anzeige von Geschwindigkeitsmessungen (Radarwarn- oder Laserstörgeräte)." K kauft von V ein Laserstörgerät. Ist der Kaufvertrag gem. § 134 BGB nichtig?

13. Anfechtungsgründe sind (bitte ankreuzen):
    - Inhaltsirrtum
    - Motivirrtum
    - Erklärungsirrtum
    - Eigenschaftsirrtum
    - Arglistige Täuschung und widerrechtliche Drohung

❓ Vernetzende Aufgaben

1. In welcher Reihenfolge sind Anspruchsgrundlagen zu prüfen? Sortieren Sie:
   - Bereicherungsrechtliche Ansprüche
   - Dingliche Ansprüche
   - Vertragliche Ansprüche
2. Lesen Sie das BVerfGG – wo ist die Verfassungsbeschwerde geregelt?
3. Was setzt § 929 S. 1 BGB für den Erwerb des Eigentums an beweglichen Sachen voraus?
4. K bestellt eine Handtasche bei Onlinehändler V. Dann überlegt sie es sich anders, die Tasche gefällt ihr doch nicht. Kann sie gem. § 130 Abs. 1 S. 2 BGB ihre auf den Vertragsschluss gerichtete Willenserklärung widerrufen?
5. Radfahrer R übersieht am 1.2.2016 beim Abbiegen fahrlässig Fußgänger F und touchiert ihn, sodass F stürzt und sich den Arm bricht. Durch Zufall wird R am 1.3.2046 von F als der Unfallverursacher erkannt. Verjährung etwaiger Schadensersatzansprüche?

❶ Lesen und vertiefen[8]

- Wertenbruch, J. (2014). *BGB: Allgemeiner Teil*. München: C.H. Beck.

  Hier insbesondere vertiefen: Rechtsfähigkeit von juristischen Personen und Personengesellschaften; Namensrecht*; Sachen und Tiere; Vertragsschluss: Natural-

---

[8] Stellen Sie sicher, dass Sie sich parallel zum Privatrecht mit dem Gesetzgebungsverfahren nach Art. 70 ff. GG vertraut machen und mit der Frage, wie das Recht der Europäischen Union auf die deutsche Rechtsordnung wirkt. Nur so können Sie genau wissen, wo Sie das BGB in der Rechtsordnung verorten müssen und was bei Kollisionen des bürgerlichen Rechts mit dem Grundgesetz/dem Unionsrecht gilt. Wenn Sie Verfassungsrecht/Staatsorganisationsrecht/ Europarecht im Lehrplan Ihres Studiengangs finden, folgen Sie den Literaturhinweisen der Veranstaltung.

Mit * versehene Themen bedürfen nur der Vertiefung, soweit sie in der Studienordnung Ihres Studiengangs vorgesehen sind (bei Rechtswissenschaft/Staatsexamen ist dies stets der Fall).

obligation*; §§ 145 ff. BGB (Annahmefristen, modifizierende Annahme; Kreuzofferte; Vertragsschluss bei Online-Auktionen (insbesondere: „eBay"-Modell gegen „ricardo"-Modell)); Minderjährigenrecht*; Scheingeschäft, einschließlich Rückabwicklung*; Botenschaft: Vorsätzlich falsch übermittelnder Bote; Eigenschaftsirrtum: Begriff der verkehrswesentlichen Eigenschaft; Täuschung durch Unterlassen (Aufklärungspflicht) und Täuschung durch einen Dritten bei § 123 Abs. 2 BGB*; Schadensersatz nach § 122 BGB (positives und negatives Interesse); Inhalt der Formerfordernisse (z. B. Schriftform; doppelte Schriftformklausel; Entbehrlichkeit der Form nach § 242 BGB); „Schwarzarbeitsfälle" einschließlich Rückabwicklung*; Fallgruppen der Sittenwidrigkeit (insbesondere: wucherähnliche Rechtsgeschäfte, Darlehensverträge, Gläubigergefährdung, Bierlieferung, Tankstellenpacht, Angehörigenbürgschaft, Arbeitnehmerbürgschaft, Übersicherung); „Doppelmangel"; Stellvertretung: unternehmensbezogenes Geschäft, Vertretung ohne Vertretungsmacht; Fristberechnung.

- Faust, F. (2016). *Bürgerliches Gesetzbuch: Allgemeiner Teil*. Baden-Baden: Nomos.
  Hier insbesondere vertiefen: Zugang von Willenserklärungen; Minderjährigenrecht*; Anfechtung: Adressat der Anfechtungserklärung, Anfechtung von Vollmachten, Täuschung durch Unterlassung (Aufklärungspflicht); Verstoß gegen ein Verbotsgesetz: Umgehungsgeschäfte; „Doppelmangel"; Stellvertretung: Vertretungsmacht kraft Rechtsscheins, Untervertretung*, Gesamtvertretung*, Willensmängel und Willenszurechnung (§ 166 BGB)*, Missbrauch der Vertretungsmacht*, Insichgeschäfte (§ 181 BGB).
- Petersen, J., (2008). Die Grenzen zulässiger Rechtsausübung. *Jura 2008*, 759 ff.*
  Erläutert insbesondere das Verbot widersprüchlichen Verhaltens und die Verwirkung.
- Wendtland, H. (2015). Kommentierung des § 138 BGB. In H. G. Bamberger, & H. Roth (Hrsg.). *Beck'scher Online-Kommentar BGB*. München: Verlag C. H. Beck, § 138 BGB, Rn. 63 ff.
  Einzelfälle der Sittenwidrigkeit (nur lesen, damit der unbestimmte Tatbestand „Sittenwidrigkeit" für Sie etwas greifbarer wird – auf keinen Fall die Einzelfälle auswendig lernen!).
- Willems, C. (2015). Ersatz von Vertrauensschäden und Begrenzung auf das Erfüllungsinteresse nach § 122 und § 179 II BGB. *JuS 2015*, 586 ff.
  Für einen Überblick über den Anspruchsinhalt bei §§ 122, 179 Abs. 2 BGB.

Schuldrecht – Allgemeiner Teil

Lena Rudkowski

3.1 Einführung – 52
3.1.1 Hinweis zu den Regelungsgegenständen – 52
3.1.2 Grundbegriffe des Schuldrechts – 53

3.2 Erlöschen von Ansprüchen und Schuldverhältnissen – 54
3.2.1 Erlöschen von Ansprüchen – 54
3.2.2 Erlöschen von Schuldverhältnissen – 59

3.3 Leistungsstörungen – 63
3.3.1 Unmöglichkeit – 63
3.3.2 Störung und Wegfall der Geschäftsgrundlage – 66
3.3.3 Schlechtleistung – 67
3.3.4 Schuldnerverzug – 69
3.3.5 Gläubigerverzug – 70
3.3.6 Nichtleistung des Schuldners – 70
3.3.7 Schadensersatz und Rücktritt wegen Verletzung einer Nebenpflicht – 71
3.3.8 Ersatz frustrierter Aufwendungen – 72

3.4 Einbeziehung Dritter ins Schuldverhältnis – 72
3.4.1 Vertrag zugunsten Dritter (§§ 328 ff. BGB) – 72
3.4.2 Vertrag mit Schutzwirkungen für Dritte – 73

3.5 Gläubiger- und Schuldnermehrheit – 74

3.6 Schadensrecht – 75
3.6.1 Inhalt und Umfang des Schadensersatzanspruchs – 75
3.6.2 Kausale Verursachung des Schadens – 77
3.6.3 Mitverschulden (§ 254 BGB) – 78

3.7 Verbraucherprivatrecht – 79
3.7.1 Überblick über die gesetzliche Regelung – 79
3.7.2 Der verbraucherschützende Widerruf – 80

© Springer Fachmedien Wiesbaden GmbH 2016
L. Rudkowski, *Wirtschaftsrecht: BGB AT, Schuldrecht, Sachenrecht*,
Studienwissen kompakt, DOI 10.1007/978-3-658-09868-1_3

3.8 Allgemeine Geschäftsbedingungen – 82
3.8.1 Anwendbarkeit der §§ 305 ff. – 83
3.8.2 Vorliegen von AGB (§ 305 Abs. 1 BGB) – 83
3.8.3 Einbeziehung in den Vertrag – 83
3.8.4 Inhaltskontrolle – 84

3.9 Abtretung – 85

3.10 Lern-Kontrolle – 86

Lern-Agenda

Das Recht der Schuldverhältnisse gliedert sich in einen Allgemeinen und einen Besonderen Teil. Im „AT" finden Sie Regelungen, die für das gesamte Schuldrecht gelten: Er bestimmt, ob bereits vor Vertragsschluss Haftung in Betracht kommt, unter welchen Voraussetzungen Forderungen erlöschen oder übertragen werden. Sie lernen, was ein Verbraucher ist und welche besonderen Rechte ihm zustehen, ob Dritte in ein Schuldverhältnis einbezogen werden können und was bei der Durchführung eines Schuldverhältnisses alles „schief laufen" kann. Außerdem ist das berühmte „Kleingedruckte" Gegenstand dieses Kapitels – wie werden Allgemeine Geschäftsbedingungen kontrolliert?

Grundlegende Begriffe des Schuldrechts, vorvertragliche Haftung, Gefälligkeitsverhältnisse	▶ Abschn. 3.1
Erlöschen von Ansprüchen durch Erfüllung, Erlass, Hinterlegung, Aufrechnung; Erlöschen von Schuldverhältnissen durch Rücktritt, Kündigung, Aufhebungsvertrag	▶ Abschn. 3.2
„Leistungsstörungen", Unmöglichkeit, Schlechtleistung, Störung und Wegfall der Geschäftsgrundlage, Schadensersatz, Verzug des Schuldners, Verzug des Gläubigers	▶ Abschn. 3.3
Einbeziehung Dritter ins Schuldverhältnis, Vertrag mit Schutzwirkungen für Dritte	▶ Abschn. 3.4
Gläubiger- und Schuldnermehrheit	▶ Abschn. 3.5
Schadensrecht, Naturalrestitution, Entschädigung, Ersatz immaterieller Schäden, Kausalität	▶ Abschn. 3.6
Grundstrukturen und -begriffe des Verbraucherprivatrechts: Verbraucher und Unternehmer/besondere Vertriebsformen, Fernabsatzverträge/elektronischer Geschäftsverkehr/Widerrufsrecht	▶ Abschn. 3.7
Allgemeine Geschäftsbedingungen, Anwendungsbereich der AGB-Kontrolle; Vorliegen, Einbeziehung und Inhaltskontrolle	▶ Abschn. 3.8
Abtretung	▶ Abschn. 3.9

◘ Abb. 3.1 Gegenüber vertragliche/gesetzliche Schuldverhältnisse

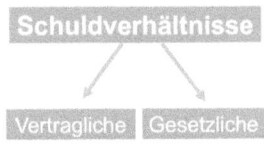

3.1 Einführung

3.1.1 Hinweis zu den Regelungsgegenständen

Der allgemeine Teil des Schuldrechts ist im zweiten Buch des BGB geregelt (§§ 241–432 BGB) und umfasst Vorschriften, die für alle Arten von Schuldverhältnissen gelten.

Aus § 241 Abs. 1 S. 1 BGB ergibt sich, dass Kraft des Schuldverhältnisses der Gläubiger berechtigt ist, von dem Schuldner eine Leistung zu verlangen.

Daraus folgt: Ein Schuldverhältnis ist ein Rechtsverhältnis zwischen mindestens zwei Personen, das die eine Person (den Gläubiger) berechtigt, von einer anderen Person (dem Schuldner) eine Leistung zu fordern. Häufigster Fall sind vertragliche Schuldverhältnisse, Verträge (s. auch § 311 Abs. 1 BGB, lesen!). Leistung und Gegenleistung stehen in Wechselwirkung zueinander, die Leistung wird nur erbracht wegen der Gegenleistung und umgekehrt („ich gebe, damit du gibst", lat. „do ut des"). Diese Beziehung wird auch als **synallagmatische** Beziehung bezeichnet.

Aber nicht nur aus Vertrag, sondern auch aus Gesetz können Schuldverhältnisse entstehen, sogenannte **gesetzliche Schuldverhältnisse**. Sie entstehen nicht aus der Vereinbarung der Parteien, sondern, weil die Voraussetzungen eines § erfüllt sind (◘ Abb. 3.1).

Beispiel
Die deliktische Haftung: Zerschlägt T rechtswidrig und schuldhaft die Vase der O, hat er ein „Delikt" begangen und macht sich schadensersatzpflichtig gem. § 823 Abs. 1 BGB. Es entsteht ein gesetzliches Schuldverhältnis „aus Delikt".

Der Schuldrecht AT enthält viele Vorschriften, die gleichermaßen für vertragliche und gesetzliche Schuldverhältnisse von Bedeutung sind. Die meisten sind zu prüfen unter dem zweiten Prüfungspunkt der Anspruchsprüfung (zur Erinnerung ▶ Abschn. 2.1.5), unter „Anspruch untergegangen". So regelt der Schuldrecht AT, ob ein (aus Vertrag oder aufgrund Gesetzes entstandener) Anspruch z. B. durch Erfüllung, Aufrechnung oder Unmöglichkeit erloschen ist.

Es finden sich aber auch einige eigene Anspruchsgrundlagen (s. etwa §§ 280 ff. BGB).

3.1.2 Grundbegriffe des Schuldrechts

Schuldverhältnisse wirken „relativ" (im Gegensatz zu den absolut wirkenden sachenrechtlichen Rechtsverhältnissen): Sie wirken immer nur im Verhältnis der Parteien untereinander. Wer nicht am Schuldverhältnis beteiligt ist, auf den darf es grundsätzlich auch keine Auswirkungen haben. Daraus folgt z. B. das Verbot von **Verträgen zu Lasten Dritter**.

Beispiel
A und B vereinbaren, der zufällig des Weges kommende X werde B 10.000 € schenken. Solange X nicht an der Absprache beteiligt ist, und sei es auch nur, dass er z. B. durch A vertreten wird, kann er nicht verpflichtet werden.

Vertragliche Schuldverhältnisse können auf einen einmaligen Leistungsaustausch gerichtet sein (z. B. Kaufvertrag); es kann sich aber auch um **Dauerschuldverhältnisse** handeln. Bei ihnen entstehen während der gesamten Laufzeit ständig neue Leistungspflichten (z. B. Mietvertrag, Dienstvertrag).

In jedem Fall erwächst aus einem Schuldverhältnis ein Anspruch. Das Gesetz spricht außerdem von einer **Forderung** aus dem Schuldverhältnis, wenn es Ansprüche meint.

Aus dem Schuldverhältnis können sich verschiedene Pflichten ergeben. § 241 Abs. 1 BGB spricht die **Hauptleistungspflichten** an. Sie sind abhängig von der Art des jeweiligen Schuldverhältnisses (z. B. Pflicht des Vermieters zur Überlassung der Mietsache/Pflicht des Mieters zur Zahlung der Miete). **Nebenleistungspflichten** sind auf die Hauptleistungspflichten bezogen und dienen der Durchführung der Hauptleistung (z. B. die gekaufte Ware transportsicher verpacken).

Nebenpflichten i. S. d. § 241 Abs. 2 BGB hingegen sind nicht leistungsbezogen, sondern verpflichten zur Rücksichtnahme auf die Rechte, Rechtsgüter und Interessen des anderen Teils. Man spricht auch von **Schutzpflichten**.

Schutzpflichten können bereits entstehen, wenn (noch) keine Leistungspflichten gegeben sind, im vorvertraglichen Bereich. § 311 Abs. 2 BGB nennt als denkbare Fälle (1) die Aufnahme von Vertragsverhandlungen; (2) die Anbahnung eines Vertrags und (3) ähnliche geschäftliche Kontakte. Schon bevor es also zum Vertragsschluss kommt, sind die Parteien zur Rücksichtnahme auf die Rechte und Interessen des jeweils anderen verpflichtet. Denn schon bevor es zum Vertragsschluss kommt, kommen die (zukünftigen) Parteien oft genug miteinander in Berührung, um sich gegenseitig zu schädigen. Dem trägt § 311 Abs. 2 BGB Rechnung. Eine Verletzung der Schutzpflichten wird über §§ 280 ff. BGB sanktioniert.

Beispiel
K will im Supermarkt des V einkaufen. In der Gemüseabteilung rutscht er auf einem Salatblatt aus, das V beim Saubermachen übersehen hat, und bricht sich den Arm.

Es entsteht ein Schadensersatzanspruch des K gem. §§ 280 Abs. 1, 311 Abs. 2 Nr. 2, 241 Abs. 2 BGB (zu § 280 Abs. 1 BGB, ▶ Abschn. 3.3.3.1), es geht um die „**culpa in contrahendo**" (Verschulden bei der Vertragsanbahnung).

Von Schuldverhältnissen zu unterscheiden sind **Gefälligkeiten** und **Gefälligkeitsverhältnisse**.

Die Gefälligkeit ist ein rein soziales Phänomen (bis auf soziale Missbilligung gibt es keine Konsequenzen, wenn man sie nicht erfüllt, z. B. eine Einladung zum Abendessen ausspricht und dann nichts mehr von ihr wissen will). Beim Gefälligkeitsverhältnis hingegen bestehen Pflichten, aber keine Leistungs-, sondern nur Schutzpflichten. D. h. dass der Leistende nicht zur Leistung verpflichtet ist. Wenn er aber tätig wird, muss er es auch richtig machen, ohne sein Gegenüber zu schädigen, sonst entstehen Schadensersatzansprüche.

Zur Abgrenzung dient die Frage, wie stark das (rechtliche oder wirtschaftliche) Interesse ist, das der Empfänger an der Leistung hat. Je mehr Interesse, desto wahrscheinlicher ist das Vorliegen eines Schuldverhältnisses.

Beispiel
X fährt seinen Freund F nach der Disko im Auto nach Hause fährt und baut einen Unfall, bei dem F schwer verletzt wird.

F hat ein sehr starkes wirtschaftliches und persönliches Interesse daran, dass X ihn sicher nach Hause fährt. Er vertraut sein Leben schließlich dem Autofahrer an. Hier wird regelmäßig von einem Gefälligkeitsverhältnis auszugehen sein, nicht von einer bloßen Gefälligkeit.

Wenn aber X in Fs Abwesenheit dessen Blumen gießen soll, ist eher von einer Gefälligkeit auszugehen, sodass X nicht haftet, wenn er die Blumen vertrocknen lässt.

3.2 Erlöschen von Ansprüchen und Schuldverhältnissen

Das allgemeine Schuldrecht regelt, wie einzelne Ansprüche oder gar das Schuldverhältnis im Ganzen erlöschen können.

3.2.1 Erlöschen von Ansprüchen

Das Erlöschen von Ansprüchen kann verschieden Gründe haben, ◘ Abb. 3.2.

3.2.1.1 Erfüllung und Erfüllungssurrogate
Regelfall für das Erlöschen ist die Erfüllung (§ 362 Abs. 1 BGB), d. h. die geschuldete Leistung wird dem Gläubiger erbracht (das Gesetz sagt „bewirkt"). Dies muss nicht unbedingt durch den Schuldner geschehen: Auch jeder beliebige Dritte kann auf die

3.2 · Erlöschen von Ansprüchen und Schuldverhältnissen

Erlöschen von Ansprüchen/ Schuldverhältnissen	
Erfüllung	Kündigung
Erfüllungssurrogate	Rücktritt
Hinterlegung	Verbraucherschützender Widerruf
Erlass	Aufhebungsvertrag
Aufrechnung	Unmöglichkeit

Abb. 3.2 Erlöschen von Schuldverhältnissen

Schuld des Schuldners leisten (s. § 267 Abs. 1 S. 1 BGB), wenn nicht andere Absprachen oder gesetzliche Regelungen bestehen.

Wichtig ist, dass nicht nur an den **richtigen Gläubiger** geleistet wird, sondern auch, dass die **richtige Leistung**, die geschuldete Leistung, erbracht wird oder ein **Erfüllungssurrogat**, die **Leistung an Erfüllungs statt.** Dazu sagt § 364 Abs. 1 BGB: Das Schuldverhältnis erlischt auch, wenn der Gläubiger eine andere als die geschuldete Leistung als Erfüllung annimmt.

Beispiel
S liefert Äpfel statt der geschuldeten Birnen, G ist das aber auch recht.

Von der Leistung an Erfüllungs statt ist die **Leistung erfüllungshalber** zu unterscheiden, auf die § 364 Abs. 2 BGB einen Hinweis enthält: Sie liegt vor, wenn der Gläubiger eine von der geschuldeten abweichende Leistung in der Absicht annimmt, daraus Befriedigung zu suchen. Die Annahme erfüllungshalber führt aber im Gegensatz zur Annahme an Erfüllung statt nicht sofort zum Erlöschen der Schuld, sondern erst dann, wenn der Gläubiger aus dem erfüllungshalber Geleisteten befriedigt ist. Gelingt ihm dies nicht, lebt die alte Schuld wieder auf.

Beispiel
Weil S gerade kein Bargeld dabei hat, stellt er G über die geschuldeten 1000 € einen Scheck aus. G nimmt ihn an und versucht, ihn einzulösen.

Gelingt es G, den Scheck einzulösen, ist Erfüllung eingetreten. Gelingt es nicht, weil z. B. der Scheck nicht gedeckt ist, lebt die alte Geldschuld wieder auf.

Die Leistung muss außerdem im vollen Umfang (s. § 266 BGB) erbracht werden. Was das ist, richtet sich nach dem individuellen Schuldverhältnis.

Gem. § 315 BGB kann das Schuldverhältnis auch vorsehen, dass eine Partei die Leistung bestimmen soll (näher §§ 315 ff. BGB). Davon zu unterscheiden ist die

Wahlschuld, bei der mehrere Leistungen in der Weise geschuldet sind, dass nur eine zu erbringen ist (§ 262 BGB): Die Leistungspflicht ist hier bereits eingeschränkt, es besteht ein Anspruch mit alternativem Inhalt, ihre Bestimmung ist nicht mehr völlig frei.

Beispiel
Pächter P darf die Pacht für seinen Acker entweder in Geld oder in Kartoffeln bezahlen.

Die Leistung muss außerdem zur „**richtigen Zeit**" und am „**richtigen Ort**" erfolgen. Besteht dazu keine Vereinbarung der Parteien, hat das Gesetz folgende Regelung getroffen:

Zu der Frage, an welchem Ort zu erfüllen ist, ergibt sich aus § 269 Abs. 1, 2 BGB, dass am Wohnsitz oder an der gewerblichen Niederlassung des Schuldners zu leisten ist. Hier liegt der „**Leistungsort**" (synonym: **Erfüllungsort**). Der Gläubiger muss die Leistung also grundsätzlich abholen (**Holschuld**). Geld hat der Schuldner gem. § 270 Abs. 1 BGB hingegen grundsätzlich auf eigene Gefahr und Kosten an den Wohnsitz des Gläubigers zu übermitteln.

Modifiziert werden kann diese gesetzliche Regelung durch die Vereinbarung, dass der Schuldner die Leistung zum Gläubiger zu bringen hat (**Bringschuld**). Bei einer **Schickschuld** ist hingegen der Schuldner verpflichtet, die Leistung dem Gläubiger zu schicken. Hier fallen Leistungsort und **Erfolgsort** auseinander: Die Leistung wird beim Versender aufgegeben, der Leistungserfolg tritt aber erst ein, wenn die Ware den Empfänger erreicht.

An welchem Ort zu erfüllen ist, ist aber nicht nur von Bedeutung für die Frage, ob der Anspruch erloschen ist, sondern auch für den **Gerichtsstand** (s. § 29 ZPO) und für die Frage, wann **Gefahrübergang** eingetreten ist, ab wann also die Nachteile eines zufälligen Untergangs oder einer zufälligen Verschlechterung der Sache nicht mehr von der einen, sondern von der anderen Vertragspartei getragen werden müssen.

Beispiel
V aus Hamburg versendet die von K gekauften Möbel auf Ks Wunsch hin zu K nach Berlin. Auf halbem Weg kommt der Lkw von der Fahrbahn ab, die Möbel werden zerstört.

Hat V Ks Anspruch auf Übergabe und Übereignung der Möbel (§ 433 Abs. 1 BGB) erfüllt oder muss V noch einmal liefern? Und kann er verlangen, dass K den Kaufpreis bezahlt? Und wenn darüber Streit entsteht, muss K die Vertragserfüllung von V vor einem Hamburger Gericht verlangen oder darf er in Berlin klagen?

Bei der **Leistungszeit** unterscheidet man einerseits den Zeitpunkt, in dem der Schuldner die Leistung erbringen darf, der Zeitpunkt, in dem die Leistung „erfüllbar" ist; und andererseits den Zeitpunkt in dem der Schuldner die Leistung erbringen muss, der Zeitpunkt, in dem der Gläubiger die Leistung verlangen kann, der Zeitpunkt der „**Fälligkeit**" der Leistung. Ist zu Erfüllbarkeit und Fälligkeit nichts vereinbart, greift § 271 Abs. 1 BGB: Der Schuldner darf die Leistung „sofort" bewirken, der Gläubiger sie auch sofort verlangen.

Ist der Schuldner nicht nur zur Leistung verpflichtet, sondern hat er seinerseits gegen den Gläubiger einen fälligen Anspruch auf Leistung aus demselben rechtlichen Verhältnis (nicht zwingend: aus demselben Vertrag), aus dem er auch zur Leistung verpflichtet ist (**Konnexität der Ansprüche**), kann er die Leistungserbringung verweigern, bis die ihm geschuldete Leistung erbracht wurde (§ 273 BGB, **Zurückbehaltungsrecht**). Spezielle Vorschrift zu § 273 BGB ist bei gegenseitigen Verträgen § 320 BGB (lesen!). Nach ihm kann die aus einem gegenseitigen Vertrag verpflichtete Partei die ihr obliegende Leistung bis zur Bewirkung der Gegenleistung verweigern, es sei denn, dass sie vorleistungspflichtig ist. Bei beiden §§ handelt es sich um vorübergehend wirkende Einreden (**dilatorische Einreden**), sie sind unter dem dritten Prüfungspunkt der bürgerlich-rechtlichen Anspruchsprüfung unterzubringen (Anspruch durchsetzbar?) und müssen vom Schuldner erhoben werden.

Ist der Schuldner aus mehreren Schuldverhältnissen zu gleichartigen Leistungen an denselben Gläubiger verpflichtet und reicht das Geleistete nicht zur Tilgung sämtlicher Schulden aus, so hilft § 366 Abs. 1 BGB weiter.

Beispiel

S hat von G ein Darlehen erhalten, eine Sache angemietet und diese Sache beschädigt. Fällig sind sowohl Ansprüche des G gegen S auf Zins und teilweise Rückzahlung des Darlehens (1200 €), auf Miete für die Sache (800 €) und auf Schadensersatz wegen ihrer Beschädigung (600 €). S zahlt an G 1000 €. Welche Schuld hat er damit getilgt?

Dies ist anhand der **Tilgungsbestimmung** zu ermitteln, anhand der vom Schuldner getroffenen Festlegung, auf welche Schuld er leisten will (s. § 366 Abs. 1 BGB). Trifft er keine Bestimmung, greift § 366 Abs. 2 BGB (lesen!).

Der Gläubiger hat auf Verlangen des Schuldners eine **Quittung** auszustellen (§ 368 S. 1 BGB einschließlich Legaldefinition), damit der Schuldner die Erfüllung beweisen kann. Ist darüber hinaus über die Forderung ein **Schuldschein** ausgestellt worden, so kann der Schuldner auch dessen Rückgabe verlangen (§ 371 BGB).

3.2.1.2 Hinterlegung

Der Schuldner kann sich unter den Voraussetzungen des § 372 BGB durch Hinterlegung bei einer öffentlichen Stelle von der Leistungspflicht befreien. Es handelt sich folglich um ein Erfüllungssurrogat.

Beispiel
K und V schließen einen Kaufvertrag. Als K den Kaufpreis zahlen will, behauptet X, V habe ihm den Anspruch auf Zahlung des Kaufpreises abgetreten. Zwischen V und X entbrennt darüber Streit.

Wenn K nicht warten will, bis V und X sich einigen können, kann er den geschuldeten Betrag hinterlegen.

Dafür muss der Gegenstand hinterlegungsfähig sein, es muss ein Hinterlegungsgrund gegeben sein und es muss der richtige Hinterlegungsort gewählt werden, siehe dazu im Einzelnen § 372 BGB. Erfüllungswirkung hat die Hinterlegung erst (s. §§ 378, 376 Abs. 2 BGB), wenn die Rücknahme der Sache durch den Schuldner ausgeschlossen ist.

3.2.1.3 Aufrechnung

Ist der Schuldner des Anspruchs zugleich Gläubiger seines Gläubigers, und ist der Inhalt der Schuld der Art nach der Gleiche, kann der Schuldner den gegen ihn gerichteten Anspruch durch Aufrechnung (ganz oder teilweise) zum Erlöschen bringen, siehe §§ 387, 389 BGB. Üblich ist dies bei Ansprüchen auf Zahlung von Geld. Das Gesetz lässt es aber auch für jeden anderen Anspruchsinhalt zu, solange nur die geschuldeten Leistungen der Art nach gleich sind und die beteiligten Personen identisch. Die Forderung, gegen die aufgerechnet wird, ist die Haupt-, die andere ist die Gegenforderung.

Beispiel
A schuldet B Zahlung von 1000 €. Aus einem früheren Vertrag schuldet B aber A noch Zahlung von 200 €.

B kann daher die Aufrechnung in Höhe von 200 € erklären. Er schuldet A dann selbst nichts mehr. A schuldet B dann noch 800 €. Umgekehrt – A erklärt die Aufrechnung – funktioniert dies auch. Anstelle des Geldes könnten A und B einander auch Glasperlen oder Gummibärchen schulden, die Aufrechnung ist möglich, solange die Forderungen *gleichartig* sind und A zugleich Gläubiger und Schuldner des B und B zugleich Gläubiger und Schuldner des A ist („*Gegenseitigkeit*" der Forderungen).

Außerdem erforderlich: Die Leistungen müssen *fällig* sein (i. S. d. § 271 BGB, ▶ Abschn. 3.2.1.1). Da die Aufrechnung zudem ein Gestaltungsrecht ist, das Erlöschen der Ansprüche also nicht automatisch eintritt in dem Augenblick, in dem sie bestehen, sondern erst, wenn das Gestaltungsrecht ausgeübt wird, muss die Aufrechnung *erklärt* werden (§ 388 BGB). Die Aufrechnung ist ausgeschlossen, wenn einer Forderung eine Einrede entgegensteht (§ 390 BGB).

Außerdem können die Parteien hinsichtlich bestimmter Forderungen ein **Aufrechnungsverbot** vereinbaren oder es kann ein gesetzliches Aufrechnungsverbot bestehen. Das Gesetz kann aber auch bestimmte Anforderungen an die Aufrechnung stellen (s. z. B. im Mietrecht, § 556b Abs. 2 BGB).

Denken Sie praktisch – hinter all den Begriffen steht die Aufrechnung, so, wie man sie im täglichen Leben unkompliziert machen würde!

3.2.1.4 Erlassvertrag (§ 397 BGB)

Erlässt der Gläubiger dem Schuldner die Schuld, erlischt der Anspruch (s. § 397 BGB, der auch das **negative Schuldanerkenntnis** regelt, lesen!). Der Erlass ist formlos möglich. Es erlischt nicht das Schuldverhältnis im Ganzen. Dazu braucht es einen Aufhebungsvertrag (▶ Abschn. 3.2.2.1).

3.2.2 Erlöschen von Schuldverhältnissen

Ein Schuldverhältnis kann ex nunc durch einen Aufhebungsvertrag oder durch Ausübung von Gestaltungsrechten erlöschen, etwa durch Rücktritt, Widerruf oder Kündigung. Zum Erlöschen ex tunc durch Anfechtung siehe § 142 Abs. 1 BGB und ▶ Abschn. 2.3.9.

3.2.2.1 Aufhebungsvertrag

Das Gegenstück zur Begründung eines Schuldverhältnisses durch Vertrag ist, das Schuldverhältnis durch Vertrag wieder aufzuheben. Die Parteien müssen über das Ende des Schuldverhältnisses einig sein. Inhalt, Form und Abschluss des Aufhebungsvertrags sind grundsätzlich frei wie der Vertragsschluss (Ausnahme aber etwa die Formbedürftigkeit des arbeitsrechtlichen Aufhebungsvertrags (§ 623 BGB)).

3.2.2.2 Kündigung

Ein Schuldverhältnis kann auch einseitig durch empfangsbedürftige Willenserklärung für die Zukunft beendet werden. Einer Mitwirkung des anderen Teils bedarf es dann nicht. Die Willenserklärung nennt sich **Kündigung**, sie ist ein Gestaltungsrecht und im Schuldrecht AT in § 314 BGB geregelt. Da bei einer Beendigung des Vertrags für die Zukunft die bereits ausgetauschten Leistungen dort verbleiben, wo sie sind, es mithin nicht zur Rückabwicklung des Vertrags kommt, ist die Kündigung das übliche Mittel zur Beendigung von Dauerschuldverhältnissen. Sondervorschriften finden sich v. a. im Miet- und im Dienstvertragsrecht.

Beispiel
Arbeitnehmer AN wird von seinem Arbeitgeber AG gekündigt. Würde AG vom Arbeitsvertrag „zurücktreten", hieße das, AN müsste den erhaltenen Lohn zurückzahlen, AG Wertersatz für As Arbeitsleistung zahlen. Das ist nicht interessengerecht. Stattdessen: Ende für die Zukunft, Kündigung statt Rücktritt, siehe § 620 Abs. 2 BGB.

Das einseitige Lossagen vom Vertrag ist in einer Rechtsordnung, die vom Grundsatz der Vertragstreue ausgeht, aber nur möglich, wenn ein Kündigungsrecht („Kündigungsgrund") besteht. Ein Kündigungsrecht kann sich aus vertraglicher Vereinbarung oder aus Gesetz ergeben. Wichtige Kündigungsrechte sind die §§ 622, 626 (Dienstvertrag), 543 (Mietvertrag) BGB.

Kündigungen erfolgen entweder **ordentlich**, sodass die Beendigung des Schuldverhältnisses erst nach Ablauf einer Kündigungsfrist eintritt, oder sie erfolgen **außerordentlich, fristlos** (s. § 314 Abs. 1, 2 BGB).

§ 314 BGB als allgemeine Vorschrift geht davon aus, dass Verträge nur aus wichtigem Grund gekündigt werden können, wobei in einer Interessenabwägung zu ermitteln ist, ob der kündigenden Partei die Beendigung (erst) zum vereinbarten Ende des Schuldverhältnisses nicht zugemutet werden kann (s. § 314 Abs. 1 BGB).

Liegt der zur Kündigung berechtigende „wichtige Grund" in der Verletzung von Pflichten aus dem Vertrag, ist gem. § 314 Abs. 2 S. 1 BGB die Kündigung erst nach erfolglosem Ablauf einer zur Abhilfe bestimmten Frist/nach erfolgloser Abmahnung zulässig. Die Frist kann allenfalls aufgrund einer (weiteren) Interessenabwägung entbehrlich werden (§ 314 Abs. 2 S. 3 BGB).

Von der Frist zur Abhilfe gem. § 314 Abs. 2 BGB ist die **Kündigungsfrist** zu unterscheiden, d. h. die Zeit nach Ausspruch der Kündigung bis zum Ende des Schuldverhältnisses. § 314 BGB sieht eine solche nicht vor, sondern ordnet die sofortige Beendigung des Schuldverhältnisses an (anders z. B. im Arbeitsrecht, ▶ Abschn. 4.6). Dafür kennt § 314 Abs. 3 BGB eine **Kündigungserklärungsfrist**. Sie bestimmt, dass die kündigende Vertragspartei nur bestimmte Zeit hat, um die Kündigung zu erklären. Tut sie es innerhalb dieser (im Einzelfall zu bestimmenden) Kündigungserklärungsfrist nicht, ist die Kündigung unwirksam, denn der Vertragspartner darf davon ausgehen, es werde nicht zur Kündigung kommen.

3.2.2.3 Rücktritt

Soll ein Schuldverhältnis beendet und zugleich rückabgewickelt werden, ist der **Rücktritt** zu prüfen. Da die Rückabwicklung ein sehr weitreichender Eingriff in den Vertrag ist, kommt er nur in Betracht, wenn entweder ein vertragliches oder ein gesetzliches Rücktrittsrecht besteht. Das Gesetz sieht ein Rücktrittsrecht in § 323 Abs. 1 BGB vor, und zwar für den Gläubiger, für den Fall, dass der Schuldner eine fällige Leistung nicht oder nicht vertragsgemäß erbringt.

Die Voraussetzungen für den Rücktritt ergeben sich aus § 323 Abs. 1 BGB, insbesondere ist (1) ein gegenseitiger Vertrag erforderlich, aus dem sich (2) eine fällige und durchsetzbare Leistungspflicht des Schuldners ergibt (s. aber die Ausnahme in § 323 Abs. 4 BGB), (3) der Schuldner darf nicht oder nicht vertragsgemäß geleistet haben und (4) der Gläubiger muss dem Schuldner erfolglos eine angemessene Frist zur ordnungsgemäßen Leistungserbringung gesetzt haben. Der Schuldner soll durch die Fristsetzung eine zweite Chance bekommen, seine Pflichten zu erfüllen.

3.2 · Erlöschen von Ansprüchen und Schuldverhältnissen

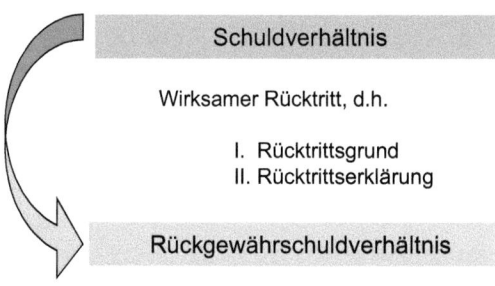

Abb. 3.3 Rückgewährschuldverhältnis

Die „Angemessenheit" der Frist ist im Einzelfall zu bestimmen. Die Fristsetzung kann entbehrlich sein (s. § 323 Abs. 2 BGB). Dies ist z. B. der Fall, wenn die Einhaltung eines bestimmten Leistungszeitpunkts für den Gläubiger wesentlich war (**relatives Fixgeschäft**, siehe § 323 Abs. 2 Nr. 2 BGB, ▶ Abschn. 3.3.1). Kommt nach Art der Pflichtverletzung eine Fristsetzung nicht in Betracht, tritt an ihre Stelle die Abmahnung (§ 323 Abs. 3 BGB).

Zu prüfen ist schließlich immer, ob das Rücktrittsrecht durch § 323 Abs. 6 BGB ausgeschlossen ist, wenn der Gläubiger nämlich weit überwiegend für den Umstand verantwortlich ist, welcher zum Rücktritt berechtigt.

Für Fälle, in denen der Rücktritt auf eine Teilleistung des Schuldners gestützt wird, ist § 323 Abs. 5 S. 1 BGB zu beachten, bei Schlechtleistungen § 323 Abs. 5 S. 2 BGB.

Der Rücktritt muss – als Gestaltungsrecht, das er ist – erklärt werden (§ 349 BGB). Dann wandelt sich das Schuldverhältnis in ein Rückgewährschuldverhältnis um. Anwendbar sind die §§ 346 ff. BGB. Die Leistungspflichten erlöschen, die empfangenen Leistungen sind in natura zurückzugewähren (◘ Abb. 3.3).

Ist Rückgewähr dem Schuldner nicht möglich, muss er nach § 346 Abs. 2 BGB Wertersatz leisten. Ausnahmen von der Wertersatzpflicht enthält § 346 Abs. 3 BGB. So entfällt gem. § 346 Abs. 3 S. 1 Nr. 3 BGB die Wertersatzpflicht, wenn im Falle eines gesetzlichen Rücktrittsrechts der Rücktrittsberechtigte bei Verschlechterung oder Untergang des zurückzugewährenden Gegenstands die eigenübliche Sorgfalt angewendet hat. Diese *diligentia quam in suis* ist in § 277 BGB näher definiert und befreit den Schuldner von der Haftung für grob fahrlässiges Verhalten.[1] Hintergrund: Der Schuldner durfte davon ausgehen, dass das Schuldverhältnis bestehen bleibt und er den Gegenstand behalten darf. Eine besondere Rücksichtnahme kann daher von ihm nicht erwartet werden.

Nach § 346 Abs. 1 BGB ist der Schuldner im Fall des Rücktritts zudem verpflichtet, dem Gläubiger die gezogenen **Nutzungen** herauszugehen. Was unter Nutzun-

---

1 Ebenfalls diligentia quam in suis unter Ehegatten (§ 1359 BGB), für Eltern gegenüber ihren Kindern § 1664 BGB.

Tab. 3.1 Wertersatzpflicht nach § 346 Abs. 2, 3 BGB

Wertersatzpflicht nach ...	Entfällt wenn ...
§ 346 Abs. 2 S. 1 Nr. 1 wenn Herausgabe des Erlangten in Natur nicht mehr möglich ist	---
§ 346 Abs. 2 S. 1 Nr. 2 wenn der Schuldner den empfangenen Gegenstand verbraucht, veräußert, belastet, verarbeitet oder umgestaltet hat	§ 346 Abs. 3 S. 1 Nr. 1 wenn sich der zum Rücktritt berechtigende Mangel erst während der Verarbeitung oder Umgestaltung des Gegenstandes zeigt
§ 346 Abs. 2 S. 1 Nr. 3 wenn der empfangene Gegenstand sich verschlechtert hat oder untergegangen ist; bestimmungsgemäße Ingebrauchnahme bleibt unberücksichtigt	§ 346 Abs. 3 S. 1 Nr. 2, soweit der Gläubiger die Verschlechterung oder den Untergang zu vertreten hat oder der Schaden bei ihm gleichfalls eingetreten wäre Nr. 3 wenn im Falle eines gesetzlichen Rücktrittsrechts der Rücktrittsberechtigte bei Verschlechterung oder Untergang die eigenübliche Sorgfalt nach § 277 BGB angewendet hat

gen zu verstehen ist, definiert das Gesetz in § 100 BGB: Es geht um Früchte der Sache (wörtlich zu nehmen, z. B. Frucht vom Baum, Kalb einer Kuh o. ä.) und um Gebrauchsvorteile, die Vorteile, die durch den Gebrauch der Sache erlangt werden (Bsp.: Schuldner konnte das zurückzugewährende Auto benutzen). Da Gebrauchsvorteile nie in Natur herausgegeben werden können, muss der Schuldner auch für diese Wertersatz leisten. Nach § 347 Abs. 1 S. 1 BGB trifft den Schuldner auch dann eine Wertersatzpflicht, wenn er entgegen den Regeln einer ordnungsgemäßen Wirtschaft keine Nutzungen gezogen hat. Gem. § 347 Abs. 2 BGB muss der Gläubiger dem Schuldner die notwendigen **Verwendungen** ersetzen, d. h. die Aufwendungen, die einer Sache zugutekommen, indem sie ihrer Wiederherstellung, Erhaltung oder Verbesserung dienen. Notwendig ist eine Verwendung, wenn sie zur Erhaltung oder ordnungsgemäßen Bewirtschaftung der Sache zur Zeit der Vornahme objektiv erforderlich ist. Erfasst werden also auch die gewöhnlichen Erhaltungskosten, z. B. Kosten zur Fütterung eines Tieres.

Wird eine Pflicht aus dem Rückgewährschuldverhältnis verletzt, kann der Gläubiger nach § 346 Abs. 4 BGB Schadensersatz verlangen. § 346 Abs. 4 BGB verweist auf die allgemeinen Regeln der §§ 280–283 BGB (▶ Abschn. 3.3.3.1).

3.2.2.4 Verbraucherschützender Widerruf

Zum verbraucherschützenden Widerruf siehe noch das Verbraucherprivatrecht ▶ Abschn. 3.7.

3.3 Leistungsstörungen

Bei der Durchführung des Schuldverhältnisses können Probleme auftreten, die dazu führen, dass die Leistung nicht oder nicht wie geschuldet erbracht wird. Es handelt sich um „Leistungsstörungen". Die **primären Leistungspflichten** (z. B. Übereignung der Kaufsache/Zahlung des Kaufpreises) wandeln sich dann um in sekundäre. Häufig geht es um Schadensersatz.

Über Leistungsstörungen können vertragliche Sonderregelungen getroffen werden (z. B. kann ein Rücktrittsrecht vertraglich begründet werden). Ist dies nicht der Fall, ist allein vom Gesetz auszugeben.

3.3.1 Unmöglichkeit

Ein Anspruch geht gem. § 275 BGB unter, wenn die Leistung nach Vertragsschluss unmöglich geworden ist, d. h. dauerhaft vom Schuldner (oder von niemandem mehr) erbracht werden kann. Dies leuchtet ein: Was nicht möglich ist, kann von niemandem verlangt werden.

§ 275 BGB unterscheidet die tatsächliche Unmöglichkeit nach § 275 Abs. 1 BGB als rechtsvernichtende **Einwendung** und die Einreden gem. § 275 Abs. 2 und 3 BGB.

3.3.1.1 Tatsächliche Unmöglichkeit (§ 275 Abs. 1 BGB)

Der Anspruch auf Leistung kann dadurch erlöschen, dass die Leistung nach Vertragsschluss „unmöglich" i. S. d. § 275 Abs. 1 BGB wird. Sie kann aber auch bereits vor Vertragsschluss unmöglich gewesen sein, denn die Unmöglichkeit der versprochenen Leistung steht der Wirksamkeit des Vertrags nicht entgegen (s. § 311a Abs. 1 BGB).

Unmöglich ist die Leistung, wenn der Schuldner die Leistung nicht erbringen kann, sei es, weil ihm dies **subjektiv unmöglich** ist, sei es, dass **objektiv** niemand in der Lage ist, die Leistung zu erbringen.

Beispiel (anfängliche Unmöglichkeit)
V verkauft seine Sammlung antiker südostasiatischer Handschriften an K, nicht ahnend, dass vor Vertragsschluss durch ein Feuer in seiner Sammlung alle Handschriften zerstört wurden.

Im Beispiel ist es bereits im Zeitpunkt des Vertragsschlusses (von Anfang an) unmöglich, die zerstörten Schriften zu übergeben und übereignen.

Um zu bestimmen, ob die geschuldete Leistung unmöglich geworden ist, muss man sich fragen, was genau die geschuldete Leistung war. Hat der Schuldner alles zur Leistung Erforderliche getan? Welcher Gegenstand war geschuldet? Zu wann und wo? Existiert er noch? War eine Handlung geschuldet? Ist diese noch (sinnvollerweise) durchführbar?

Zur Unmöglichkeit gehören Fälle der **Zweckerreichung** (der geschuldete Leistungszweck tritt ein, aber nicht aufgrund einer Leistungshandlung des Schuldners) und des **Zweckfortfalls** (der Gegenstand, an dem die Leistung zu erbringen ist, entfällt).

Beispiel
Reederei R gibt bei Schlepper S die Freischleppung ihres auf Grund gelaufenen Frachters in Auftrag. Bevor S am Unglücksort ist, kommt der Frachter mit einsetzender Flut frei (Zweckerreichung)/zerbricht und geht unter (Zweckfortfall).

Die Zwecklosigkeit der Leistungshandlung kann außerdem aufgrund eines **absoluten Fixgeschäfts** eintreten. Dieses ist im Gesetz nicht geregelt.[2] Durch Auslegung der Parteivereinbarung kann sich aber ergeben, dass die Leistung nur zu einem bestimmten Zeitpunkt oder innerhalb einer bestimmten Frist erbracht werden soll. Verstreicht dieser Zeitpunkt, wird die Leistung unmöglich. Anders beim **relativen Fixgeschäft**: Die Leistung soll zwar zu einer bestimmten Zeit erfolgen, bleibt aber auch danach noch möglich.

Beispiel (absolutes Fixgeschäft)
M und F haben zu ihrer Hochzeit eine gigantische Torte mit ihren Namen und ihrem Hochzeitsdatum bestellt. Die Konditorei liefert am Tag der Hochzeit nicht. Am nächsten Tag aber brauchen M und F die Hochzeitstorte nicht mehr, es tritt Unmöglichkeit ein.

Beispiel (relatives Fixgeschäft)
Autobauer A hat keine eigene Lagerhaltung mehr, sondern die Komponenten für seine Autos werden immer nur so angeliefert, wie sie sofort verarbeitet werden können („Just-in-time-Produktion"). Lieferant L liefert einen Tag zu spät. A braucht die Komponenten immer noch.

Neben der genauen Leistungszeit kann aber auch die genaue Bestimmung des Leistungsgegenstands dazu führen, dass Unmöglichkeit eintritt.

---

2   S. aber für Handelsgeschäfte § 376 HGB (lesen)!

3.3 · Leistungsstörungen

Beispiel
V verkauft K seinen gebrauchten PKW. Vor Übergabe verbrennt das Fahrzeug.

Bei der (gesetzlich nicht geregelten) **Stückschuld** ist eine genau bestimmte, quasi einzigartige Sache geschuldet (z. B. der gebrauchte Pkw des V). Geht dieses Stück unter, ist Unmöglichkeit eingetreten.

Bei der **Gattungsschuld** ist die geschuldete Sache nur nach allgemeinen Merkmalen bestimmt, der Gegenstand muss erst konkretisiert werden (s. § 243 Abs. 2 BGB). Der Schuldner muss das zur Leistung der Sache seinerseits Erforderliche tun, dann wandelt sich die Gattungs- in eine Stückschuld um. Unmöglichkeit tritt bei einer Gattungsschuld erst bei Untergang der gesamten Gattung ein. Ist dagegen bereits **Konkretisierung** eingetreten, genügt der Untergang der konkret geschuldeten Sache für die Unmöglichkeit (wie bei der Stückschuld).

Beispiel
Autohändler V verkauft K einen „Familienvan Marke X, grün". Unmöglichkeit erst bei Untergang sämtlicher grüner Familienvans der Marke X.

Unterform der Gattungs- ist die **Vorratsschuld**. Die Gattung, aus der der Schuldner zu leisten hat, ist hier auf eine bestimmte bei ihm vorhandene Teilmenge (Vorrat) beschränkt.

Beispiel
Autohändler V aus dem Beispiel soeben verkauft K einen „Familienvan Marke X, grün, aus den Beständen unseres Autohauses in Y".

Gehen hier alle grünen Familienvans der Marke X unter, die sich in Vs Autohaus in Y befinden, ist Unmöglichkeit eingetreten. Dass es in Vs Autohaus in Z noch welche gibt, ist unerheblich.

Von der Gattungsschuld zu unterscheiden ist die **Wahlschuld** (§§ 262–265 BGB). Bei dieser werden mehrere verschiedene, nicht zu einer Gattung gehörende Leistungen in der Weise geschuldet, dass nur die eine oder andere erbracht werden muss. Die gewählte Leistung gilt nach § 263 Abs. 2 BGB dann als die von Anfang an allein geschuldete (▶ Abschn. 3.2.1.1).

Bei den Rechtsfolgen der Unmöglichkeit ist zwischen anfänglicher und nachträglicher Unmöglichkeit zu unterscheiden.

Die anfängliche Unmöglichkeit steht gem. § 311a Abs. 1 BGB einem wirksamen Vertragsschluss nicht entgegen. Es entsteht aber eine Schadensersatzpflicht mit den Voraussetzungen nach § 311a Abs. 2 BGB.

Im Fall der nachträglichen Unmöglichkeit erlischt die Leistungspflicht des Schuldners. Bei einem gegenseitigen Vertrag erlischt gem. § 326 Abs. 1 S. 1 BGB zudem grundsätzlich auch der Anspruch des Schuldners auf die Gegenleistung (Ausnahmen: § 326 Abs. 2 BGB, lesen!). Sofern bereits eine Gegenleistung erbracht wurde, kann diese nach § 326 Abs. 4 i. V. m. §§ 346 ff. BGB zurückgefordert werden.

Beispiel
Ist Autohändler V aus den Beispielen oben von seiner Verpflichtung zur Übergabe und Übereignung eines grünen Familienvans der Marke X gem. § 275 Abs. 1 BGB frei geworden, muss K grundsätzlich auch den Kaufpreis nicht mehr zahlen (s. § 326 Abs. 1 BGB).

Schadensersatzansprüche kann der Gläubiger auf §§ 280 Abs. 1, 3, 283 BGB stützen. Außerdem besteht ein Rücktrittsrecht des Gläubigers gem. § 323 BGB, und zwar gem. § 326 Abs. 5 BGB ohne Fristsetzungserfordernis. Zu den Rechtsfolgen des Rücktritts ▶ Abschn. 3.2.2.3.

3.3.1.2 Praktische Unmöglichkeit (§ 275 Abs. 2 BGB)

Ist die Leistungserbringung zwar theoretisch noch möglich, erforderte sie aber einen Aufwand, der zu dem Interesse des Gläubigers an der Leistung in grobem Missverhältnis steht, liegt „praktische Unmöglichkeit" vor. Hier kann der Schuldner die Leistung verweigern (Einrede!).

Beispiel
S fällt bei einer Bootstour auf einem See der versilberte Ring ins Wasser, den er zuvor für 50 € an G verkauft hatte. Theoretisch wäre es möglich, den See leer zu pumpen oder Taucher nach dem Ring suchen zu lassen. Dieser Aufwand steht aber in keinem Verhältnis zu dem Interesse, das G an einem versilberten Ring für 50 € hat.

3.3.1.3 Persönliche Unzumutbarkeit (§ 275 Abs. 3 BGB)

Der Schuldner kann die Leistung auch verweigern, wenn sie ihm unter Abwägung mit dem Leistungsinteresse des Gläubigers nicht zugemutet werden kann.

Beispiel
Sängerin S kann wegen ihres todkranken Kindes nicht zugemutet werden, den von ihr zugesagten Auftritt durchzuführen.

3.3.2 Störung und Wegfall der Geschäftsgrundlage

Nicht zu verwechseln mit Fällen der Unmöglichkeit gem. § 275 Abs. 2 BGB sind Fälle der Störung und des Wegfalls der Geschäftsgrundlage (s. § 313 BGB). Die Leistungserbringung ist hier grundsätzlich möglich, aber aus Gründen der Billigkeit ist eine Vertragsanpassung oder gar Vertragsaufhebung notwendig, da sich die bei Vertragsschluss bestehenden Umstände nach Vertragsschluss grundlegend geändert haben. Zu prüfen ist, welche bei Vertragsschluss bestehenden gemeinsamen Vorstellungen beide Parteien hatten oder welche dem Geschäftspartner erkennbaren und von ihm nicht beanstandeten Vorstellungen eine Vertragspartei vom Vorhandensein oder dem Eintritt gewisser Umstände hatte, sofern der Geschäftswille der Parteien auf dieser Vorstellung aufbaut.

Nach § 313 Abs. 1 BGB kann bei einer schwerwiegenden Änderung dieser Umstände die Anpassung des Vertrages verlangt werden. Ziel der Anpassung ist es dann, eine für beide Seiten vertretbare Lösung zu finden. Es ist daher zu fragen, was die Parteien vereinbart hätten, wenn sie die Veränderungen vorausgesehen hätten. Ist die Anpassung ausnahmsweise nicht möglich, kann nach § 313 Abs. 3 BGB auch ein Rücktritt oder bei einem Dauerschuldverhältnis eine Kündigung in Betracht kommen.

Der praktische Anwendungsbereich des § 313 BGB ist gering, was auch daran liegt, dass er den weitaus häufigeren Fall – es werden nach Vertragsschluss Lücken im Vertrag offenbar – gerade nicht regelt. Um Lücken im Vertrag zu schließen, behilft man sich stattdessen mit der **ergänzenden Vertragsauslegung** gem. § 157 BGB: Lässt der Vertrag eine Bestimmung vermissen, die erforderlich ist, um den ihm zu Grunde liegenden Regelungsplan der Parteien zu verwirklichen, ist mithin ohne Vervollständigung des Vertrags eine angemessene, interessengerechte Lösung nicht zu erzielen, ist die Lücke anhand des **hypothetischen Parteiwillens** zu schließen.

3.3.3 Schlechtleistung

Erbringt der Schuldner die Leistung nicht so (gut) wie nach dem Vertrag geschuldet, ist etwa die gekaufte Sache mangelhaft, liegt eine „Schlechtleistung" vor. An sie knüpft der Schuldrecht AT verschiedene Rechte des Gläubigers. Es bestehen aber Verbindungen zum Schuldrecht BT, insbesondere zum kaufrechtlichen Mängelgewährleistungsrecht.

3.3.3.1 Schadensersatz wegen Schlechtleistung (Grundsätze des § 280 BGB)

Der Gläubiger kann im Falle einer nicht wie geschuldet erbrachten Leistung (Schlechtleistung) Schadensersatz vom Schuldner verlangen. Zentrale Vorschrift für alle Arten des Schadensersatzes in Schuldverhältnissen ist § 280 BGB. Seine Voraussetzungen zeigt ◘ Abb. 3.4.

Dass die Pflichtverletzung i. S. d. § 280 Abs. 1 BGB in einer Schlechtleistung liegen kann, sagt § 281 Abs. 1 S. 1 Fall 2 BGB, auf den § 280 Abs. 3 BGB verweist. Anspruchsgrundlage bei Schlechtleistung ist also §§ 280 Abs. 1, 3, 281 Abs. 1 S. 1 Fall 2 BGB. Unter Prüfungspunkt II. des Schemas ◘ Abb. 3.4 ist als Pflichtverletzung die Schlechtleistung zu prüfen. Beachten Sie den Ausschlussgrund § 281 Abs. 1 S. 3 BGB.

I. **Schuldverhältnis** – alle Arten von Schuldverhältnissen
II. **Pflichtverletzung** – eine Pflicht aus dem Schuldverhältnis muss verletzt worden sein. Der Begriff der Pflichtverletzung umfasst alle Hauptleistungs-, Nebenleistungs- und Schutzpflichten.
III. **Vertretenmüssen § 290 I 2 BGB**
Der Schuldner ist nur zum Schadensersatz verpflichtet, wenn er die Pflichtverletzung auch zu vertreten hat. Ist durch Vereinbarung der Parteien nichts anderes bestimmt und sind keine besonderen gesetzlichen Regelungen einschlägig, hat der Schuldner gem. § 276 BGB Vorsatz und Fahrlässigkeit zu vertreten, wobei

Vorsatz Wissen und Wollen der Pflichtverletzung meint und
Fahrlässigkeit vorliegt, wenn der Schuldner die im Verkehr erforderliche Sorgfalt außer Acht gelassen hat (§ 276 Abs. 2 BGB).

Ist dies im Gesetz angeordnet, kann insbesondere die Haftungsprivilegierung des § 277 BGB anzuwenden sein (Reduzierung des Sorgfaltsmaßstabs auf *Sorgfalt in eigenen Angelegenheiten*).
Eine Grenze für vertragliche Haftungsprivilegierungen enthält § 276 Abs. 3 BGB (lesen!).

Nach § 278 BGB haftet der Schuldner auch für das Verschulden seines gesetzlichen Vertreters und seiner **Erfüllungsgehilfen**.
Merke: Erfüllungsgehilfe ist derjenige, dessen sich der Schuldner bei der Erfüllung seiner vertraglichen Pflichten bedient (z.B. Geselle des vom Kunden beauftragten Tischlermeisters gegenüber dem Kunden).

IV. **Schaden**

◘ **Abb. 3.4** Voraussetzungen des Schadensersatzanspruchs gem. § 280 Abs. 1 BGB

Die Besonderheit an § 281 BGB ist, dass er **Schadensersatz statt der Leistung** gewährt: Der Schadensersatz tritt an die Stelle der geschuldeten Leistung.

So weitreichende Folgen sind nur zu haben, wenn der Schuldner eine zweite Chance zur ordnungsgemäßen Leistung bekommen hat. Daher verlangt § 281 BGB eine Nachfristsetzung durch den Gläubiger. Die Länge der Frist muss „angemessen" sein, was im Einzelfall zu prüfen ist (maßgeblich ist hier insbesondere die Art der geschuldeten Leistung, wie schnell die Leistung zu beschaffen ist etc.). Die Fristsetzung kann allerdings gem. § 281 Abs. 2 BGB entbehrlich sein (lesen!). An ihre Stelle kann eine Abmahnung treten (§ 281 Abs. 3 BGB).

Zum Ersatzanspruch bei Teilleistungen siehe § 281 Abs. 1 S. 2 BGB.

3.3.3.2 Rücktritt wegen Schlechtleistung

Der Gläubiger kann wegen der Schlechtleistung auch zurücktreten. § 323 Abs. 1 BGB gibt ihm das dafür erforderliche Rücktrittsrecht. Zum Rücktritt ▶ Abschn. 3.2.2.3.

3.3.4 Schuldnerverzug

Leistet der Schuldner trotz Fälligkeit nicht, kommt er unter den Voraussetzungen des § 286 BGB in Verzug. Der Gläubiger kann dann einen Anspruch auf Ersatz seines **Verzugsschadens** haben. Da Pflichtverletzung i. S. d. § 280 Abs. 1 BGB wegen der Verweisung in § 280 Abs. 2 BGB auch der Schuldnerverzug gem. § 286 BGB sein kann, ist Anspruchsgrundlage für den Ersatz des Verzugsschadens §§ 280 Abs. 1, 2, 286 BGB. Erlangen kann der Gläubiger allein Ersatz für den Schaden, der ihm aus der Verzögerung der Leistung entstanden ist. Der Anspruch auf Leistung bleibt bestehen. Es handelt sich um einen Fall des **Schadenersatzes neben der Leistung**.

Ergänzend zu den Voraussetzungen nach § 280 BGB (◘ Abb. 3.4, ▶ Abschn. 3.3.3) setzt § 286 voraus, dass der Gläubiger den Schuldner gemahnt hat. Eine Mahnung ist eine einseitige, empfangsbedürftige Aufforderung des Gläubigers an den Schuldner, die Leistung zu erbringen. Die Leistungsaufforderung muss eindeutig und hinreichend bestimmt sein und ist grundsätzlich bedingungsfeindlich. § 286 Abs. 2 und 3 BGB regeln, in welchen Fällen die Mahnung ausnahmsweise entbehrlich ist.

Beispiel

B gibt sein Auto zur Reparatur in die Werkstatt des U. Ein genauer Termin, zu dem die Arbeiten fertig sein müssen, ist nicht vereinbart. U ist überlastet und schafft es über Tage nicht, den Wagen zu reparieren. Auf Bs Drängen erklärt er aber am 13.7., den Wagen bis zum 15.7. zu reparieren. Am 15.7. ist U immer noch nicht fertig, und B nimmt sich einen Mietwagen.

Hier war ein Termin nicht vereinbart, und eine Nachfrist hat B dem U auch nicht gesetzt. Aber es greift der Ausnahmetatbestand § 286 Abs. 2 Nr. 4 BGB. Die Norm ist sehr unbestimmt, wurde aber von der Rechtsprechung in verschiedenen Fallgruppen konkretisiert, u. a. dahin, dass bei einer „**Selbstmahnung**" des Schuldners die Nachfristsetzung entbehrlich ist. Eine „Selbstmahnung" des U (er kündigt selbst ausdrücklich die Fertigstellung für den 15.7. an) liegt hier vor.

Nach § 286 Abs. 3 S. 1 BGB kommt der Schuldner einer Entgeltforderung spätestens in Verzug, wenn er nicht innerhalb von 30 Tagen nach Fälligkeit und Zugang einer Rechnung oder einer gleichwertigen Zahlungsaufstellung leistet. Gem. § 286 Abs. 3 S. 1 Halbsatz 2 BGB gilt das aber gegenüber einem Schuldner, der Verbraucher i. S. d. § 13 BGB ist nur, wenn der Unternehmer in der Rechnung gesondert auf die Folgen des § 286 Abs. 3 S. 1 Halbsatz 1 BGB hinweist (zum Verbraucherbegriff ▶ Abschn. 3.7.1)

§ 286 Abs. 4 BGB setzt für den Verzug, wie die Einweisungsvorschrift § 280 Abs. 1, 2 BGB für die Pflichtverletzung, das Vertretenmüssen des Schuldners voraus. Der Schuldner kommt nicht in Verzug, solange die Leistung infolge eines Umstands unterbleibt, den er nicht zu vertreten hat.

Unter den Rechtsfolgen des Verzugs hervorzuheben sind die Verpflichtung des Schuldners zur Zahlung von Verzugszinsen (§ 288 BGB) und die Haftungsverschärfung gem. § 287 BGB zulasten des säumigen Schuldners.

3.3.5 Gläubigerverzug

Verweigert der Gläubiger die Annahme der ihm ordnungsgemäß angebotenen Leistung, kann er in Verzug geraten (**Gläubigerverzug**, §§ 293 ff. BGB). Voraussetzung ist gem. §§ 294, 295 BGB, dass der Schuldner die Leistung tatsächlich oder wörtlich angeboten hat (zur Entbehrlichkeit des Angebots § 296 BGB). Die Rechtsfolgen des Verzugs ergeben sich aus §§ 300 ff. BGB. Insbesondere tritt gem. § 300 Abs. 1 BGB für den Schuldner eine Haftungsmilderung ein – er hat nur noch Vorsatz und grobe Fahrlässigkeit zu vertreten. § 300 Abs. 2 BGB ordnet an, dass mit Eintritt des Verzugs der Gläubiger das Risiko des Untergangs/der Verschlechterung der Sache zu tragen hat (Übergang der Leistungsgefahr).

Beispiel
Weil Gläubiger G nicht geöffnet hat, als Schuldner S mit seiner Lieferung Glaswaren bei ihm vor der Tür stand, muss S alles wieder zu sich zurück transportieren. Unterwegs wird er schuldlos in einen Auffahrunfall verwickelt, die Glaswaren werden zerstört.

3.3.6 Nichtleistung des Schuldners

Leistet der Schuldner nicht nur schlecht oder verspätet, sondern überhaupt nicht, kann der Gläubiger einen Anspruch auf Schadensersatz gem. §§ 280 Abs. 1, 3, 281 Abs. 1 S. 1 Fall 1 BGB haben. Der Anspruch ähnelt dem Anspruch auf Schadensersatz wegen Schlechtleistung (s. nur die fast identische Anspruchsgrundlage, inkl. Fristsetzungserfordernis, ▶ Abschn. 3.3.3.1). Als Pflichtverletzung in ◘ Abb. 3.4 unter Punkt II zu prüfen ist die Nichtleistung des Schuldners trotz Fälligkeit der Leistung.

Beispiel
K hat von V einen Camper gekauft, die Lieferzeit soll zwei Wochen betragen. Als sich am Liefertermin nichts tut, setzt K dem V eine angemessene Nachfrist. Nach Ablauf dieser Frist ist immer noch nichts geliefert. K kauft mit Blick auf seinen nahenden Urlaub einen Ersatzcamper an, der 2000 € teurer ist als der Camper, den er bei V gekauft hatte (sogenannter **Deckungskauf**). Er verlangt die Mehrkosten von V ersetzt.

Ist Grund für die Nichtleistung des Schuldners hingegen die Unmöglichkeit der Leistung, ist § 281 BGB nicht einschlägig. Zu prüfen ist stattdessen § 311a Abs. 2 BGB (bei

3.3 · Leistungsstörungen

anfänglicher Unmöglichkeit) oder §§ 280 Abs. 1, 3, 283 BGB (wegen nachträglicher Unmöglichkeit).

§ 281 BGB gewährt (wie § 283 BGB) Schadensersatz statt der Leistung – der Gläubiger braucht sich nicht (mehr) auf die ursprünglich geschuldete Leistung verweisen zu lassen, zu hoffen, sie vielleicht doch noch zu bekommen, sondern kann seine Schäden wegen des Nichterhalts der Leistung ersetzt verlangen.

Auch bei Nichtleistung des Schuldners besteht ein Rücktrittsrecht des Gläubigers: bei gewöhnlicher Nichtleistung gem. § 323 Abs. 1 BGB (▶ Abschn. 3.2.2.3), bei Nichtleistung wegen Unmöglichkeit aufgrund §§ 323 Abs. 1, 326 Abs. 5 BGB (▶ Abschn. 3.3.1).

3.3.7 Schadensersatz und Rücktritt wegen Verletzung einer Nebenpflicht

Nicht immer muss eine Leistungsstörung die Leistung selbst unmittelbar betreffen. Die Pflichtverletzung kann auch in einer bloßen Nebenpflichtverletzung liegen. Es geht um Fälle, in denen der Schuldner pünktlich und mangelfrei leistet, der Gläubiger aber trotzdem Schäden erleidet.

Beispiel
Maler M streicht zwar wie vorgesehen das Wohnzimmer des B, zerbricht dabei aber eine teure Vase.

Anspruchsgrundlage ist hier § 280 Abs. 1 BGB i. V. m. § 241 Abs. 2 BGB. Da die Leistungspflichten durch die Nebenpflichtverletzung nicht berührt werden, erhält der Gläubiger Schadensersatz neben der Leistung. Im Beispiel heißt das, M bleibt weiter verpflichtet, das Wohnzimmer des B zu streichen, B, den Werklohn an M zu bezahlen. Die Leistungsstörung hat nur zur Folge, dass M dem B die Vase ersetzen muss. Dies ist der Regelfall.

Ausnahmsweise kann aber der Gläubiger auch bei Nebenpflichtverletzung Schadensersatz statt der Leistung verlangen. Anspruchsgrundlage ist §§ 280 Abs. 1, 3, 282 BGB. Wenn aber aufgrund einer bloßen Nebenpflichtverletzung die Vertragsdurchführung gestoppt werden soll, setzt das voraus, dass es sich um gravierende Pflichtverletzungen handelt. Dass M im Beispiel soeben fahrlässig eine Vase zerstört hat, kann da nicht ausreichen – es liegt ein Versehen vor, das beim Anstreichen einer Wohnung durchaus passieren kann. § 282 BGB fordert aber, dass die Leistung durch den Schuldner dem Gläubiger nicht mehr zumutbar sein muss.

Beispiel
Maler M soll bei B das Wohnzimmer streichen, findet aber Gefallen an B und wird zudringlich.

§ 324 BGB enthält für diesen Fall ein von § 323 BGB unabhängiges, eigenständiges Rücktrittsrecht. Auch der Anwendungsbereich dieser Vorschrift ist eher gering, denn es gilt wie bei § 282 BGB, dass die Pflichtverletzung gravierend sein muss (auch hier: Sie muss es dem Gläubiger unzumutbar machen, an dem Vertrag festzuhalten). Der Rücktritt ist auch hier gem. § 349 BGB zu erklären und die Rechtsfolgen richten sich nach §§ 346 ff. BGB.

3.3.8 Ersatz frustrierter Aufwendungen

Hat der Gläubiger bereits Aufwendungen im Vertrauen auf den Erhalt der Leistung getätigt, so kann er diese nicht nach §§ 311a Abs. 2, 280–283, 286 BGB ersetzt verlangen. Aufwendungen sind keine Schäden, sind keine unfreiwilligen, sondern freiwillige Vermögensopfer. Hier hilft dem Gläubiger allerdings § 284 BGB: Anstelle von Schadensersatz statt der Leistung kann der Gläubiger Ersatz der in § 284 BGB bezeichneten Aufwendungen verlangen. Voraussetzung ist aber, dass sämtliche Voraussetzungen für einen Schadensersatzanspruch statt der Leistung (§ 311a Abs. 2/§§ 280 Abs. 1, 3 i. V. m. 281/283 BGB) vorliegen.

Beispiel
Für das Bild des Malers M, ein Unikat, das er von V angekauft hat, hat K bereits einen teuren Rahmen passgenau anfertigen lassen. Aufgrund einer Unachtsamkeit des V wird das Bild zerstört. K verlangt von V Ersatz für den Rahmen.

3.4 Einbeziehung Dritter ins Schuldverhältnis

Zwar wirken Schuldverhältnisse grundsätzlich nur zwischen den Parteien. Dritte Personen können jedoch in das Verhältnis einbezogen werden.

3.4.1 Vertrag zugunsten Dritter (§§ 328 ff. BGB)

Gesetzlich geregelt ist der Vertrag zugunsten Dritter, bei dem Gläubiger und Schuldner vereinbaren, dass der Schuldner die Leistung nicht an den Gläubiger, sondern an einen begünstigten Dritten zahlen soll. Bei einem **echten Vertrag zugunsten Dritter** erwirbt der Dritte unmittelbar das Recht, die Leistung selbst zu fordern (§ 328 Abs. 1 BGB). Ihm steht ein eigener Anspruch gegen den Schuldner zu. Bei einem **unechten Vertrag zugunsten Dritter** ist dies nicht der Fall. Hier hat weiterhin allein der Gläubiger einen Anspruch gegen den Schuldner. Letzterer kann aber mit befreiender Wirkung auch an einen Dritten leisten. Der unechte Vertrag zugunsten Dritter wird im Gesetz nicht ausdrücklich geregelt, sondern nur in Abgrenzung zum echten Vertrag zugunsten Dritter erwähnt (§§ 328 Abs. 2, 329 und 330 BGB).

3.4 · Einbeziehung Dritter ins Schuldverhältnis

Beispiel (echter Vertrag zugunsten Dritter)
M nennt dem Versicherer VR als Bezugsberechtigte für seine Lebensversicherung für den Fall seines Todes seine Frau F.

3.4.2 Vertrag mit Schutzwirkungen für Dritte

Auch bei einem Vertrag mit Schutzwirkungen für Dritte wird ein Dritter in das Schuldverhältnis einbezogen, allerdings nicht in Bezug auf die Leistungspflichten (wie bei §§ 328 ff. BGB), sondern nur in Bezug auf die Schutzpflichten: Den Schuldner treffen auch gegenüber dem Dritten Pflichten gem. § 241 Abs. 2 BGB.

Das Rechtsinstitut wurde von der Rechtsprechung aus Billigkeitserwägungen heraus entwickelt und hat keine gesetzliche Grundlage. Es dient dazu, Dritte, die mit der Leistung des Schuldners in Berührung kommen, ohne Vertragspartner zu sein, zu schützen in Fällen, in denen ihnen Schäden durch den Schuldner zugefügt werden.

Beispiel
Vater V geht im Supermarkt des S einkaufen. Seine Tochter T begleitet ihn, rutscht an der Kasse auf einem herumliegenden Salatblatt aus und bricht sich den Arm.

Vertragliche Schadensersatzansprüche können T gegen S nicht zustehen, da sie nicht selbst eingekauft hat, ist sie nicht Vertragspartner des S. Um T nicht auf deliktische Ansprüche verweisen zu müssen, sondern ihr die „besseren" schuldrechtlichen zu geben, muss T in den Kaufvertrag von V und S über einen „VSD" einbezogen werden. Die Voraussetzungen sind allgemein anerkannt. Es sind dies:
1. **Leistungsnähe**: der Dritte kommt bestimmungsgemäß mit der Leistung in Berührung, ist den Gefahren des Schuldverhältnisses ebenso ausgesetzt wie der Gläubiger (hier: T ist mit ihrem Vater an der Kasse im Supermarkt des S).
2. **Gläubigernähe**: Interesse des Gläubigers, die zu schützende Person in den Vertrag einzubeziehen (hier: Interesse des V am Schutz seiner T).
3. **Erkennbarkeit**: die Drittbezogenheit und Gläubigernähe müssen für den Schuldner erkennbar sein (das ist hier unproblematisch der Fall).
4. **Schutzbedürftigkeit des Dritten**: der Dritte darf keine eigenen vertraglichen Ansprüche gegen S oder andere Personen haben (hier: T hat keine eigenen Ansprüche aus Vertrag gegen S, da nur V Vertragspartner des S ist; möglicherweise hat sie deliktische Ansprüche gegen S, die schaden aber nicht).

Obwohl T also nicht Vertragspartnerin des S ist, ist S zum Schadensersatz verpflichtet, und zwar nach den Grundsätzen des VSD (Anspruchsgrundlage also: §§ 280 Abs. 1, 241 Abs. 2 i. V. m. den Grundsätzen des Vertrags mit Schutzwirkungen für Dritte).

3.5 Gläubiger- und Schuldnermehrheit

Da an einem Schuldverhältnis auf Gläubiger- und/oder Schuldnerseite mehr als eine Person stehen kann, regelt das Gesetz in §§ 420 ff. BGB die Gläubiger- und Schuldnermehrheit. Es handelt sich hier nicht um eine Einbeziehung Dritter in ein Schuldverhältnis, denn die Beteiligten sind alle Gläubiger bzw. Schuldner.

Besonders bedeutsam ist die **Gesamtschuldnerschaft** nach §§ 421–427 BGB. Sie liegt vor, wenn jeder Schuldner zur gesamten Leistung verpflichtet ist, der Gläubiger aber die Leistung nur einmal fordern darf. Die Gesamtschuld entsteht etwa aufgrund gesetzlicher Anordnung (s. z. B. § 840 BGB). Wird die Leistung (und sei es auch nur von einem einzigen Schuldner) erbracht, tritt Erfüllung ein. Gem. § 422 BGB werden alle Schuldner von ihrer Pflicht gegenüber dem Gläubiger befreit. Damit nicht ein Schuldner mehr zahlen muss, als er im Verhältnis zu seinen Mitschuldnern eigentlich verpflichtet ist, kommt es zum „Ausgleich im Innenverhältnis" (d. h. unter den Schuldnern). Er richtet sich nach § 426 BGB.

Beispiel
M und F haben eine Wohnung von V angemietet. Für die Miete haften sie V als Gesamtschuldner. Zahlt F die Miete allein, etwa weil M in diesem Monat knapp bei Kasse ist, werden sie und M von ihrer Schuld gegenüber V frei. Inwieweit F von M Ausgleich verlangen kann, hängt von den Absprachen ab, die sie und M getroffen haben. Soweit nichts anderes vereinbart ist, sagt § 426 Abs. 1 S. 1 BGB: Verpflichtung zu gleichen Anteilen. F könnte also die Hälfte der Miete von M zurückfordern.

Ein in diesem Bereich umstrittenes Sonderproblem ist die „**gestörte Gesamtschuld**". Ein Schuldner kann sich hier auf ein (vertragliches oder gesetzliches) Haftungsprivileg berufen und muss daher dem Gläubiger nicht einstehen. Zu wessen Lasten diese Privilegierung gehen soll (zu Lasten des Gläubigers?), ist umstritten.

Gegenstück zur Gesamtschuldnerschaft ist die **Gesamtgläubigerschaft**, die vorliegt, wenn jeder Gläubiger die ganze Leistung fordern kann, der Schuldner aber zur Leistung nur einmal verpflichtet ist (§§ 428 ff.). Anders die **Gläubigergemeinschaft**: Hier kann die Leistung nur an alle Gläubiger gemeinschaftlich erbracht werden (s. § 432 BGB). Dazu wiederum Gegenstück auf Schuldnerseite ist die **Schuldnergemeinschaft**, die gesetzlich nicht geregelt ist. Eine solche liegt vor, wenn sich eine Forderung gegen mehrere Personen richtet, die aus tatsächlichen oder rechtlichen Gründen die Leistung nur gemeinsam erbringen können (z. B. eine Musikkapelle, die zu einer Feier bestellt ist).

3.6 Schadensrecht

Dass Leistungsstörungen Schadensersatzansprüche auslösen können, haben wir bereits gesehen. Die §§ 280 ff. BGB sagen aber nur, unter welchen Voraussetzungen ein Anspruch auf Schadensersatz entsteht.

Steht fest, dass ein Schadensersatzanspruch gegeben ist, ist weiter zu prüfen, welchen Inhalt und Umfang er hat und ob er gegebenenfalls wegen Mitverschuldens des Anspruchsinhabers zu kürzen ist.

3.6.1 Inhalt und Umfang des Schadensersatzanspruchs

Im Gegensatz zur Aufwendung, der freiwilligen Vermögenseinbuße, ist der Schaden die unfreiwillige Vermögenseinbuße. Wie er zu ersetzen ist, regeln die §§ 249–255 BGB. Grundsätzlich geht es um vollen Ersatz (**Totalreparation**) nach der „**Differenzhypothese**" (◘ Abb. 3.5).

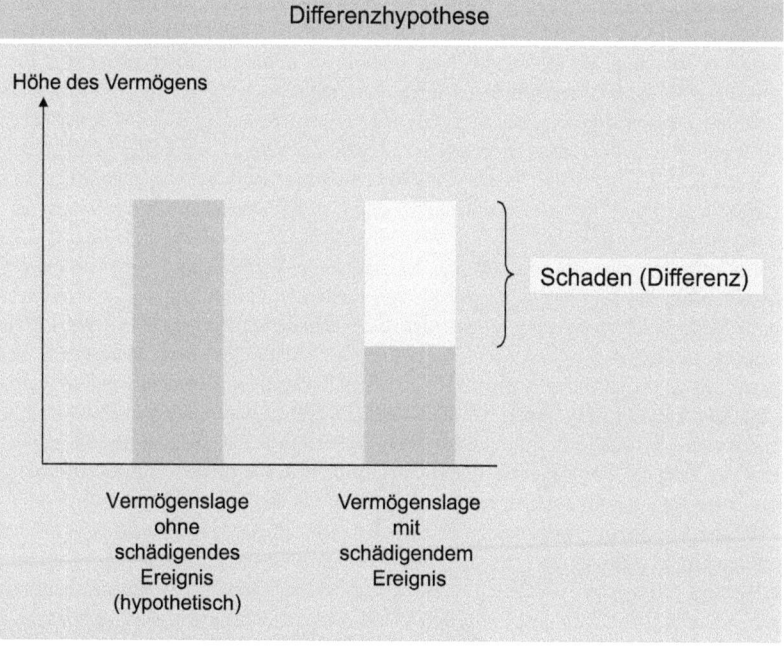

◘ Abb. 3.5 Differenzhypothese

Arten des Schadensersatzes nach §§ 249 ff. BGB (materielle Schäden)					
Wiederherstellung			Entschädigung		
§ 249 Abs. 1 BGB: Grundsatz der Naturalrestitution	§ 249 Abs. 2 BGB: Ersatz bei Verletzung einer Person/ Beschädigung einer Sache	§ 250 BGB: Schadensersatz in Geld (erst) nach Fristablauf	§ 251 Abs. 1 Fall 1 BGB: Unmöglichkeit der Wiederherstellung	§ 251 Abs. 1 Fall 2 BGB: Ungenügende Wiederherstellung	§ 251 Abs. 2 BGB: Wiederherstellung nur mit unverhältnismäßigem Aufwand möglich

Abb. 3.6 Arten des Schadensersatzes

Materielle Schäden, d. h. Vermögensschäden, werden gem. § 249 Abs. 1 BGB (vorrangig) in Natur durch den Schädiger selbst oder (§ 249 Abs. 2 BGB) in Geld ersetzt. Es geht um **Naturalrestitution**, um Wiederherstellung des ursprünglichen Zustands durch den Schädiger oder den Geldbetrag, der erforderlich ist, diesen Zustand herzustellen.

In den von § 251 BGB bestimmten Fällen ist statt der Wiederherstellung nur Wertersatz zu leisten. § 251 ist subsidiär zu § 249 BGB, denn er ist ungünstiger für den Geschädigten. Zu erlangen gibt es keine Naturalrestitution, sondern lediglich Ersatz für den durch das schädigende Ereignis erlittenen Verlust. Wertersatz ist daher Anspruchsinhalt nur in den vom Gesetz festgelegten Fällen (s. § 251 Abs. 1 und 2 BGB), **Abb. 3.6**.

§ 252 S. 1 BGB stellt klar, dass beim Schadensumfang auch der entgangene Gewinn zu berücksichtigen ist. Von Bedeutung für den Geschädigten sind die Beweiserleichterungen.

Bei **immateriellen Schäden** (**Abb. 3.7**) liegt keine Vermögenseinbuße vor. Es geht vor allem um die Kompensation psychischer Leiden (z. B. durch unwahre, ehrverletzende Medienberichterstattung). Auch hier ist der Schadensersatz gem. § 249 Abs. 1 BGB zunächst auf die tatsächliche Wiederherstellung gerichtet (z. B. Verpflichtung zum Widerruf der ehrverletzenden Äußerung). Eine Entschädigung in Geld kann dagegen nach § 253 Abs. 1 BGB nur gefordert werden, wenn das Gesetz dies ausdrücklich bestimmt. Eine entsprechende Bestimmung findet sich sogleich in § 253 Abs. 2 BGB: Bei Verletzung des Körpers, der Gesundheit, der Freiheit oder der sexuellen Selbstbestimmung kann auch wegen immaterieller Schäden ein Schmerzensgeld beansprucht werden.

Während es beim Ersatz materieller Schäden tatsächliche Anknüpfungspunkte gibt, um den Umfang des Anspruchs genau zu berechnen, ist die Bemessung des Schmerzensgeldes schwieriger – seelische Leiden lassen sich schlecht in Geld umrechnen. Daher gibt es nur allgemeine Leitlinien, etwa, dass das Schmerzensgeld so hoch sein muss, dass es nicht nur erlittene Schäden ausgleicht und der Prävention neuen schädigenden Verhaltens dient, sondern auch Genugtuung verschafft.

3.6 · Schadensrecht

Abb. 3.7 Ersatz immaterieller Schäden

Ersatz von Nichtvermögensschäden	
§ 253 Abs. 1 BGB Grundsatz: Ausgleich immaterieller Schäden nur in den gesetzlich vorgegebenen Fällen	§ 253 Abs. 2 BGB Bezugnehmend auf Absatz 1: Schmerzensgeld bei Verletzung bestimmter Rechtsgüter

3.6.2 Kausale Verursachung des Schadens

Der Schädiger muss nur für einen von ihm auch verursachten Schaden einstehen. Sein Verhalten muss für den Schadenseintritt kausal gewesen sein, wobei zwischen **haftungsbegründender** und **haftungsausfüllender Kausalität** unterschieden wird. Die haftungsbegründende Kausalität meint die Kausalität zwischen Verletzungshandlung und Rechtsgutverletzung, die haftungsausfüllende meint die Kausalität zwischen Rechtsgutverletzung und Schaden. Die Unterscheidung ist vor allem im Prozessrecht relevant, wenn es um den Beweis geht: Bei der haftungsbegründenden Kausalität wird dieser oft durch den **Anscheinsbeweis** erleichtert.

Haftungsbegründende und haftungsausfüllende Kausalität bestimmen sich zunächst nach der **Äquivalenztheorie:**

Nach der Äquivalenztheorie ist kausal jede Ursache, die nicht hinweggedacht werden kann, ohne dass der Erfolg in seiner konkreten Form entfiele. Mit anderen Worten: Die Ursache muss **conditio sine qua non** für den Erfolgseintritt sein.

Für die haftungsausfüllende Kausalität ist diese Formel allein jedoch zu weit. So hätten selbst die Eltern des Schädigers (durch seine Zeugung) eine Ursache für den Schadenseintritt gesetzt. Die Äquivalenztheorie bedarf daher bei der haftungsausfüllenden Kausalität einer normativen Einschränkung in zwei weiteren Schritten.

1. Nach der **Adäquanztheorie** sind alle Ursachen als irrelevant anzusehen, die nur unter höchst ungewöhnlichen, unvorhersehbaren Umständen geeignet sind, den Schaden herbeizuführen. Entscheidend ist somit die objektive Vorhersehbarkeit des Schadenseintritts. Abzustellen ist auf einen objektiv urteilenden Dritten.

Beispiel (keine Kausalität)
T verprügelt O, sodass dieser im Krankenhaus behandelt werden muss. O wird gründlich auf Verletzungen untersucht. Zufällig kommt dabei heraus, dass O an einem Herzfehler leidet. O lässt ihn sich operieren und verstirbt infolge der OP.

2. Anschließend ist anhand des **Schutzzwecks der Norm** zu überprüfen, ob das Ergebnis noch einer normativen Korrektur bedarf. Viele Normen, welche einen

Schadensersatzanspruch begründen, wollen nämlich nur vor ganz bestimmten Gefahren schützen. Der eingetretene Schaden muss im Bereich der Gefahren liegen, deretwegen die Norm erlassen, die verletzte Vertragspflicht übernommen wurde.

Beispiel
Fußgänger F rutscht abends um 23 Uhr bei Glätte vor der Kneipe des K aus und verletzt sich. Von F in Anspruch genommen, verteidigt sich K, zwar habe er trotz Glätte vor seiner Kneipe nicht gestreut. Die einschlägige die Streupflicht regelnde Satzung der Stadt S verlangt auch, vor Ladenlokalen und Gaststätten nach 22 Uhr noch zu streuen. K wendet jedoch ein, dass F, was zutrifft, an Ks Kneipe nur vorbei ging.

K verteidigt sich also mit dem Schutzzweck der Streupflicht, was allerdings hier nicht überzeugt: Zwar dient die erweiterte Streupflicht vor Gaststätten dem Schutz ihrer Gäste, aber eben auch dem Schutz der Allgemeinheit – die darf von den Betreibern gewerblicher Einrichtungen mehr erwarten als vom privaten Hauseigentümer.

3.6.3 Mitverschulden (§ 254 BGB)

Gem. § 254 BGB ist ein etwaiges Mitverschulden des Geschädigten bei der Entstehung des Schadens (§ 254 Abs. 1 BGB) und beim Schadensumfang (§ 254 Abs. 2 BGB) zu berücksichtigen. Der Geschädigte muss, wenn ihn ein Mitverschulden trifft, einen Teil des Schadens selbst tragen. In einer Klausur reicht ein Hinweis auf diese Rechtsfolge für gewöhnlich aus, eine bestimmte Quote, in welcher Höhe der Geschädigte zu beteiligen ist, muss meist nicht vorgeschlagen werden.

Die Abgrenzung zwischen § 254 Abs. 1 und 2 BGB ist oft nicht trennscharf möglich.

Beispiel (§ 254 Abs. 1 BGB)
Motorradfahrer M kollidiert mit dem linksabbiegenden (und daher eigentlich wartepflichtigen) Autofahrer A. M hatte allerdings die zulässige Höchstgeschwindigkeit deutlich überschritten, sodass A Ms Geschwindigkeit (und damit die Wartepflicht) falsch eingeschätzt hatte. Bei der Schadensentstehung war also M mit beteiligt.

Beispiel (§ 254 Abs. 2 BGB)
Als aufgrund eines Montagefehlers durch Klempner K bei X die Waschmaschine ausläuft, merkt X dies zwar, unterlässt es aber, sofort die Wasserzufuhr abzustellen und die entstandene Pfütze aufzuwischen. Als er endlich tätig wird, haben sein Küchenfußboden und seine Möbel bereits einen irreparablen Wasserschaden erlitten.

3.7 Verbraucherprivatrecht

3.7.1 Überblick über die gesetzliche Regelung

Das Verbraucherprivatrecht ist erst in den letzten Jahrzehnten Stück für Stück entstanden und ist für das BGB damit noch recht neu. Es steht sehr stark unter dem Einfluss der Europäischen Union und dient der Umsetzung verschiedener europäischer Richtlinien zum Schutz des Verbrauchers. Grundannahme ist, dass Verbraucher besonders schutzbedürftig sind. Ob das auch heißt, dass sie nicht mündig sind wie der Private, den das BGB ursprünglich vor Augen hat, oder wie das „Verbraucherleitbild" eigentlich aussieht, wird in der Wissenschaft noch diskutiert.

Regelungen zum Schutz des Verbrauchers finden sich mittlerweile an vielen Stellen im BGB. Kern der verbraucherrechtlichen Regelungen im Schuldrecht AT sind die §§ 312 ff. BGB. Daneben findet sich im Schuldrecht AT § 241a BGB, der bestimmt, dass die Lieferung unbestellter Sachen oder die Erbringung unbestellter Leistungen durch einen Unternehmer an einen Verbraucher kein Schuldverhältnis begründet (u. a., § 241a BGB lesen!).

Dem Gedanken der besonderen Schutzbedürftigkeit des Verbrauchers folgend sehen die §§ 312 ff. BGB vorvertragliche **Informationspflichten** und das Recht zum Widerruf der eigenen Vertragserklärung vor (**verbraucherschützender Widerruf**, nicht zu verwechseln mit dem Widerruf nach § 130 Abs. 1 S. 2 BGB, ▶ Abschn. 2.3.1.3).

Die §§ 312 ff. BGB sind nur anwendbar, wenn ein Vertrag zwischen **Unternehmer** (§ 14 BGB) und **Verbraucher** (§ 13 BGB) geschlossen wurde/werden soll. Für die Verbrauchereigenschaft maßgeblich ist die Zielrichtung des Geschäfts: Es darf nicht überwiegend der beruflichen oder gewerblichen Tätigkeit der Person dienen. In sachlicher Hinsicht wird der Anwendungsbereich durch § 312 BGB bestimmt (lesen!).

Allgemeine Pflichten bei Verbraucherverträgen enthält § 312a BGB, etwa die Pflicht zur Information des Verbrauchers nach Maßgabe des Einführungsgesetzes zum BGB (Art. 246 EGBGB). Beide Vorschriften unbedingt lesen!

Die §§ 312b ff. BGB schützen den Verbraucher bei Geschäften, die unter Einsatz „besonderer Vertriebsformen" zustande gekommen sind. Zu ihnen gehören **außerhalb von Geschäftsräumen geschlossene Verträge** (ehemals „Haustürverträge"), **Fernabsatzverträge** und **Verträge im elektronischen Geschäftsverkehr**.

Bei den ehemaligen „Haustürverträgen" (§ 312b BGB) ist die besondere Schutzbedürftigkeit des Verbrauchers anzunehmen, weil davon auszugehen ist, dass der Verbraucher hier häufig beim Vertragsschluss „überrumpelt" wird.

Standardbeispiel
Der wortgewandte und skrupellose Staubsaugervertreter V klingelt unaufgefordert und auf gut Glück bei Seniorin S. Als sie aufmacht, schwatzt er ihr (quasi noch an der Tür) einen 4000 € teuren Industriestaubsauger auf, der für ihre Bedürfnisse völlig unpassend ist.

Die Sonderregelung zu „Fernabsatzverträgen" (§ 312c BGB) beruht hingegen darauf, dass für den Vertragsschluss ausschließlich „Fernkommunikationsmittel" i. S. d. § 312c Abs. 2 BGB verwendet werden. Klassisch geht es um jede Form des Versandhandels. Der Verbraucher hat hier keine Möglichkeit, die Ware vor Vertragsschluss anzusehen und zu prüfen, was ihn schutzbedürftig macht.

Beim elektronischen Geschäftsverkehr hingegen wird von gesteigerter Schutzbedürftigkeit des Verbrauchers ausgegangen, weil dieser den Bestellvorgang nicht überblicken oder einmal getätigte Eingaben nicht korrigieren kann und so am Ende möglicherweise einen Vertrag schließt, den er nicht schließen wollte.

Beispiel
X betreibt eine Webseite, auf der er Stadtpläne online gestellt hat. Erreicht ein Verbraucher per Suchmaschineneintrag die Webseite und klickt auf „Stadtplan ansehen", schließt er – was nur in einer winzigen Fußnote im Kleingedruckten steht, die nur beim Herunterscrollen ans Seitenende überhaupt sichtbar wird – einen Abovertrag über Stadtpläne ab, zum Preis von 650 €/Jahr.[3]

Der Schutzbedürftigkeit trägt das Gesetz bei diesen Vertragsarten durch besondere Informationspflichten (§ 312d BGB/§ 312i Abs. 1 Nr. 2/j Abs. 2 BGB i. V. m. Art. 246a/b/c EGBGB) Rechnung, deren Verletzung z. B. durch § 312e BGB sanktioniert ist (lesen!), ferner durch besondere Dokumentations- und Hinweispflichten des Unternehmers (§§ 312f, 312i, 312j BGB) und besondere Formvorschriften (§ 312h BGB). Vor allem aber steht dem Verbraucher gem. § 312g Abs. 1 BGB ein Widerrufsrecht nach § 355 BGB zu (Ausnahmen in § 312g Abs. 2 und 3 BGB, lesen!). Von den §§ 312 ff. BGB darf nicht zum Nachteil des Verbrauchers abgewichen werden (§ 312k Abs. 1 BGB).

3.7.2 Der verbraucherschützende Widerruf

In Abweichung von dem Grundsatz, dass Verträge zu halten sind, kann sich der Verbraucher von seiner Vertragserklärung nach Belieben durch den verbraucherschützenden Widerruf lösen. Gründe muss der Verbraucher nicht haben. Er kann das Widerrufsrecht quasi nach Gutdünken ausüben – einfach, weil er den Vertrag, gleich warum, nicht mehr will. Gerechtfertigt wird dies mit der hier bereits skizzierten Schutzbedürftigkeit des Verbrauchers (▶ Abschn. 3.7.1).

Dass jemand sich von seiner Vertragserklärung nach Belieben lösen kann, ist im BGB die Ausnahme. Damit der Verbraucher seine Erklärung widerrufen kann, muss ihm daher das Gesetz ein **Widerrufsrecht** zubilligen!

---

3 Dieses „Geschäftsmodell" soll mit § 312j Abs. 3, 4 BGB unterbunden werden.

3.7 · Verbraucherprivatrecht

Da das Widerrufsrecht ein Gestaltungsrecht ist, muss es eine Widerrufserklärung geben. Es ergibt sich also das Prüfungsschema
1. Widerrufsrecht;
2. Erklärung des Widerrufs innerhalb der Widerrufsfrist.

Widerrufsrechte finden sich an verschiedenen Stellen des BGB. Im AT des Schuldrechts begründet § 312g Abs. 1 BGB ein Widerrufsrecht des Verbrauchers bei Fernabsatz- und außerhalb von Geschäftsräumen geschlossenen Verträgen. Im Besonderen Teil (BT) des Schuldrechts finden sich noch weitere Widerrufsrechte. Das Gesetz sieht hier jeweils den Verbraucher nicht aufgrund einer besonderen Vertriebsform, sondern aufgrund des Vertragsgegenstands als schutzwürdig an: §§ 485 (Teilzeitwohnrechtevertrag), 495 Abs. 1 (Verbraucherdarlehensvertrag), 510 Abs. 2 BGB (Ratenlieferungsvertrag).

Die Grundsätze zur Ausübung des Widerrufsrechts enthält § 355 BGB (unbedingt lesen!): Die Erklärung ist gem. § 355 Abs. 1 BGB formlos möglich, muss aber innerhalb einer Frist (s. § 355 Abs. 2 BGB) erfolgen, innerhalb von 14 Tagen ab Vertragsschluss (wichtige Ausnahme: § 356 Abs. 2 Nr. 1 BGB für den Verbrauchsgüterkauf). Die Frist beginnt bei Fernabsatzverträgen nicht, bevor der Verbraucher nicht ordnungsgemäß über sein Widerrufsrecht belehrt worden ist (§ 356 Abs. 3 BGB).

Die Rechtsfolgen des Widerrufs bei Fernabsatzverträgen etc. regelt § 357 BGB. Nach § 357 Abs. 1 BGB ist primäre Folge des Widerrufs die Pflicht zur Rückgewähr der empfangenen Leistungen – es entsteht also das schon vom Rücktritt bekannte Rückgewährschuldverhältnis. Der Verbraucher hat gem. § 357 Abs. 6 BGB die Kosten für die Rücksendung der Ware zu tragen, ferner kann er gem. § 357 Abs. 7 BGB zum Wertersatz verpflichtet sein, soweit ein Wertverlust der Ware eingetreten ist. Ein etwaig mit dem widerrufenen Vertrag verbundener (Darlehens-) Vertrag (Definition in § 358 Abs. 3 BGB) tritt gem. § 358 Abs. 1 BGB ebenfalls in die Rückabwicklung ein.

Beispiel (verbundene Verträge)

K kauft sich ein neues Auto, das er mit einem Kredit, vermittelt durch den Autohändler bei der Bank des Autoherstellers, bezahlen will. Er widerruft den Darlehensvertrag.

Für die Widerrufsrechte im Schuldrecht BT gelten teilweise spezielle Regelungen, die §§ 355, 357 BGB vorgehen. So führen einige Widerrufsrechte zu einem anderen Beginn der Widerrufsfrist (s. §§ 356a–c BGB) oder zu von § 357 BGB abweichenden Rechtsfolgen (s. §§ 357a–c BGB, alle lesen!).

Die Vorschriften §§ 355–361 BGB sind abschließend für Ansprüche gegen den Verbraucher infolge des Widerrufs, weitere Ansprüche bestehen nicht. Die genannten Vorschriften sind außerdem insoweit zwingend, als von ihnen nicht zum Nachteil des Verbrauchers abgewichen werden darf (§ 361 Abs. 1, 2 S. 1 BGB).

Zu weiteren Vorschriften des Verbraucherrechts noch der Abschnitt zum Schuldrecht BT.

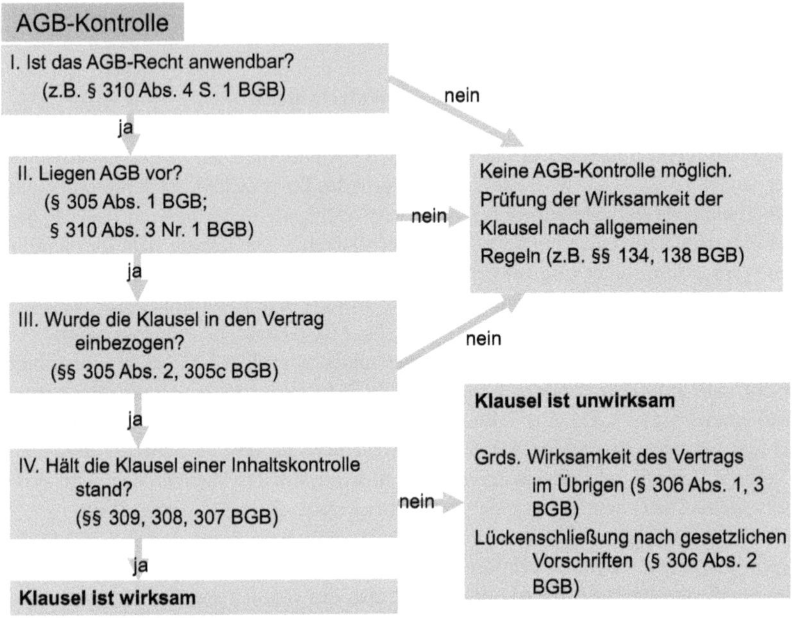

AGB-Kontrolle

I. Ist das AGB-Recht anwendbar?
(z.B. § 310 Abs. 4 S. 1 BGB)
— ja ↓ / nein →

II. Liegen AGB vor?
(§ 305 Abs. 1 BGB;
§ 310 Abs. 3 Nr. 1 BGB)
— ja ↓ / nein →

Keine AGB-Kontrolle möglich. Prüfung der Wirksamkeit der Klausel nach allgemeinen Regeln (z.B. §§ 134, 138 BGB)

III. Wurde die Klausel in den Vertrag einbezogen?
(§§ 305 Abs. 2, 305c BGB)
— ja ↓ / nein →

Klausel ist unwirksam

IV. Hält die Klausel einer Inhaltskontrolle stand?
(§§ 309, 308, 307 BGB)
— ja ↓ / nein →

Grds. Wirksamkeit des Vertrags im Übrigen (§ 306 Abs. 1, 3 BGB)
Lückenschließung nach gesetzlichen Vorschriften (§ 306 Abs. 2 BGB)

Klausel ist wirksam

◘ Abb. 3.8 AGB-Kontrolle

3.8 Allgemeine Geschäftsbedingungen

In engem Zusammenhang mit dem Verbraucherprivatrecht steht das AGB-Recht in §§ 305 ff. BGB, das Recht der allgemeinen Geschäftsbedingungen. AGB (umgangssprachlich: „das Kleingedruckte") sind **standardisierte Vertragsbedingungen**. Mit ihrer Hilfe können einheitliche Regelungen für eine Vielzahl von Verträgen festgelegt werden. Der Rechtsverkehr wird erheblich vereinfacht.

Da sie aber von einer Vertragspartei (dem **Verwender**) gestellt und damit üblicherweise nicht frei ausgehandelt werden, müssen sie gesetzlichen Beschränkungen im Inhalt unterliegen. Es soll nicht der Verwender seine Vorstellungen einseitig „durchdrücken" können.

> **Auf den Punkt gebracht:** Es gibt keinen festen Punkt in der Anspruchsprüfung, an der die AGB-Prüfung vorzunehmen ist. Abhängig davon, was sie regelt, kann eine Klausel an unterschiedlichen Stellen zu prüfen sein. Regelt sie z. B.

3.8 · Allgemeine Geschäftsbedingungen

den Vertragsschluss (etwa: „Der Vertrag kommt zustande, wenn eine Woche nach Zugang des Angebots der Kunde diesem nicht widerspricht"), ist sie unter „Anspruch entstanden", regelt sie z. B. die Verjährung, ist sie unter „Anspruch durchsetzbar" zu prüfen. Die Prüfung selbst folgt dann aber immer demselben Muster (◘ Abb. 3.8).

3.8.1 Anwendbarkeit der §§ 305 ff.

Die Anwendbarkeit der §§ 305 ff. BGB regelt § 310 BGB. So finden etwa gegenüber Unternehmern oder juristischen Personen des öffentlichen Rechts die §§ 305 ff. BGB nur sehr eingeschränkt Anwendung (s. § 310 Abs. 1 BGB). Man geht davon aus, dass diese Personen weniger schutzbedürftig sind als sonstige Teilnehmer des Rechtsverkehrs. Anders, wenn ein Vertrag zwischen Unternehmer und Verbraucher in Rede steht (s. § 310 Abs. 3 BGB). Zu den Einzelheiten des Anwendungsbereichs lesen Sie § 310 BGB!

3.8.2 Vorliegen von AGB (§ 305 Abs. 1 BGB)

Eine AGB-Kontrolle setzt voraus, dass AGB vorliegen. Den Begriff der AGB definiert § 305 Abs. 1 S. 1 BGB. Es handelt sich um für eine Vielzahl von Verträgen vorformulierte Vertragsbedingungen, die der Verwender seinem Vertragspartner bei Abschluss des Vertrages stellt. Für eine „Vielzahl von Verträgen" sind Klauseln vorformuliert, wenn zumindest die Absicht einer dreimaligen Verwendung besteht (Abweichung bei Verbrauchern: § 310 Abs. 3 Nr. 2 BGB!).

Die Klauseln werden vom Verwender gestellt, wenn dieser die vorformulierten Bedingungen in die Verhandlungen einbringt und deren Einbeziehung in den Vertrag verlangt. Die Klauseln dürfen nicht zur Disposition des Vertragspartners stehen oder frei ausgehandelt werden (§ 305 Abs. 1 S. 3 BGB; siehe bei Verbrauchern § 310 Abs. 3 Nr. 1 BGB).

Liegt zu einem bestimmten Punkt (auch) eine **Individualabrede** vor, geht diese gem. § 305b BGB der AGB vor.

3.8.3 Einbeziehung in den Vertrag

Die AGB müssen Vertragsbestandteil geworden, „in den Vertrag einbezogen" worden sein. Die Einzelheiten regelt § 305 Abs. 2 BGB (lesen!).

Nicht einbezogen werden „**überraschende**" Klauseln (s. § 305c Abs. 1 BGB). Eine Klausel ist überraschend, wenn der Vertragspartner des Verwenders vernünftigerweise nicht mit ihr rechnen musste.

Beispiel
In einer Klausel im Mobilfunkvertrag findet sich der Passus: „Der Kunde abonniert zugleich die Kaffeekapseln der Marke M über zwei Jahre."

3.8.4 Inhaltskontrolle

Der entscheidende Schritt der AGB-Kontrolle ist die Inhaltskontrolle. Eigentlich widerspricht es dem auf Privatautonomie angelegten bürgerlichen Recht, den Inhalt von Verträgen zu kontrollieren.

Deswegen sind auch nicht alle Klauseln kontrollfähig: § 307 Abs. 3 S. 1 BGB bestimmt, dass nur Klauseln kontrolliert werden, die von der gesetzlichen Lage abweichen. Das heißt insbesondere: **Preisabreden** und Leistungsbeschreibungen sind wegen der Privatautonomie grundsätzlich nicht Gegenstand der Inhaltskontrolle!

Die Inhaltskontrolle selbst vollzieht sich in der *Reihenfolge § 309 – § 308 – § 307 BGB*. Der Grund: Verstößt eine Klausel gegen § 309 BGB, ist sie unwirksam, denn § 309 BGB enthält Klauselverbote „ohne Wertungsmöglichkeit" (alle Nrn. unbedingt lesen!). Die in § 308 BGB genannten Klauseln dagegen Klauselverbote mit Wertungsmöglichkeit (alle Nrn. lesen!). § 307 BGB enthält dann den Auffangtatbestand, die Generalklausel. Gem. § 307 Abs. 1 S. 1 BGB sind Klauseln unwirksam, wenn sie den Vertragspartner des Verwenders unangemessen benachteiligen. § 307 Abs. 2 BGB nennt Fälle, in denen eine **unangemessene Benachteiligung** des Vertragspartners des Verwenders im Zweifel anzunehmen ist. Aus § 307 Abs. 1 S. 2 BGB ergibt sich das **Transparenzgebot**. Danach kann eine unangemessene Benachteiligung sich auch daraus ergeben, dass die Klausel nicht klar und verständlich formuliert ist.

Um Umgehungsversuchen der gesetzlichen Vorgaben der §§ 307 ff. BGB entgegenzuwirken, stellt § 306a ein **Umgehungsverbot** auf.

Verstößt eine Klausel gegen §§ 307 ff. BGB, ist sie unwirksam. Gem. § 306 Abs. 1 BGB bleibt der Vertrag im Übrigen wirksam (Ausnahme: § 306 Abs. 3 BGB). Eine im Vertrag durch die Unwirksamkeit entstehende Lücke ist gem. § 306 Abs. 2 BGB durch Zugriff auf das Gesetzesrecht zu füllen.

Ist eine Klausel unwirksam, ist eine „**geltungserhaltende Reduktion**" grundsätzlich nicht möglich. Die Klausel darf nicht solange zusammen gestrichen („reduziert") werden, bis ein wirksamer Rest übrig bleibt. Ausnahme ist der „**blue pencil-test**": Wenn der unwirksame Teil der Klausel sprachlich und inhaltlich abtrennbar ist, sodass die Klausel sinnvoller- und rechtmäßigerweise bestehen bleiben kann, dann kann die Unwirksamkeit auf diesen einen Teil beschränkt werden.

Beispiel
„Wir haften nicht bei leichter Fahrlässigkeit, außer bei Verletzung von Leben, Körper, Gesundheit. Auch ist die Haftung wegen grober Fahrlässigkeit ausgeschlossen."

Hier lässt sich Satz 2 ganz einfach streichen. Satz 1 kann rechtmäßig und sinnvoll bestehen bleiben.

Kann eine Klausel in verschiedener Weise verstanden werden, kommt es darauf an, wie sie auszulegen ist. Nach § 305c Abs. 2 BGB gehen Zweifel bei der Auslegung zulasten des Verwenders (was billig ist, er hat die Klausel schließlich selbst gestaltet!). Das Besondere ist aber: Die dem Verwender nachteiligste Auslegung ist zugleich die kundenfeindlichste. Denn die kundenfeindlichste Auslegung ist üblicherweise die, die am ehesten zur Unwirksamkeit der Klausel führt, zu dem Ergebnis also, das der Verwender gerade vermeiden möchte. Durch die kundenfeindlichste Auslegung wird der Kunde also am Ende besser gestellt als mit einer kundenfreundlichen Auslegung, weswegen im AGB-Recht also das **Gebot der kundenfeindlichsten Auslegung** besteht!

3.9 Abtretung

Die Abtretung ist eine **Verfügung über eine Forderung** und daher im Schuldrecht eigentlich systematisch falsch platziert. Mit ihr wird die Inhaberschaft, bei einer Sache würde man vom Eigentum sprechen, von einer Person auf die andere übertragen (s. die Legaldefinition in § 398 BGB).

Beispiel
Händler V hat keine Lust, sich mit dem Eintreiben seiner offenen Forderungen gegen seine Kunden zu befassen. Er verkauft die Forderungen an Inkassobüro X und tritt sie an X ab. X zahlt als Kaufpreis nur 80 % der Forderungshöhe. Dafür ist V sofort liquide und muss nicht das Risiko der Uneinbringlichkeit der Forderungen tragen. Ist X beim Eintreiben der Forderungen erfolgreich, macht er Gewinn.

Dies ist eine der praktisch wohl bedeutsamsten Konstellation für Abtretungen. Die Vorteile liegen auf der Hand: sofortige Liquidität für den Veräußerer, Gewinnchance für den Erwerber.

Aus dem Beispiel wird deutlich, dass die Abtretung als Verfügung einen Rechtsgrund braucht, ein Verpflichtungsgeschäft, aufgrund dessen sie vorgenommen wird (im Beispiel: Kaufvertrag über die Forderungen). Die beiden Rechtsgeschäfte (Verpflichtung und Verfügung) sind in ihrer Wirksamkeit abstrakt voneinander zu betrachten (Trennungs- und Abstraktionsprinzip, Sie erinnern sich?!).

Infolge der Abtretung tritt der neue Gläubiger an die Stelle des alten Gläubigers. Im Beispiel oben wird X also Gläubiger der Kunden des V, genau so, wie V Gläubiger war.

Weitere Regelungen enthalten die §§ 398 ff. BGB (lesen!). Nicht im Gesetz genannt, aber trotzdem zulässig und im Wirtschaftsleben üblich, sind **Vorausabtretung** (die Abtretung einer noch nicht bestehenden Forderung) und **Globalzession** (die Abtretung aller bestehenden und künftigen Forderungen aus einer bestimmten Geschäftsverbindung).

Beispiel
Hemdenfarbikant H tritt an seinen Gläubiger G sämtliche Forderungen aus der Veräußerung seiner Hemden ab, obwohl die Hemden noch bei ihm auf Lager liegen.

Aus den §§ 398 ff. BGB ist hervorzuheben: Gem. § 401 BGB gehen auch bestimmte Nebenrechte mit auf den neuen Gläubiger über. Gem. § 404 BGB kann der Schuldner dem neuen Gläubiger die Einwendungen entgegen halten, die im Zeitpunkt der Abtretung der Forderung gegen den bisherigen Gläubiger begründet waren. Gem. § 406 BGB kann unter bestimmten Voraussetzungen der Schuldner auch gegenüber dem neuen Gläubiger die Aufrechnung erklären – mit einer Forderung, die er gegen den alten Gläubiger hat (!). Ferner muss der neue Gläubiger eine Leistung, die der Schuldner nach der Abtretung an den bisherigen Gläubiger bewirkt, gegen sich gelten lassen, es sei denn, dass der Schuldner die Abtretung bei der Leistung oder der Vornahme des Rechtsgeschäfts kennt (s. § 407 Abs. 1 BGB).

Das gesamte Abtretungsrecht findet auf die Übertragung anderer Rechte als Forderungen entsprechende Anwendung (§ 413 BGB). Ausgewählte Vorschriften kommen auch dann zur Anwendung, wenn eine Forderung **kraft Gesetzes** auf einen anderen Gläubiger übergeht (§ 412 BGB, wichtig später im Kreditsicherungsrecht, ▶ Abschn. 5.5.1.1).

3.10 Lern-Kontrolle

Kurz und bündig
Der Allgemeine Teil des Schuldrechts (§§ 241–432 BGB) enthält Vorschriften über Schuldverhältnisse, d. h. über Rechtsverhältnisse zwischen mindestens zwei Personen, die eine Person (den Gläubiger) berechtigen, von einer anderen Person (dem Schuldner) eine Leistung zu fordern. Geregelt sind das Erlöschen von Ansprüchen (z. B. wegen Erfüllung oder durch Aufrechnung) und Schuldverhältnissen (z. B. wegen Kündigung, Rücktritt) und die Leistungsstörungen: Hier wird eine Leistung nicht oder nicht wie geschuldet erbracht (Nichtleistung, Schlechtleistung). Außerdem umfasst das Allgemeine Schuldrecht das Schadensersatzrecht, das AGB-Recht und das Verbraucherprivatrecht als Schnittstelle mit dem besonderen Schuldrecht (insbesondere mit dem Kaufrecht).

? Let's check
1. Ein Schuldverhältnis ist ein zwischen mindestens ____ Rechtssubjekten bestehendes Rechtsverhältnis, kraft dessen der Gläubiger vom _____ eine _____ fordern kann. Schuldverhältnisse können durch Rechtsgeschäft oder kraft _____ begründet werden und entstehen schon mit der Aufnahme von _____, Anbahnung eines _____ oder ähnlicher _____ Kontakte (§ _____ BGB).

3.10 · Lern-Kontrolle

2. F bittet seinen Freund X, in seiner (des F) Abwesenheit die Blumen zu gießen. F betreibt beruflich eine kleine Gärtnerei mit exotischen Blumen, die zu hohen Preisen an Sammler verkauft werden. X lässt die Pflanzen vertrocknen. Ansprüche des F?
3. Vervollständigen Sie:
   a. Ein Anspruch kann erlöschen durch …
      a. Erfüllung (§ _____ BGB)
      b. Leistung an Erfüllungs statt/erfüllungshalber (§ _____ BGB)
      c. Hinterlegung (§§ _____ ff. BGB)
      d. _____ (§§ 387 ff. BGB)
      e. Erlass (§ _____ BGB)
   b. Ein Schuldverhältnis kann erlöschen durch …
      a. _____ (§ 346 ff. BGB)
      b. _____ (§ 355 BGB)
      c. _____ (§ 314 BGB)
4. V verkauft K seine Sammlung antiker Handschriften. Kurz nach Vertragsunterzeichnung wird die Sammlung jedoch durch einen Brand vollständig zerstört. Wie sich herausstellt, hat der Brand seine Ursache in glimmenden Ascheresten einer Zigarette, die K vor der Besichtigung der Sammlung in einen Papierkorb geworfen hatte. V verlangt von K Zahlung des Kaufpreises. Zu Recht?
5. Um den Gläubiger in Verzug zu setzen, genügt ein wörtliches Angebot des Schuldners, richtig?
6. V hat sein Biedermeiersofa an K verkauft. Sein erwachsener Sohn S verspricht, es bei K vorbeizubringen. Beim Ausladen stolpert S und lässt das Sofa auf Ks teuren Parkettboden krachen. Die Kosten für die Beseitigung der dadurch entstandenen Macke im Parkett verlangt K von V ersetzt. Zu Recht?
7. § 281 BGB ist anwendbar, wenn der Schuldner nicht leistet. § 286 BGB setzt ebenfalls voraus, dass der Schuldner nicht leistet. Wo ist dann aber der Unterschied zwischen § 281 BGB und § 286 BGB?
8. Beim Vertrag mit Schutzwirkungen für Dritte erwirbt der Dritte unmittelbar einen Anspruch auf die Leistung des Schuldners. Richtig?

❓ Vernetzende Aufgaben

1. Als Schadensersatzanspruch bei handelskaufrechtlichen Fixgeschäften kann die Differenz zwischen dem Kaufpreis und dem Börsen- oder Marktpreis der Ware verlangt werden. Richtig?
2. Arbeitnehmer AN ärgert sich über die Inflation, die sein im Jahr 2002 arbeitsvertraglich festgelegtes Bruttogehalt von 3000 € jedes Jahr „ein bisschen weniger werden" lässt. Rechte des AN?
3. Versicherungsvertreter V klingelt aufs Geratewohl an der Haustür des alleinstehenden Angestellten X und schwatzt ihm eine Betriebsausfallversicherung und eine Familienhaftpflichtversicherung auf. Als er V endlich losgeworden ist,

bereut X sofort und will sich von den geschlossenen Verträgen lösen. Besteht ein Widerrufsrecht?

Lesen und Vertiefen
- Joussen, J. (2015). *Schuldrecht I – Allgemeiner Teil.* Stuttgart: Kohlhammer.
- Looschelders, D. (2015). *Schuldrecht – Allgemeiner Teil.* München: Vahlen.
- Weiler, F. (2015). *Schuldrecht – Allgemeiner Teil.* Baden-Baden: Nomos.

In den drei aufgeführten Lehrbüchern jeweils insbesondere vertiefen[4]: Vertretenmüssen und Erfüllungsgehilfen; Ersatz vergeblicher Aufwendungen (§ 284 BGB); Anspruch auf Herausgabe des Ersatzes gem. § 285 BGB*; Voraussetzungen und Rechtsfolgen des Rücktritts, insbesondere Fälle des § 346 Abs. 3 BGB; Modalitäten der Rückabwicklung bei Widerruf im Verbraucherprivatrecht (insbes. § 357 BGB); Widerruf von Verbraucherverträgen, §§ 355–357c BGB; verbundene und zusammenhängende Verträge (§§ 358–360 BGB); Vertrag zugunsten Dritter* (insbesondere Rechtsbeziehungen der Beteiligten; „Deckungsverhältnis", „Valutaverhältnis"); Gesamtschuld, insbes. Abgrenzung zur Schuldnergemeinschaft, Innenausgleich und gestörte Gesamtschuld; Abgrenzung Gesamtgläubigerschaft/ Gläubigergemeinschaft.

---

4   Mit * versehene Themen bedürfen nur der Vertiefung, soweit sie in der Studienordnung Ihres Studiengangs vorgesehen sind (bei Rechtswissenschaft/Staatsexamen ist dies stets der Fall).

Schuldrecht – Besonderer Teil

Lena Rudkowski

4.1 Einführung – 92

4.2 Kaufvertrag – 93
4.2.1 Überblick – 93
4.2.2 Überblick über den Inhalt des § 433 BGB – 94
4.2.3 Leistungsstörungen und Mängelgewährleistung – 94
4.2.4 Besondere Formen des Kaufs – 100

4.3 Darlehensvertrag – 104

4.4 Mietrecht, Pacht und Leasing – 106
4.4.1 Mietvertrag – 106
4.4.2 Pacht – 111
4.4.3 Leasing – 112

4.5 Schenkung – 112

4.6 Dienstvertrag – 112

4.7 Werkvertrag – 115

4.8 Leihe – 117

4.9 Bürgschaft – 117

4.10 Reisevertrag – 118

4.11 Maklervertrag – 118

4.12 Auftrag, Geschäftsbesorgung und Geschäftsführung ohne Auftrag – 119
4.12.1 Auftrag – 119
4.12.2 Geschäftsbesorgung – 120
4.12.3 Geschäftsführung ohne Auftrag – 121

© Springer Fachmedien Wiesbaden GmbH 2016
L. Rudkowski, *Wirtschaftsrecht: BGB AT, Schuldrecht, Sachenrecht*,
Studienwissen kompakt, DOI 10.1007/978-3-658-09868-1_4

4.13 Ungerechtfertigte Bereicherung – 122

4.14 Deliktsrecht – 124

4.15 Lern-Kontrolle – 129

Lern-Agenda

Der „Besondere Teil" des Schuldrechts regelt vertragliche und gesetzliche Schuldverhältnisse, darunter bekannte wie Kauf, Miete oder das Deliktsrecht. Es handelt sich um einen sehr umfangreichen Bereich des bürgerlichen Rechts mit sehr unterschiedlichen Problemen: Während das Kaufrecht zu weiten Teilen europäischen Vorbildern folgt und vor allem auf Vereinbarkeit mit dem Unionsrecht geprüft werden muss, ist das Bereicherungsrecht Teil des ursprünglichen BGB mit einem sehr hohen Abstraktionsgrad. Im folgenden Abschnitt lernen Sie diese und weitere vertragliche und gesetzliche Schuldverhältnisse kennen:

Einführung, Verhältnis von Privatautonomie und Gesetzesrecht	▶ Abschn. 4.1
Pflichten von Käufer und Verkäufer, insbesondere Mängelgewährleistung, Verbrauchsgüterkauf, besondere Formen des Kaufs	▶ Abschn. 4.2
Darlehensvertrag, Verbraucherdarlehen, Ratenlieferung	▶ Abschn. 4.3
Systematik des Mietrechts, Pflichten des Mieters und des Vermieters; Vertragsbeendigung, Pacht, Leasing	▶ Abschn. 4.4
Schenkung	▶ Abschn. 4.5
Dienstvertrag, Pflichten des Dienstberechtigten/-verpflichteten, Verhältnis zum Werkvertrags- und zum Arbeitsrecht	▶ Abschn. 4.6
Werkvertrag, Pflichten des Bestellers, des Unternehmers	▶ Abschn. 4.7
Leihe	▶ Abschn. 4.8
Bürgschaft	▶ Abschn. 4.9
Reisevertrag, Einschränkungen der Gestaltungsfreiheit, Rechte des Reisenden	▶ Abschn. 4.10
Maklervertrag, Ehe- und Partnerschaftsvermittlung, Darlehensvermittlung, Überblick über die gesetzliche Regelung, Kausalität	▶ Abschn. 4.11
Auftrag, Geschäftsführung ohne Auftrag, Geschäftsbesorgung, Entstehung, Pflichtenprogramm, Abgrenzung	▶ Abschn. 4.12
Bereicherungsrecht, Leistungskondiktion, Voraussetzungen, Überblick über die Rechtsfolgen	▶ Abschn. 4.13
Deliktsrecht, §§ 823 Abs. 1, 2; 826, 831 BGB, Überblick über die restliche gesetzliche Regelung	▶ Abschn. 4.14

4.1 Einführung

Im „Besonderen Teil" des Schuldrechts (§§ 433–853 BGB) regelt das Gesetz gesetzliche Schuldverhältnisse (GoA, Bereicherungsrecht, Deliktsrecht) und ausgewählte vertragliche Schuldverhältnisse (z. B. Kauf- oder Werkvertrag). Die Regelungen über vertragliche Schuldverhältnisse setzen sich im Wesentlichen immer aus Vorschriften über die Schlechtleistung (Mängelgewährleistung) und Vertragsbeendigung zusammen, gegebenenfalls ergänzt um Bestimmungen über Verjährung oder Gefahrtragung. Die Vorschriften über gesetzliche Schuldverhältnisse regeln deren Entstehung und Inhalt.

Bei vertraglichen Schuldverhältnissen ist eine weitgehende Abweichung der Parteien vom Gesetz praktisch üblich. Die Privatautonomie gestattet außerdem Mischformen der im Gesetz genannten Vertragstypen und ganze „Neuerfindungen".

Beispiel 1
X bestellt im Restaurant des R ein Wiener Schnitzel mit Pommes.

Das BGB kennt keinen „**Bewirtungsvertrag**". Der von X und R geschlossene Vertrag ist daher eine Mischform und, wenn es Probleme in seiner Abwicklung gibt (z. B.: das Schnitzel ist zäh) in seine „Einzelteile" zu zerlegen: Teller und Besteck hat X von R angemietet, das Essen hat R hergestellt und X gekauft …

Beispiel 2
M schließt mit L einen „Leasingvertrag" über ein Auto. Dessen Motor fällt schon nach wenigen Kilometern aus.

Das BGB kennt auch keinen „Leasingvertrag". Was mit „Leasing" im konkreten Fall gemeint ist, und ob L oder M verpflichtet ist, den Motor zu reparieren, muss durch die Analyse der vertraglichen Abreden von L und M ermittelt werden (zum Leasing ▶ Abschn. 4.4.3).

Die gesetzlich geregelten Vertragstypen sind mit anderen Worten oft nur noch Anhaltspunkt, wie eine interessengerechte Regelung bestimmter Sachverhalte aussehen kann – einige Vorschriften sind jedoch auch bindend und für die Parteien nicht disponibel. Das Gesetz ordnet dies dann ausdrücklich an.

Für die tägliche Arbeit heißt das: Erst den zwischen den Parteien geschlossenen Vertrag heranziehen! Erst wenn er sich zu einem bestimmten regelungsbedürftigen Punkt nicht verhält, ist die Lösung durch Anwendung der gesetzlichen Regelung zu suchen.

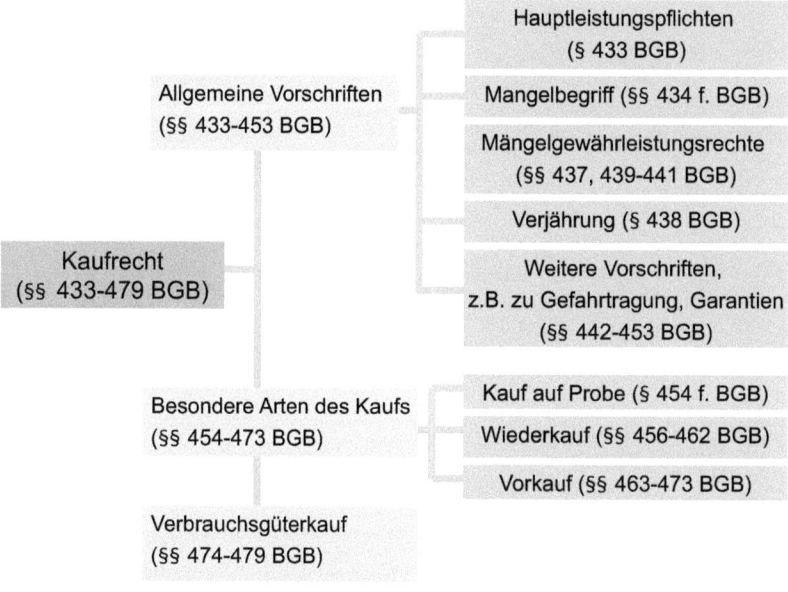

◘ Abb. 4.1 Überblick über das Kaufvertragsrecht

4.2 Kaufvertrag

4.2.1 Überblick

Das Kaufrecht ist in den §§ 433–479 BGB geregelt (◘ Abb. 4.1). Die §§ 433–453 BGB betreffen die allgemeinen Fragen des Kaufrechts. Im Grundsatz geht es um den Kauf von Sachen i. S. d. § 90 BGB (lesen!). Auf den Kauf von Rechten finden die §§ 433 ff. BGB aber entsprechende Anwendung (s. § 453 Abs. 1 BGB).

§§ 454–473 BGB enthalten Regelungen über die besonderen Arten des Kaufs, §§ 474–479 BGB über den Verbrauchsgüterkauf. Das Gesetz kennt auch den Tausch (§ 480 BGB) als eine Art Sonderform des Kaufs. Hinzu kommen die Sondervorschriften für den Handelskauf in den §§ 373–381 HGB für solche Käufe, die beim Betrieb eines Handelsgewerbes anfallen, und das internationale Kaufrecht CISG.

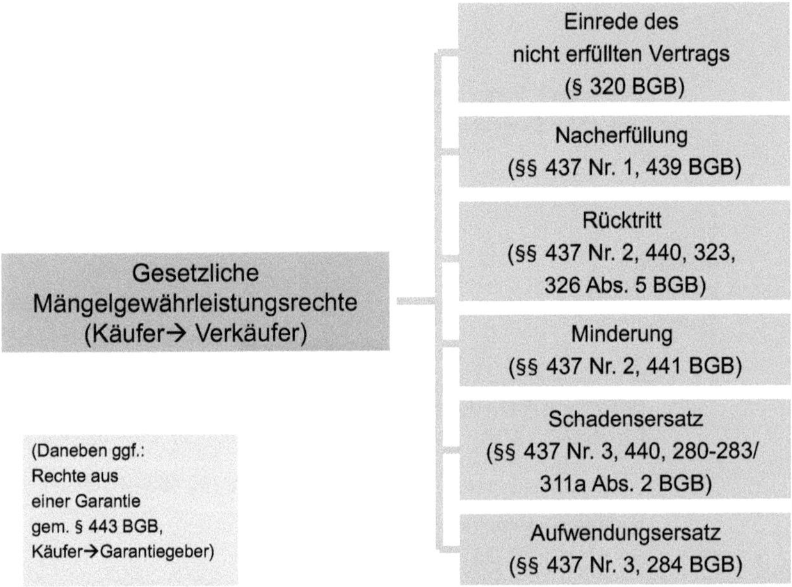

Gesetzliche Mängelgewährleistungsrechte (Käufer→ Verkäufer)

- Einrede des nicht erfüllten Vertrags (§ 320 BGB)
- Nacherfüllung (§§ 437 Nr. 1, 439 BGB)
- Rücktritt (§§ 437 Nr. 2, 440, 323, 326 Abs. 5 BGB)
- Minderung (§§ 437 Nr. 2, 441 BGB)
- Schadensersatz (§§ 437 Nr. 3, 440, 280-283/ 311a Abs. 2 BGB)
- Aufwendungsersatz (§§ 437 Nr. 3, 284 BGB)

(Daneben ggf.: Rechte aus einer Garantie gem. § 443 BGB, Käufer→Garantiegeber)

Abb. 4.2 Überblick Mangelgewährleistung

4.2.2 Überblick über den Inhalt des § 433 BGB

> **Auf den Punkt gebracht:** Der Kaufvertrag zielt ab auf einen Wechsel des Eigentums an der gekauften – beweglichen oder unbeweglichen – Sache (führt ihn aber selbst nicht herbei, Trennungs- und Abstraktionsprinzip!). Als Gegenleistung für die Besitzverschaffung (Übergabe) und Übereignung erhält der Verkäufer vom Käufer eine Geldzahlung, den Kaufpreis.

§ 433 BGB nennt die Hauptleistungspflichten der Kaufvertragsparteien. Gem. § 433 Abs. 1 BGB hat der Verkäufer die Sache zu übergeben und dem Käufer das Eigentum an der Sache verschaffen, frei von Sach- und Rechtsmängeln. Gem. § 433 Abs. 2 BGB hat der Käufer den Kaufpreis zu zahlen und die gekaufte Sache abzunehmen.

4.2.3 Leistungsstörungen und Mängelgewährleistung

Treten beim Kaufvertrag Leistungsstörungen auf, und enthält der Vertrag selbst keine einschlägige Regelung, ist zwar grundsätzlich das allgemeine Schuldrecht anwendbar

4.2 · Kaufvertrag

mit allen Rechten, die unter 3.3 vorgestellt worden sind. Sind allerdings die §§ 434 ff. BGB erfüllt, gehen sie vor. Das heißt insbesondere: Wird die Leistung vom Verkäufer nicht vertragsgemäß erbracht, ist die Kaufsache also mangelhaft, greifen die §§ 434–442 BGB (◘ Abb. 4.2).

4.2.3.1 Die Mangelhaftigkeit der Kaufsache bei Gefahrübergang

Der Verkäufer hat die Kaufsache dem Käufer frei von Sach- und Rechtsmängeln zu verschaffen. Hat der Käufer die Kaufsache in Unkenntnis ihrer Mangelhaftigkeit angenommen, stehen ihm Mängelgewährleistungsrechte zu, aufgezählt in § 437 BGB.

Voraussetzung für die Anwendbarkeit der in § 437 BGB aufgezählten Rechte ist das Vorliegen eines **Mangels**. Was Mangelhaftigkeit ist, definiert das Gesetz nicht. § 434 Abs. 1 BGB regelt aber, wann die Kaufsache frei von Sachmängeln ist. Dies ist der Fall, wenn sie die von den Parteien vereinbarte Beschaffenheit aufweist. Ist, wie meist bei Geschäften des täglichen Lebens, eine Beschaffenheit nicht ausdrücklich vereinbart, muss die Sache sich zur vertraglich vorausgesetzten, sonst zur gewöhnlichen Verwendung eignen und der üblichen, vom Käufer vernünftigerweise erwarteten Beschaffenheit entsprechen. Zur Beschaffenheit gehören auch die Eigenschaften, die der Käufer nach **öffentlichen Äußerungen** des Verkäufers oder Herstellers erwarten kann (Vereinfachung des § 434 Abs. 1 S. 3 BGB, im Ganzen lesen!).

Beispiel
Elektrohändler E bewirbt in seinen Werbeprospekten einen Fernseher als „Ultra HD ready". Ist der Fernseher dies nicht, liegt ein Mangel vor.

Auch eine unsachgemäße **Montage** durch den Verkäufer (sofern sie vertraglich vereinbart ist) oder eine mangelhafte **Montageanleitung** können gem. § 434 Abs. 2 BGB die Mangelhaftigkeit ergeben (sogenannter „IKEA-Paragraph"). Der Begriff der Montage ist hierbei weit zu verstehen. Erfasst sind alle Handlungen, die erforderlich sind, die Sache in bestimmungsgemäßen Gebrauch zu nehmen (z. B. auch: Installation von Software).

Falsch- und Minderlieferung werden von § 434 Abs. 3 BGB dem Sachmangel gleichstellt. Nicht erfasst von § 434 Abs. 3 BGB sind aber Falschlieferungen, in denen die Lieferung offensichtlich keinen Bezug zum Anspruch des Käufers hat.

Beispiel
Statt des von K bestellten Bluray-Players liefert V einen Mixer.

Bei einer Falschlieferung ist der Verkäufer unproblematisch (weiterhin) verpflichtet, die geschuldete Sache zu liefern. Problematisch ist aber die Rückgewähr der falsch gelieferten Sache.

Ein Mangel der Sache liegt auch vor, wenn die Sache mit einem **Rechtsmangel** behaftet ist. Frei von Rechtsmängeln ist die Sache, wenn Dritte bezüglich der Sache keine oder nur die im Kaufvertrag übernommenen Rechte gegen den Käufer geltend machen können, siehe § 435 BGB.

Worauf die Mangelhaftigkeit der Sache im Einzelnen beruht, ist unerheblich. Insbesondere kommt es für die Mangelhaftigkeit nicht auf ein Verschulden des Verkäufers an!

Der Mangel muss **bei Gefahrübergang** vorliegen (s. § 434 Abs. 1 S. 1 BGB). Das ist der Zeitpunkt, in dem die gekaufte Sache an den Käufer übergeben wird (§ 446 BGB). Es leuchtet ein, dass ab diesem Zeitpunkt der Käufer für die Sache „die Gefahr trägt", d. h. dass ihre Verschlechterung oder ihr Untergang zu seinen Lasten gehen: Er hat die Sache durch die Übergabe schließlich in seinen Einflussbereich aufgenommen. Beim Versendungskauf liegt der Gefahrübergang früher, siehe § 447 BGB, nämlich bei Übergabe der Sache an die Transportperson (Ausnahme zugunsten des Verbrauchers beim Verbrauchsgüterkauf in § 474 Abs. 4 BGB!). Bitte beachten: §§ 446, 447 BGB können auch bei allgemein-schuldrechtlichen Fragen Bedeutung erlangen, etwa bei der Frage, ob Unmöglichkeit eingetreten ist (▶ Abschn. 3.3.1).

Von den Mängelgewährleistungsrechten ist – auch wenn umgangssprachlich dieser Unterschied selten gemacht wird – die **Garantie** zu unterscheiden. Legaldefiniert ist sie in § 443 BGB, siehe insbesondere Abs. 1, die **Beschaffenheitsgarantie** (Alt.: **Haltbarkeitsgarantie**, § 433 Abs. 2 BGB). Vereinfacht gesagt werden hier die gesetzlichen Mängelgewährleistungsrechte durch den Verkäufer erweitert oder vom Hersteller oder sonstigen Dritten in beliebiger Weise übernommen. Die Einzelheiten ergeben sich aus der Garantieerklärung.

4.2.3.2 Rechte des Käufers bei Mängeln

Die Frage, welche Rechte der Käufer bei Vorliegen eines Mangels im Zeitpunkt des Gefahrübergangs hat, beantwortet § 437 BGB, der als zentrale „Einweisungsvorschrift" für die Mängelgewährleistungsrechte dient (und daher immer bei der Nennung der einschlägigen Anspruchsgrundlage mit zitiert werden muss).

4.2.3.2.1 Nachbesserung und Nachlieferung

Um dem Verkäufer eine zweite Chance zu geben, den Vertrag zu erfüllen („Recht zur zweiten Andienung"), räumt §§ 437 Nr. 1, 439 BGB der Nacherfüllung (**Nachbesserung** und **Nachlieferung**) den Vorrang vor der Rückabwicklung des Vertrags ein.

Bei der Nachbesserung (§ 439 Abs. 1 Fall 1 BGB) muss der Verkäufer die Sache auf eigene Kosten (s. § 439 Abs. 2 BGB) in mangelfreien Zustand versetzen.

Beispiel
Der defekte Laptop wird repariert.

4.2 · Kaufvertrag

Statt der Nachbesserung kann der Käufer auch die Nachlieferung (§ 439 Abs. 1 Fall 2 BGB) wählen. Er ist dann gem. § 439 Abs. 4 BGB zur Rückgewähr der mangelhaften Sache verpflichtet. Anzuwenden sind die §§ 346 ff. BGB. Für Verbrauchsgüterkäufe trifft § 474 Abs. 5 BGB, insbesondere mit einem Ausschluss von Ansprüchen wegen Nutzungen durch § 474 Abs. 5 S. 1 BGB, eine Sonderregelung.

Der Anspruch auf Nacherfüllung unterliegt den Grundsätzen des allgemeinen Leistungsstörungsrechts. So kann er etwa wegen Unmöglichkeit (§ 275 Abs. 1 BGB) ausgeschlossen sein.

Beispiel
K kauft von V ein Bild, das vom Maler Tizian stammen soll. Ist das Bild nicht von Tizian, lässt sich diese Urheberschaft auch nicht durch „nachbessern" herstellen. Die Nachbesserung ist unmöglich i. S. v. § 275 Abs. 1 BGB. Da V aber auch das Bild nicht als „Original" liefern kann (ein solches existiert schließlich nicht), auch Unmöglichkeit der Nachlieferung.

Aber auch das Gewährleistungsrecht selbst sieht Einschränkungen des Anspruchs auf Nacherfüllung vor: Gem. § 439 Abs. 3 BGB kann der Verkäufer die vom Käufer gewählte Art der Nacherfüllung verweigern, wenn sie nur mit unverhältnismäßig hohen Kosten möglich ist. Die „Unverhältnismäßigkeit" besteht in zwei Fällen: als Unverhältnismäßigkeit im Vergleich zur anderen Art der Nacherfüllung (**relative Unverhältnismäßigkeit**) und als Unverhältnismäßigkeit im Vergleich mit dem Interesse des Käufers an der Nacherfüllung (**absolute Unverhältnismäßigkeit**).

§ 439 BGB wirft viele Fragen auf. Z. B. kann man sich fragen, ob § 439 Abs. 2 BGB eine Anspruchsgrundlage ist oder wo der Erfüllungsort der Nacherfüllung ist. Vor allem aber ist die Vorschrift problematisch, wenn ein Verbrauchsgüterkauf vorliegt und damit das europäische Recht (mit Rechtsprechung des EuGH) zu berücksichtigen ist (zum Verbrauchsgüterkauf ▶ Abschn. 4.2.4.2).

Zu den unionsrechtlichen Problemen zählen etwa die Zulässigkeit der Regelung über absolute Unverhältnismäßigkeit in § 439 Abs. 3 BGB oder die Reichweite der Nacherfüllungspflicht, wenn die mangelhafte Sache „verbaut" worden ist (**„Einbaufälle"**).

Beispiel
K kauft von V Fliesen und verlegt sie bei sich zu Hause. Erst dann wird deutlich, dass die Fliesen mangelhaft sind – aufgrund eines Fehlbrands sehen sie „fleckig" aus. Gehört es zur Nacherfüllungspflicht des V, die mangelhaften Fliesen auszubauen, neue zu liefern und die neuen einzubauen? Ergibt es einen Unterschied, ob K Verbraucher ist?

Vertiefen Sie unbedingt!

$$\frac{\text{Wert mit Mangel} \times \text{vereinbarter Kaufpreis}}{\text{Wert ohne Mangel}} = \text{geminderter Kaufpreis}$$

Abb. 4.3 Minderung

4.2.3.2.2 Rücktritt

Dem Käufer steht gem. §§ 437 Nr. 2 Alt. 1, 440, 323 (gegebenenfalls i. V. m. § 326 Abs. 5) BGB ein Rücktrittsrecht zu. Es gelten die allgemeinen schuldrechtlichen Grundsätze (zu §§ 323, 346 ff. BGB). § 440 BGB bestimmt für die Nacherfüllung, unter welchen Voraussetzungen die beim Rücktritt grundsätzlich erforderliche Fristsetzung entbehrlich ist.

4.2.3.2.3 Minderung

Alternativ zum Rücktritt kann der Käufer gem. §§ 437 Nr. 2 Alt. 2, 441 BGB die Minderung des Kaufpreises erklären. Es handelt sich um ein Gestaltungsrecht (was kennzeichnete noch mal ein Gestaltungsrecht?). Die Minderung soll ausgleichen, dass die Sache im mangelhaften Zustand weniger Wert ist als im mangelfreien. Sie führt zu einer Herabsetzung des Kaufpreises, aber nicht auf einen „absolut richtigen", dem Wert der Sache angemessenen Wert. Ausgangspunkt ist vielmehr der Kaufpreis der Sache, der in einem mit Blick auf den Mangel angemessenen Satz heruntergesetzt wird, **Abb. 4.3**.

4.2.3.2.4 Schadensersatzansprüche

Gem. § 437 Nr. 3 BGB kann der Käufer auch Schadensersatz verlangen, und zwar, abhängig von der Art des eingetretenen Schadens, sowohl statt als auch neben der Leistung:

Daneben bleibt es natürlich dabei, dass Schadensersatzansprüche aus anderen Gründen als der Mangelhaftigkeit der Kaufsache entstehen können.

Beispiel 1
Der bei V gekaufte neue Wäschetrockner explodiert in der Wohnung des K schon beim ersten Einsatz aufgrund einer fehlerhaften Verkabelung. Ks Wohnung wird erheblich beschädigt.

Beispiel 2
Der von V gekaufte Wäschetrockner funktioniert tadellos. Bei der Anlieferung rammt V allerdings versehentlich Ks Kellertür, die dadurch sichtlich beschädigt wird.

In Beispiel 1 beruht der eingetretene Schaden auf einem Mangel der Kaufsache. Für diesen stehen K Nacherfüllungsrechte zu. Die weiteren Schäden (die beschädigte Woh-

4.2 · Kaufvertrag

nung) fallen in die Kategorie „Mangelfolgeschaden". K muss Ansprüche gestützt auf § 437 Nr. 3 i. V. m. § 280 Abs. 1 BGB geltend machen.

In Beispiel 2 hat V eine Nebenpflicht (zur Rücksichtnahme auf die Rechtsgüter (Kellertür) des K) verletzt, die mit der Mangelhaftigkeit der Sache nichts zu tun hat. K ist in seinem Integritätsinteresse betroffen, in dem Interesse an der Unversehrtheit seiner Rechtsgüter.[1] In Bezug auf die Kellertür ist Anspruchsgrundlage für K daher § 280 Abs. 1 BGB „pur".

Vertiefen Sie unbedingt selbständig, was ein „Mangelfolgeschaden" ist!

4.2.3.2.5 Aufwendungsersatz und Recht zur Selbstvornahme

Gem. § 437 Nr. 3 i. V. m. § 284 BGB kann der Käufer anstelle des Schadensersatzes statt der Leistung auch den Ersatz freiwilliger Vermögenseinbußen (Aufwendungen) verlangen, die er im Vertrauen auf den Erhalt der (mangelfreien) Leistung getätigt hat. Zu § 284 BGB ▶ Abschn. 3.3.8.

Vom Recht auf Aufwendungsersatz ist das Recht zur **Selbstvornahme** zu trennen – auch wenn der Anspruchsteller im Ergebnis Ersatz seiner (im Rahmen der Selbstvornahme gemachten) Aufwendungen verlangt.

Beispiel

K bleibt mit seinem eben erst bei V erstandenen Gebrauchtwagen auf einer einsamen Landstraße liegen. Er ruft den Pannendienst, der den Fehler behebt. K kann weiter fahren.

Anders als dem Besteller im Werkvertragsrecht (▶ Abschn. 4.7) steht dem Käufer im Kaufrecht kein Recht zu, Mängel selbst zu beseitigen und dafür die Kosten von seinem Vertragspartner ersetzt zu verlangen. Im eben genannten Beispiel geht K also leer aus – gerecht oder nicht?

4.2.3.3 Verjährung

§ 438 BGB regelt die Verjährung der Mängelgewährleistungsrechte Nacherfüllung, Schadensersatz und Aufwendungsersatz. Rücktritt und Minderung können als Gestaltungsrechte nicht verjähren (s. § 194 Abs. 1 BGB). Der Rücktritt verfristet jedoch gem. § 438 Abs. 4 i. V. m. § 218 Abs. 1 BGB. Dies gilt entsprechend für die Minderung (§ 438 Abs. 5 BGB).

Greift keine Sonderregelung, verjähren Mängelgewährleistungsrechte innerhalb von zwei Jahren (§ 438 Abs. 1 Nr. 3 BGB), Fristbeginn ist gem. § 438 Abs. 2 BGB mit Übergabe bzw. Ablieferung der Sache. Abweichendes gilt, wenn der Verkäufer den Mangel arglistig verschwiegen hat (s. § 438 Abs. 3 BGB). Da er dann nicht schutzwürdig ist, sind §§ 195, 199 BGB anwendbar.

---

1 Das Gegenstück des Integritätsinteresses, das **Äquivalenzinteresse**, ist das Interesse, für die eigene Leistung eine Gegenleistung zu erhalten, die ihr Geld auch wert ist. Dieses Interesse schützt das Mängelgewährleistungsrecht.

Beachten Sie § 475 Abs. 2 BGB bei Vereinbarungen über die Verjährung beim Verbrauchsgüterkauf!

4.2.3.4 Begrenzung und Erweiterung der Gewährleistungsrechte

Einschränkungen der Mängelgewährleistungsrechte können sich aus §§ 442, 445 BGB ergeben (lesen!). So sind die Rechte des Käufers wegen eines Mangels ausgeschlossen, wenn er den Mangel bei Vertragsschluss kennt (s. § 442 Abs. 1 S. 1 BGB).

Die praktisch wohl häufigste Einschränkung findet sich aber im Handelsgesetzbuch (HGB) in § 377 HGB, die **Mängelrüge**. Danach muss der Käufer die ihm gelieferte Ware auf Mängel unverzüglich untersuchen und etwaige Mängel unverzüglich dem Verkäufer anzeigen. Dies ist keine Rechtspflicht, sondern nur eine **Obliegenheit** (eine Pflicht des Käufers „gegen sich selbst"). Der Verkäufer kann die Untersuchung und Rüge nicht einklagen. Untersucht und rügt der Käufer aber nicht, verliert er seine Mängelrechte. Die Norm ist allerdings nur bei „Handelsgeschäften" anwendbar, bei Geschäften unter Kaufleuten (wer das ist, siehe insbesondere § 1 HGB)! Hier besteht ein Interesse an schneller Abwicklung der Geschäfte, kein Interesse am Schutz eines nicht geschäftsgewandten Käufers.

Praktisch häufigste Erweiterung der Mängelgewährleistung ist die Garantie, die entweder als selbständiges Schuldverhältnis nach § 311 Abs. 1 BGB neben dem Kaufvertrag stehen oder unselbständig nur einzelne Mängelgewährleistungsrechte des Kaufvertrags modifizieren kann. Siehe zu ihr ▶ Abschn. 4.2.3.1.

4.2.3.5 Konkurrenzen

Das Kaufrecht kann in Konkurrenz zu anderen Regelungskomplexen treten. Es gilt die Faustformel: Liegt ein Mangel bei Gefahrübergang vor, sind §§ 434 ff. BGB abschließend. Das heißt: Wenn die Sache mangelhaft ist, richten sich die Rechte des Käufers nach § 437 BGB. Eine Anfechtung wegen eines Irrtums über die Beschaffenheit der Sache nach § 119 Abs. 2 BGB ist ausgeschlossen.

Hingegen ist die Deliktshaftung neben dem Mängelgewährleistungsrecht grundsätzlich anwendbar (mit dem Vorteil der längeren Verjährung gem. §§ 195, 199 BGB).

4.2.4 Besondere Formen des Kaufs

Neben dem „gewöhnlichen" Kauf gibt es noch besondere Formen – entweder sind besondere Personen beteiligt (Verbrauchsgüter- oder Handelskauf) oder es liegen besondere Vertragsgestaltungen vor (Eigentumsvorbehalt, Kauf auf Probe, Vorkauf, Wiederkauf, UN-Kaufrecht)

4.2 · Kaufvertrag

4.2.4.1 Kauf unter Eigentumsvorbehalt

Möchte der Käufer die Sache schon vor vollständiger Kaufpreiszahlung nutzen und den Kaufpreis nur ratenweise begleichen, der Verkäufer aber nicht dadurch in Vorleistung treten, dass er dem Käufer bereits Eigentum und Besitz an der Kaufsache verschafft, bietet sich der Kauf unter Eigentumsvorbehalt (s. § 449 BGB) als Lösung an. Er ist nur bei beweglichen Sachen möglich. Dem Käufer wird die Sache übergeben, das Eigentum behält sich der Verkäufer vor (d. h. er bleibt Eigentümer). Konstruktiv heißt das: Die Übereignung der Sache (§ 929 S. 1 BGB) erfolgt unter einer aufschiebenden Bedingung (s. § 158 Abs. 1 BGB), nämlich unter Bedingung der vollständigen Kaufpreiszahlung. Der Kaufvertrag selbst wird unbedingt abgeschlossen (Trennungsprinzip!). Der Eigentumsvorbehalt kann auch unter andere Bedingungen als die der vollständigen Kaufpreiszahlung gestellt werden. So ist es etwa in der Praxis üblich, ihn unter die Bedingung der Begleichung aller aus der Geschäftsverbindung zwischen Käufer und Verkäufer erwachsenden Forderungen zu stellen.

Da der Käufer nicht Eigentümer der Sache ist, kann er über sie nicht als Eigentümer i. S. d. § 929 BGB verfügen. Manchmal gestattet ihm der Verkäufer aber die Weiterveräußerung, was gem. § 185 Abs. 1 BGB möglich ist. Häufig wird er dies nur unter Abtretung der aus dem Geschäft erwachsenden Forderungen an den Verkäufer geschehen. Näheres ▶ Abschn. 5.5.2.1.3.

4.2.4.2 Verbrauchsgüterkauf

Die §§ 474–479 BGB dienen der Umsetzung der europäischen Verbrauchsgüterkaufrichtlinie (1999/44/EG), die besondere Schutzvorschriften für Verbraucher beim Kaufvertrag vorsieht.

Gem. § 474 Abs. 1 BGB sind die Vorschriften (nur dann) anwendbar, wenn ein Verbraucher eine bewegliche Sache von einem Unternehmer kauft. Es genügt also keine beliebige Beteiligung des Verbrauchers an einem Kaufvertrag, sondern er muss als Käufer auftreten. Zum Verbraucher-/Unternehmerbegriff ▶ Abschn. 3.7.1.

Die Vorschriften über den Verbrauchsgüterkauf modifizieren in bestimmten Punkten die – im Grundsatz auch beim Verbrauchsgüterkauf anwendbaren – „gewöhnlichen" kaufrechtlichen Vorschriften der §§ 433 ff. BGB, ◘ Abb. 4.4.

Zudem kann sich der Unternehmer gem. § 475 Abs. 1 S. 1 BGB nicht auf Vereinbarungen berufen, die von den §§ 433–435, 437, 439–443 BGB oder von den Vorschriften des Verkaufsgüterkaufs zum Nachteil des Verbrauchers abweichen und vor der Mitteilung eines Mangels getroffen wurden. Der Verbraucher soll so noch einmal geschützt werden. § 475 Abs. 1 S. 2 BGB sichert die in Satz 1 genannten Vorschriften zusätzlich durch ein Umgehungsverbot ab. § 475 Abs. 2 BGB gestattet hingegen – in Grenzen – Abweichungen von § 438 BGB zulasten des Verbrauchers.

Besonders praxisrelevant ist § 476 BGB, der nach der Rechtsprechung des BGH nur die zeitliche Vermutung enthält, dass ein sich innerhalb von sechs Monaten nach Gefahrübergang zeigender Mangel bereits bei Gefahrübergang bestand. Nicht vermu-

Regelungs-gegenstand	Regelung im Kaufrecht	Abweichung beim Verbrauchsgüterkauf
- Gefahrtragung beim Versendungskauf	- § 447 Abs. 1/ 2 BGB	- §§ 474 Abs. 4 BGB, 474 Abs. 5 S. 2 BGB
- Folgen Nacherfüllung	- §§ 439 Abs. 4, 346 Abs. 1 BGB	- § 474 Abs. 5 S. 1 BGB
- Haftungsbegrenzung bei öfftl. Versteigerungen	- § 445 BGB	- § 474 Abs. 5 S. 2 BGB
- Verjährung	- § 438 BGB	- § 475 Abs. 2 BGB
- Beweislast bei Mängeln	- § 363 BGB	- § 476 BGB
- Garantie	- § 443 BGB	- § 477 BGB

Abb. 4.4 Abweichungen Kaufrecht/Verbrauchsgüterkauf

tet wird das Vorliegen eines Mangels selbst. Nach der Rechtsprechung des EuGH, der für die Auslegung zuständig ist, weil § 476 BGB auf die europäische Verbrauchsgüterkaufrichtlinie zurückgeht, wird aber nicht nur das zeitliche Auftreten des Mangels vermutet, sondern das Vorliegen eines Mangels selbst.

Beispiel
Ks bei V gerade erst gekaufter Gebrauchtwagen geht mitten auf der Straße in Flammen auf und wird so zerstört, dass die Ursache für den Brand nicht mehr aufklärbar ist.

Nach Rechtsprechung des BGH ist nur klar, dass die Sache untergegangen ist – ob hinter dem Brand ein Sachmangel steckt (etwa eine falsch angelegte Elektronik), lässt sich nicht mehr herausfinden. Also keine Mängelgewährleistungsrechte für K!

Nach dem EuGH sieht es anders aus: Das Auto ist kurz nach Übergabe unbrauchbar geworden. Wenn V sich nicht entlasten und beweisen kann, dass kein Mangel im Spiel war (etwa: Brand aufgrund eines Fahrfehlers der K) – Mängelgewährleistungsrechte für K!

4.2.4.3 Handelskauf

Der Handelskauf ist in §§ 373 ff. HGB geregelt, er ist Sonderrecht der Kaufleute (zu diesem Begriff siehe insbesondere § 1 HGB!). Leitlinie ist, dass Kaufleute geschäftlich versiert sind und kein Schutzbedürfnis einer Partei gegenüber der anderen besteht, sondern ein Interesse an zügiger Abwicklung des Geschäfts.

Die §§ 373 ff. HGB modifizieren punktuell die Vorschriften des BGB. Sie sind nur anwendbar, wenn das Geschäft Handelskauf ist, also auf beiden Seiten des Kaufvertrags Kaufleute stehen. So kann der Verkäufer die Ware auf Gefahr und Kosten des Käufers in einem öffentlichen Lagerhaus hinterlegen, wenn der Käufer im Annahmeverzug ist (§ 373 Abs. 1 HGB). Hervorzuheben sind ferner § 376 HGB und § 377 HGB mit seiner Rügeobliegenheit, auf die bereits hingewiesen wurde (▶ Abschn. 4.2.3.4). Außerdem kennt das HGB eine besondere Form des Kaufvertrags, den Verkauf im Rahmen eines Kommissionsgeschäfts (§§ 383 ff. HGB).

4.2.4.4 UN-Kaufrecht

Sind an einem Kaufvertrag Parteien unterschiedlicher Nationalitäten beteiligt, stellt sich die Frage des anwendbaren Rechts. Treffen die Parteien selbst keine Bestimmung (keine „**Rechtswahl**"), ist das anwendbare Recht durch das **IPR**, das Internationale Privatrecht, zu bestimmen. Gewählt werden kann nicht nur ein nationales Recht, sondern auch das UN- oder Wiener Kaufrecht, das nach seiner völkerrechtlichen Grundlage auch „CISG" genannt wird. Es schafft einheitliche Regelungen für internationale Kaufverträge.

Selbst wenn das CISG nicht gewählt ist, kann es Anwendung auf einen internationalen Kaufvertrag finden. Es wird gem. seines Art. 1 angewendet für Vertragsparteien, die ihre Niederlassung in verschiedenen Vertragsstaaten des CISG haben. Auf die Nationalität der Vertragspartner kommt es nicht an, sondern nur auf das Land ihrer Niederlassung. In den sachlichen Anwendungsbereich fallen Warenkaufverträge (aber keine Verbraucherverträge). Werklieferungsverträge sind Warenkaufverträgen unter bestimmten Voraussetzungen gleichgestellt (Art. 3 I CISG).

Beispiel
Viehhändler V hat seinen Sitz in Argentinien und liefert von dort aus Rinder an das Schlachthaus S in Polen. Die dort gefertigten Steaks gehen an Fleischgroßhändler F mit Sitz in Deutschland.

Da die Beteiligten ihren Sitz jeweils in einem Land haben, das zu den CISG-Vertragsstaaten gehört, ist das CISG anwendbar, unabhängig davon, welche Nationalität die Parteien haben.

Die Pflichten des Verkäufers sind in den Art. 30 ff. CISG geregelt. Die wichtigste ist die sach- und rechtsmangelfreie Lieferung der Sache (Art. 35, 41 CISG). Erfüllt der Verkäufer nicht ordnungsgemäß, richten sich die Rechte des Käufers nach Art. 45 CISG.

4.2.4.5 Weitere Arten des Kaufs

Im Untertitel 2 des Titels „Kauf und Tausch" finden sich der Kauf auf Probe (§§ 454–455 BGB), der Wiederkauf (§§ 456–462 BGB) und der Vorkauf (§§ 463–

473 BGB). Lesen Sie alle §§, vertiefen Sie aber nur, soweit es von der Prüfungsordnung ausnahmsweise verlangt wird.

4.3 Darlehensvertrag

Das Gesetz unterscheidet zwischen Gelddarlehen (§ 488 ff. BGB) und Sachdarlehen (§§ 607 ff. BGB). Wegen seiner praktischen Bedeutung wird hier nur das Gelddarlehen behandelt, d. h. die Überlassung von Geld auf Zeit, üblicherweise gegen Zinsen.

Beispiel
X erhält Kredit in Höhe von 1 Mio. Euro von seiner Hausbank B, um eine neue Produktionshalle zu errichten. Die Bank verlangt dafür 1, 5 % effektiven Jahreszins.

X nennt sich **Darlehensnehmer**, die Bank ist **Darlehensgeber**. Aus § 488 Abs. 1 S. 1 BGB ergibt sich, dass der Darlehensgeber verpflichtet ist, dem Darlehensnehmer die vereinbarte Geldsumme zur Verfügung zu stellen (durch Barauszahlung, Einzahlung auf ein Konto o. ä.). Hauptleistungspflicht des Darlehensnehmers ist die **Rückzahlung**. Das Darlehen ist in der Praxis üblicherweise entgeltlich, wovon auch das Gesetz als Regelfall ausgeht. Die Höhe der Zinsen ergibt sich üblicherweise aus Vereinbarung (in den Grenzen des § 138 BGB), ihre Fälligkeit richtet sich nach § 488 Abs. 2 BGB, soweit von den Parteien nichts anderes vereinbart ist.

Ist kein bestimmter Rückzahlungszeitpunkt vereinbart, kann ein Darlehensvertrag von beiden Seiten ordentlich gekündigt werden (§ 488 Abs. 3 S. 1 BGB), die Kündigungsfrist beträgt drei Monate. Das Recht zur ordentlichen Kündigung steht beiden Seiten zu, ist jedoch abdingbar.

Grundsätzlich unabdingbar sind dagegen die Kündigungsrechte gem. § 489 Abs. 1, 2 BGB (s. § 489 Abs. 4 BGB). Sie sind abhängig davon, ob ein gebundener Sollzinssatz (dann Kündigungsrecht gem. § 489 Abs. 1 BGB) oder ein veränderlicher Zinssatz (dann Kündigungsrecht gem. § 489 Abs. 2 BGB) vorliegt.

Zur außerordentlichen Kündigung siehe § 490 BGB.

Ein spezieller Fall des Darlehens ist in §§ 491 ff. BGB geregelt, das **Verbraucherdarlehen**, das – abhängig vom Ziel der Finanzierung –, die Form eines „Allgemein-Verbraucherdarlehensvertrags" oder eines „Immobiliar-Verbraucherdarlehensvertrags" hat. In jedem Fall schließen Unternehmer (§ 14 BGB) als Darlehensgeber und Verbraucher (§ 13 BGB) als Darlehensnehmer einen grundsätzlich entgeltlichen (verzinsten) Darlehensvertrag ab (zu unentgeltlichen Darlehensverträgen und Finanzierungshilfen für Verbraucher siehe §§ 514, 515 BGB). Von den §§ 491 ff. BGB, die der Umsetzung der europäischen Verbraucherkreditrichtlinie 2008/48/EG und der Umsetzung der europäischen Wohnimmobilienkreditrichtlinie (2014/17/EU) dienen, darf gem. § 512 BGB nicht zum Nachteil des Verbrauchers abgewichen werden.

4.3 · Darlehensvertrag

Wie für verbraucherrechtliche Vorschriften üblich sind auch beim Verbraucherdarlehen spezielle **Informationspflichten** vorgesehen (§§ 491a, 493 BGB), außerdem bei Immobiliardarlehen zusätzliche, über die gem. §§ 505a, b, d BGB ohnehin vorzunehmende Kreditwürdigkeitsprüfung hinausgehende Beratungspflichten (§ 511 BGB). Zum Schutz des Verbrauchers bedarf der Darlehensvertrag außerdem der **Schriftform** und muss bestimmte gesetzlich festgelegte Angaben enthalten (s. § 492 BGB, § im Ganzen lesen!). Die Nichteinhaltung der Form führt gem. § 494 Abs. 1 BGB zur Nichtigkeit des Vertrags, eine Heilung ist aber gem. § 494 Abs. 2 BGB möglich. Zu weiteren Rechtsfolgen fehlerhafter oder fehlender Angaben siehe ebenfalls § 494 BGB (unbedingt lesen!). Eine Sonderregelung zum Verzug des Darlehensnehmers für Zahlungen aufgrund des Darlehensvertrags findet sich in § 497 BGB.

Gem. § 495 Abs. 1 BGB steht dem Verbraucher außerdem ein **Widerrufsrecht** i. S. d. § 355 BGB zu (Ausnahmen in § 495 Abs. 2 BGB). Bei Immobiliar-Verbraucherdarlehensverträgen müssen zwischen Aushändigung des Angebots an den (potentiellen) Darlehensnehmer und dem Vertragsschluss zumindest sieben Tage liegen (sogenannte „Bedenkzeit", § 495 Abs. 3 BGB). Die **Kündigung** des Vertrags durch den Darlehensgeber wird gem. §§ 498, 499 BGB erschwert, die Kündigung durch den Darlehensnehmer in § 500 BGB erleichtert.

Zahlt der Verbraucher das Darlehen vor Fälligkeit zurück, darf der Darlehensgeber zwar eine **Vorfälligkeitsentschädigung** verlangen, dies jedoch nur in den Grenzen des § 502 BGB.

Die §§ 491a bis 502 BGB mit Ausnahme des § 492 Abs. 4 BGB sind entsprechend anzuwenden auf **entgeltliche Finanzierungshilfen**, insbesondere **entgeltliche Zahlungsaufschübe** (§ 506 Abs. 1 BGB), denn hier handelt es sich letztlich um eine besondere Form der Kreditierung. Der Unternehmer stundet dem Verbraucher eine eigentlich fällige Forderung, oder er tritt, obgleich er dazu nicht verpflichtet ist, in Vorleistung. Zum Begriff i. E. § 506 Abs. 2 BGB. Für **Teilzahlungsgeschäfte** (zum Begriff § 506 Abs. 3 BGB) gelten zusätzlich die §§ 507, 508 BGB.

Beispiel (Teilzahlung)
Verbraucher V kauft im Elektronikmarkt E einen neuen Fernseher zu 1200 €. Da er diese nicht auf einmal aufbringen kann, zahlt er in zehn Raten à 120 €.

Von Teilzahlungsgeschäften sind die **Ratenlieferungsverträge** zu unterscheiden. Hier verkauft ein Unternehmer einem Verbraucher mehrere als zusammengehörend verkaufte Sachen in Teilleistungen gegen Teilzahlungen, liefert regelmäßig Sachen gleicher Art oder schließt einen Vertrag, der die Verpflichtung zum wiederkehrenden Erwerb oder Bezug von Sachen zum Gegenstand hat (s. § 510 Abs. 1 BGB). Der Verbraucher wird hier als schutzwürdig anzusehen, weil durch die Ratenlieferungsverträge eine – oft langfristige – Verpflichtung zum Erwerb begründet wird. § 510 Abs. 2 BGB sieht daher ein Widerrufsrecht des Verbrauchers vor.

Beispiel (mehrere als zusammengehörend verkaufte Sachen)
Verbraucher V wird an der Haustür von Unternehmer U ein mehrbändiges Lexikon aufgeschwatzt, dessen Einzelbände im Laufe der nächsten zwei Jahre erscheinen.[2]

Beispiel (regelmäßige Lieferung Sachen gleicher Art)
Verbraucher V abonniert die Tageszeitung T vom Verleger U.

Unterschied zur Teilzahlung: Nicht eine Zeitung wird gekauft und der Kaufpreis „abgestottert", sondern für jede Zahlung gibt es eine neue Zeitung!

Beispiel (wiederkehrender Erwerb)
Verbraucher V wird Mitglied in einem „Buchclub", in dem er mindestens einmal im Jahr etwas bestellen muss.

4.4 Mietrecht, Pacht und Leasing

4.4.1 Mietvertrag

Der Mietvertrag, geregelt in den §§ 535–580a BGB, ist mit seinen vielen Titeln und Untertiteln systematisch schwer zu erfassen. Vorschriften werden im Hin und Her zwischen allgemeinen Vorschriften und besonderen Teilen schnell übersehen. Ist die Systematik einmal verstanden, ist das Mietrecht gut zu bewältigen. Es empfiehlt sich daher, sich mit Hilfe des BGB-Inhaltsverzeichnisses den Aufbau des Mietrechts vor Augen zu führen (◘ Abb. 4.5).

Das Mietrecht beginnt mit einem Allgemeinen Teil. § 535 BGB benennt die Pflichten der Vertragsparteien. Kurz: Miete ist Gebrauchsüberlassung gegen Geld, die Parteien heißen **Mieter** und **Vermieter**. Die Mietsache kann ein beliebiger Gegenstand sein, körperlich (z. B. Autos, Wohnungen) oder unkörperlich (Computerprogramme).

Die Vorschriften des Untertitels 2 beinhalten Sondervorschriften über die Miete von Wohnraum (§§ 549–577a BGB). Untertitel 3 regelt Sondervorschriften für sonstige Sachen (§§ 578–580a BGB).

---

2 Hier besteht eine Konkurrenz mit dem Widerrufsrecht bei „Haustürverträgen" (§ 312g Abs. 1 BGB). Welches geht vor? Antwort in § 312g Abs. 3 BGB!

4.4 · Mietrecht, Pacht und Leasing

☐ Abb. 4.5 Systematik des Mietrechts (ohne Pacht und Landpacht)

Mietrecht
Allgemeiner Teil des Mietrechts (§§ 535-548 BGB)

§§ 549-577a BGB Mietverhältnisse über Wohnraum	§§ 578-580a BGB Mietverhältnisse über sonstige Sachen

4.4.1.1 Allgemeine Vorschriften

Die allgemeinen Vorschriften der §§ 535–538 BGB regeln zunächst die Rechte des Mieters bei Mängeln der Mietsache (§§ 536 ff. BGB). Sie sind grundsätzlich dispositiv, in den Grenzen insbesondere des § 536d BGB.

Ein Mangel liegt vor, wenn die Tauglichkeit der Mietsache zum vertragsgemäßen Gebrauch aufgehoben oder beeinträchtigt ist oder wenn eine zugesicherte Eigenschaft fehlt oder später wegfällt.

Es entfällt die Pflicht zur Mietzahlung (§ 536 Abs. 1 S. 1, gegebenenfalls i. V. m. Abs. 2 BGB), bei einer nur teilweisen Beeinträchtigung entfällt die Pflich teilweise, sog. **Minderung** (§ 536 Abs. 1 S. 2 gegebenenfalls i. V. m. Abs. 2 BGB). Dies gilt unabhängig von einem Verschulden des Vermieters.

Verschuldensunabhängig ist auch der **Schadensersatzanspruch** des Mieters gegen den Vermieter für Mängel, die bereits bei Vertragsschluss vorlagen (§ 536a Abs. 1 Fall 1 BGB, sogenannte **Garantiehaftung** des Vermieters). Für die Zeit nach Vertragsschluss (§ 536a Abs. 1 Fall 2 BGB) setzt der Schadensersatzanspruch voraus, dass der Mangel aufgrund eines Umstands entsteht, den der Vermieter zu vertreten hat oder dass der Vermieter mit der Beseitigung des Mangels in Verzug gekommen ist (§ 536a Abs. 1 Fall 3 BGB).

Neben das Recht zum Schadensersatz tritt gem. § 536a Abs. 2 BGB ein Recht des Mieters, den Mangel selbst zu beseitigen („**Selbstvornahme**") und seine dafür gemachten „erforderlichen" Aufwendungen zurückzuverlangen. Voraussetzung ist allerdings, dass der Vermieter entweder mit der Beseitigung des Mangels in Verzug ist oder der Mangel umgehend beseitigt werden musste (um die Mietsache zu erhalten oder wiederherzustellen).

Beispiel

Nach einem Einbruch lässt Mieter M zum Schutz der angemieteten Räume das zerstörte Fenster notdürftig mit Brettern vernageln. Er kann hierfür Aufwendungsersatz verlangen. Anders, wenn er auf eigene Faust bereits ein neues Fenster einsetzen lässt.

Für **Aufwendungen des Mieters**, die nicht nach § 536a Abs. 2 BGB zu ersetzen sind, verweist § 539 Abs. 1 BGB auf die Vorschriften über Geschäftsführung ohne Auftrag (GoA). Es handelt sich um eine Rechtsgrundverweisung auf das Recht der GoA, sodass die Voraussetzungen der GoA vorliegen müssen, damit der Anspruch besteht (zu den Voraussetzungen ▶ Abschn. 4.12.3). Alternativ darf der Mieter die Einrichtung, mit der er die Mietsache versehen hat, auch wieder wegnehmen (§ 539 Abs. 2 BGB). Der Norm steht die Wegnahmepflicht im Rahmen der Rückgabepflicht des § 546 Abs. 1 BGB gegenüber. Die Aufwendungsersatzansprüche unterliegen der kurzen **Verjährungsfrist** nach § 548 Abs. 2 BGB (sechs Monate ab Beendigung des Mietverhältnisses).

Die Rechte des Mieters nach §§ 536, 536a BGB stehen allerdings unter dem Vorbehalt des § 536b BGB, sie sind u. a. dann **ausgeschlossen**, wenn der Mieter die Mängel bei Vertragsschluss kennt.

Den Mieter trifft ferner die Pflicht, dem Vermieter während der Mietzeit auftretende Mängel unverzüglich **anzuzeigen** (§ 536c Abs. 1 S. 1 Fall 1 BGB). Unterlässt der Mieter die Anzeige, kann dies zum Verlust seiner Mängelgewährleistungsrechte nach § 536c Abs. 2 S. 2 Nr. 1, 2 BGB führen, und auch eine Schadensersatzpflicht des Mieters nach sich ziehen (§ 536c Abs. 2 S. 1 BGB). Ferner ist das Kündigungsrecht aus § 543 Abs. 3 S. 1 BGB gem. § 536c Abs. 2 S. 2 Nr. 3 BGB ausgeschlossen. Gedanke hinter dieser Regelung: Der Vermieter überlässt die Sache dem Mieter, ist also selbst über ihren Zustand nicht mehr informiert. Weiß er aber nichts von der Mangelhaftigkeit, wäre es unbillig, müsste er daraus Nachteile erleiden.

Im Allgemeinen Teil des Mietrechts finden sich außerdem Vorschriften hinsichtlich der (ohne Erlaubnis der Vermieters grundsätzlich unzulässigen) Überlassung des Gebrauchs der Mietsache an dritte Personen (§§ 540, 541 BGB).

Außerdem regelt der Allgemeine Teil das **Ende des Mietverhältnisses**, das durch Zeitablauf eintreten kann (wenn das Mietverhältnis befristet, „auf bestimmte Zeit", eingegangen war), oder durch Kündigung (s. §§ 542 ff. BGB, lesen!).

Hervorzuheben ist das Recht der Vertragsparteien zur Kündigung aus wichtigem Grund (§ 543 BGB), und hier insbesondere § 543 Abs. 2 Nr. 3 lit. a/b BGB: Der Vermieter kann das Mietverhältnis kündigen, wenn der Mieter mit der Entrichtung der Miete im in § 543 Abs. 2 Nr. 3 lit. a/b BGB näher bestimmten Umfang im Rückstand (in Verzug) ist. Dies allerdings nur unter der Einschränkung des § 543 Abs. 2 S. 2, 3 BGB und der des § 536c Abs. 2 S. 2 Nr. 3 BGB.

Setzt der Mieter nach Ende der Mietzeit den Gebrauch an der Sache fort (selbst wenn ihm gekündigt worden ist), verlängert sich das Mietverhältnis gem. § 545 BGB. In der Praxis widerspricht der Vermieter der Fortsetzung daher meist prophylaktisch bereits in der Kündigung.

Ist das Mietverhältnis beendet, hat der Mieter die Sache selbstverständlich zurückzugeben (s. § 546 BGB, verbunden mit einer Schadensersatzpflicht bei verspäteter Rückgabe in § 546a BGB).

Stellt sich heraus, dass die Mietsache sich verschlechtert hat, kann der Vermieter **Schadensersatzansprüche** gegen den Mieter haben (mit der Einschränkung des § 538 BGB, lesen!). Soweit sich aus den §§ 535 ff. BGB nichts anderes ergibt, ist das allgemeine Schuldrecht mit den §§ 280 ff. BGB anzuwenden. Beachten Sie aber die besonders kurze Verjährungsfrist des § 548 Abs. 1 BGB (sechs Monate ab Rückgabe der Mietsache).

4.4.1.2 Vorschriften über Wohnraum

Die §§ 549 ff. BGB enthalten besondere Vorschriften für **Mietverhältnisse über Wohnraum**, die dem **Mieterschutz** dienen sollen. Der Mieter, der eine Wohnung mietet, so der Gedanke der gesetzlichen Regelung, ist besonders schutzbedürftig. In der Wohnung liegt schließlich sein persönlicher Lebensmittelpunkt.

Zu den Schutzvorschriften gehören etwa besondere Bestimmungen zum Wegnahmerecht des Mieters (§§ 552, 539 BGB) und zur Gebrauchsüberlassung an Dritte (§§ 553, 540 BGB). Außerdem kommen Gestaltungsverbote hinzu, d. h. Normen, die die vertragliche Gestaltungsfreiheit der Parteien einschränken, etwa §§ 555, 556b Abs. 2 BGB (lesen!) oder §§ 572, 574a, b, c (jeweils Abs. 3) BGB.

Weitere besondere Regelungen betreffen die Betriebskosten, Rechte und Pflichten der Parteien bei Modernisierungs- und Erhaltungsmaßnahmen und bei Mieterhöhungen (§§ 557 ff. BGB).

Schließlich steht dem Vermieter gem. § 562 BGB zur Sicherung seiner Forderungen aus dem Mietverhältnis ein **Pfandrecht** an den eingebrachten Sachen des Mieters zu, und das Gesetz trifft Anordnungen über den Wechsel der Vertragsparteien (etwa durch Tod des Mieters oder Rechtsnachfolge auf Seiten des Vermieters). Die wohl wichtigste Regelung hierzu ist § 566 BGB. Die Überschrift „**Kauf bricht nicht Miete**" fasst den Inhalt der Norm schlagwortartig zusammen, richtigerweise müsste es aber heißen, dass keine Form der Rechtsnachfolge auf Seiten des Vermieters geeignet ist, das Mietverhältnis zu beenden und so den Mieter aus seiner Position zu verdrängen.

Zur **Beendigung des Mietverhältnisses** gilt zwar auch bei Wohnraum § 543 BGB. §§ 568 ff. BGB stellen für Kündigungen aber darüber hinausgehende Sondervorschriften auf. So bedarf die Kündigung gem. § 568 Abs. 1 BGB der Schriftform und § 569 BGB erweitert die denkbaren (außerordentlichen) Kündigungsgründe nach § 543 BGB.

Bei Mietverhältnissen, die **auf unbestimmte Zeit geschlossen** (also nicht befristet) sind, finden sich weitere Sondervorschriften zur Kündigung (§ 573 ff. BGB). So wird das Recht zur ordentlichen Kündigung des Vermieters durch § 573 Abs. 1 BGB eingeschränkt auf Fälle, in denen er ein „berechtigtes Interesse" an der Beendigung des Mietverhältnisses hat. Beispiele nennt § 573 Abs. 2 BGB, hierunter der allgemein bekannte „**Eigenbedarf**" (Nr. 2). Die Gründe sind im Kündigungsschreiben anzugeben (§ 573 Abs. 3 BGB). Die Länge der Kündigungsfristen macht § 573c BGB abhängig von der Dauer des Mietverhältnisses.

Der Mieter kann gem. § 574 BGB der Kündigung (schriftlich § 574b Abs. 1 BGB) **widersprechen**, wenn sie für ihn eine nicht zu rechtfertigende Härte bedeutet. Der Widerspruch ist spätestens zwei Monate vor Vertragsende zu erklären (§ 574b Abs. 2 BGB). Der Mieter verlangt mit dem Widerspruch Fortsetzung des Mietverhältnisses, so lange, wie dies unter Berücksichtigung aller Umstände angemessen ist. Kommt es zu keiner Einigung mit dem Vermieter über die Einzelheiten, werden Ob und Wie (und vor allem: wie lange) der Fortsetzung durch Urteil bestimmt (s. § 574a BGB).

Lesen Sie das Kapitel „Beendigung des Mietverhältnisses" unbedingt und versuchen Sie, sich grob einzuprägen, was wo zu finden ist und wo der Bezug zu den allgemeinen Vorschriften des Mietrechts ist!

4.4.1.3 Besonderheiten bei der Vertragsgestaltung

Während § 535 Abs. 1 S. 2 BGB bestimmt, dass der Vermieter die Mietsache während der Mietzeit in zum vertragsgemäßen Gebrauch geeigneten Zustand zu erhalten hat, ist es in der Praxis gerade bei Wohnraum üblich, so weit wie möglich die Verantwortung für den Zustand der Sache auf den Mieter abzuwälzen, und zwar durch „**Schönheitsreparatur-**", „**Endrenovierungs-**" und „**Kleinreparaturenklauseln**".

Beispiel

Der Mietvertrag zwischen V und M enthält in § 4 die Bestimmung, M übernehme „die üblichen Schönheitsreparaturen (Abschleifen des Parketts, Streichen von Innentüren, Wänden, Heizkörpern), die in Wohnräumen alle drei, in der Küche und im Bad alle fünf Jahre erforderlich sind." In § 5 wird ergänzt: „Bei Auszug ist M zur Endrenovierung verpflichtet, d. h. M streicht alle Wände, Heizkörper und Innentüren in Reinweiß". § 6 bestimmt: „M trägt die Kosten für alle Reparaturen selbst, die an Gegenständen notwendig werden, mit denen er in Berührung kommt, bis zu einer Höhe von 200 € pro Reparatur."

Verlangt jetzt V von M Renovierung oder M von V Reparatur z. B. einer defekten Armatur, ist die Frage, ob V seine Pflichten aus § 535 Abs. 1 S. 2 BGB vertraglich auf M übertragen konnte. Die Rechtsprechung hierzu ist sehr umfangreich. Machen Sie sich unbedingt mit ihren Grundzügen vertraut!

Hier nur so viel: Handelt es sich bei den Vertragsbestimmungen von M und V um AGB, ist eine AGB-Kontrolle durchzuführen. Im Wesentlichen wird es dabei darauf ankommen, ob M durch die Klauseln unangemessen benachteiligt wird (i. S. d. § 307 Abs. 1 BGB).

Grundsätzlich sind alle hier drei vorgestellten Klauselarten zulässig, der Vermieter kann seine Pflichten im Grundsatz dem Mieter übertragen. Allerdings nur in Grenzen. Die liegen bei Schönheitsreparaturen etwa darin, dass „**starre Fristenpläne**" unzulässig sind (einen solchen enthält hier das Beispiel). Werden dem Mieter Fristen für die

Schönheitsreparaturen auferlegt, müssen sie aufgeweicht werden durch Wendungen wie „im Allgemeinen", die dem Mieter den Nachweis offen lassen, dass die Schönheitsreparaturen noch nicht notwendig waren. Unwirksamkeit kann sich aber auch aus einer zu großen inhaltlichen Reichweite der Schönheitsreparaturen ergeben: Der Vertrag darf M keine substanziellen Eingriffe in die Mietsache abverlangen (hier problematisch: das Abschleifen des Parketts).

Bei der Endrenovierung ist ebenfalls die Reichweite der dem Mieter abverlangten Arbeiten zu prüfen, und außerdem das zeitliche Verhältnis zur Schönheitsreparatur: Liegen die Schönheitsreparaturen gerade erst hinter M, soll er nicht bei seinem Auszug, obwohl nicht erforderlich, schon wieder renovieren müssen.

Bei der Kleinreparaturenklausel ist zu prüfen,
1. welche Gegenstände von ihr erfasst werden (zulässig nur solche, mit denen der Mieter üblicherweise auch in Berührung kommt),
2. die Höhe der zu tragenden Kosten pro Reparatur (hier mit 200 € recht hoch) und
3. eine Deckelung der Kosten absolut pro Zeiteinheit (z. B.: 50 € pro Reparatur, aber nicht mehr als 200 € im Jahr; fehlt hier).

4.4.1.4 Sonstige Sachen

Die §§ 578 ff. BGB stellen Sondervorschriften insbesondere für die Miete von Grundstücken und anderen Räumen als Wohnraum auf, z. B. zu Kündigungsfristen und Fälligkeit der Miete (§§ 579, 580a Abs. 1, 2 BGB).

4.4.2 Pacht

Der Pachtvertrag ist ein Unterfall des Mietvertrags und in §§ 581 ff. BGB geregelt. Im Unterschied zum Mietvertrag ist Vertragsgegenstand nicht nur die Gebrauchsüberlassung, sondern auch der **usus fructus**, das Recht, aus der Sache Früchte zu ziehen (s. § 581 Abs. 1 BGB). Ein Sonderfall des Pachtvertrags ist der **Landpachtvertrag** (§§ 585–597 BGB).

Beispiel

V verpachtet Weizenfelder an P. P darf die Felder nicht nur bestellen, sondern auch den Weizen ernten, verkaufen und den Erlös behalten.

§ 581 Abs. 2 BGB verweist auf die Vorschriften des Mietvertragsrechts, sofern nicht in den §§ 582 ff. BGB Sonderregelungen bestehen. Hinzuweisen ist insbesondere auf die besondere Kündigungsfrist nach § 584 BGB.

4.4.3 Leasing

Das Leasing (von engl. *to lease* = mieten) ist gesetzlich nicht geregelt und eine Entwicklung aus der Praxis der Vertragsgestaltung. Üblicherweise sind alle wesentlichen Fragen im Leasingvertrag geregelt und die Herausforderung besteht darin, ihn auszulegen, Abweichungen und Parallelen zum Mietrecht aufzufinden und allgemeine Grenzen der Gestaltungsfreiheit (§§ 138, 307 ff. BGB) zu prüfen.

Die nähere Kategorisierung von Leasingverträgen, wie sie teilweise in der Praxis weiter vorgenommen wird, ist daher hier weniger von Interesse, mit Ausnahme der Unterscheidung von **Operatingleasing** und **Finanzierungsleasing**.

Letzteres dient der Absatzförderung, der Leasingnehmer soll mit seinen Raten zur Amortisation der vom Leasinggeber getätigten Kosten beitragen. Am Ende steht üblicherweise die Übereignung der Sache. Das Ganze hat für den Leasinggeber häufig Absatzsteigerung zum Ziel. Er hat bereits Einnahmen für seine Produkte, die vielleicht sonst keinen Abnehmer gefunden hätten. Für den Leasingnehmer überwiegt eine Finanzierungsfunktion. Er mietet die Sache erst einmal an, und wird sie voraussichtlich am Ende der Vertragslaufzeit kaufen (hier liegt auch der Unterschied zum Mietkauf, bei dem Übereignung gleich von Anfang an Ziel des Vertrags ist).

Demgegenüber ist das Operatingleasing nicht auf Amortisation gerichtet, sodass der Vertrag häufig eine sehr viel kürzere Laufzeit hat. Typisch für das Operatingleasing ist, dass die Instandhaltungspflichten des Vermieters auf den Mieter abgewälzt werden. Im Übrigen handelt es sich um einen gewöhnlichen Mietvertrag.

4.5 Schenkung

Das Schenkungsrecht gehört – aufgrund der Unentgeltlichkeit und Uneigennützigkeit des Rechtsgeschäfts „Schenkung" – nicht zum Kanon des Wirtschaftsprivatrechts.

4.6 Dienstvertrag

Beim Dienstvertrag (§§ 611 ff. BGB) schuldet der Dienstverpflichtete ein Tätigwerden gegen Geld. Standardbeispiel ist der **Arbeitnehmer**.

Ursprünglich hatte das BGB mit den §§ 611 ff. aber nicht den gewöhnlichen Arbeitnehmer, sondern das Hauspersonal im bürgerlichen Haushalt des Jahres 1900 im Blick (Gouvernante, Hauslehrer, Privatsekretär). Davon zeugen Vorschriften wie die Pflicht des Dienstberechtigten zur Krankenfürsorge gem. § 617 BGB oder zur Freistellung zwecks Stellensuche (§ 629 BGB). Nur vereinzelt wurden Neuerungen in das BGB mit aufgenommen, die das Recht an heutige Lage von Arbeitnehmern anpassen

4.6 · Dienstvertrag

(so etwa § 613a BGB zum Betriebsübergang oder § 619a BGB über die Beweislast bei Pflichtverletzungen von Arbeitnehmern).

Da die §§ 611 ff. BGB nicht ausreichen, um die Rechtsstellung von Arbeitnehmern zu regeln, hat sich um den Kern der §§ 611 ff. BGB ein eigenständiges Rechtsgebiet außerhalb des BGB entwickelt, das die Rechtsbeziehungen von Arbeitnehmern und Arbeitgebern regelt, das Arbeitsrecht, aufgespalten in das **Individualarbeitsrecht**, das die Rechtsbeziehungen der Arbeitsvertragsparteien zum Gegenstand hat, und das **Kollektive Arbeitsrecht**, das die Rechtsbeziehungen von Tarif- und Betriebsparteien regelt. Über arbeitsrechtliche Fragen entscheiden nicht die ordentlichen Gerichte, sondern Arbeitsgerichte (mit dem Bundesarbeitsgericht an der Spitze).

Das Arbeitsrecht ist aber nur anwendbar auf Arbeitnehmer.

Davon zu unterscheiden sind Arbeitskräfte, die zwar dem Dienstvertragsrecht, nicht aber dem Arbeitsrecht unterliegen, weil sie keine Arbeitnehmer, d. h. von ihrem „Arbeitgeber" nicht persönlich abhängig sind. Insbesondere handelt es sich um Personen, die **Dienste „höherer Art"** erbringen, d. h. aufgrund eigener Sachkunde handeln und daher vom Dienstherrn keine Weisungen entgegen nehmen. Standardbeispiel ist der (Privat-)Arzt (allerdings jetzt mit gesonderten Vorschriften über den Behandlungsvertrag in §§ 630a ff. BGB). In jedem Fall sind die §§ 611 ff. BGB aber nur dann einschlägig, wenn der Verpflichtete nicht die Herbeiführung eines Erfolgs schuldet, sondern nur das bloße Tätigwerden (sonst: Werkvertrag).

Beispiel

Lehramtsstudent L erteilt Schüler S Nachhilfeunterricht in Physik. Ist unmittelbar L Vertragspartner des S, und soll L nur allgemein Verständnislücken bei S schließen, sind die §§ 611 ff. BGB anwendbar. Ist L angeheuert, um S eine Physikhausarbeit zu schreiben, liegt ein Werkvertrag (▶ Abschn. 4.7) vor. Liegt kein Vertrag zwischen L und S vor, sondern wird L von einer Nachhilfeagentur A geschickt, die Vertragspartner des S ist, ist zu prüfen, ob L nicht Arbeitnehmer bei A ist.

Sind die §§ 611 ff. BGB anwendbar, finden sich zunächst Aussagen zu den gegenseitigen dienstvertraglichen Pflichten (§ 611 Abs. 1 BGB): Dienste gegen Geld, und dies im Zweifel durch den Dienstverpflichteten in Person (§ 613 S. 1 BGB). Ist über die Vergütung keine Vereinbarung getroffen, so gilt sie als stillschweigend vereinbart, wenn die Dienstleistung den Umständen nach nur gegen eine Vergütung zu erwarten ist (§ 612 Abs. 1 BGB). Ist die Höhe der Vergütung nicht bestimmt, so ist bei dem Bestehen einer Taxe die taxmäßige Vergütung, in Ermangelung einer Taxe die übliche Vergütung als vereinbart anzusehen (§ 612 Abs. 2 BGB). Der Dienstverpflichtete ist vorleistungspflichtig, d. h. gem. § 614 BGB wird die Vergütung erst nach Dienstleistung oder nach Ablauf eines vereinbarten Zeitraums fällig.

Da der Dienstvertrag in der Regel auf ein längeres Tätigwerden ausgelegt ist, und allein eine einmalige allgemeine Festlegung des Inhalts der Tätigkeit im Dienstvertrag nicht ausreicht, wird der Inhalt der Tätigkeit typischerweise durch ein **Weisungsrecht** des Dienstberechtigten bestimmt. Gesetzlich geregelt ist dies nur für den Arbeitnehmer (§ 106 GewO) und allgemein in § 315 BGB. Abhängig von der Art des Vertrags kann das Weisungsrecht jedoch vertragsimmanenten Schranken unterliegen. So, wenn aufgrund besonderer Sachkunde des Verpflichteten der Dienstberechtigte ohnehin nicht in der Lage ist, nähere/sinnvolle Anweisungen zu geben.

Beispiel
Masseur M wird bei seinen Klienten zwar aufgrund eines Dienstvertrags tätig mit dem Auftrag, den Rücken zu massieren. In den Einzelheiten (wie wird die Massage durchgeführt?) besteht aber aufgrund der Sachkunde des M kein Weisungsrecht des Klienten.

Verschiedene Nebenpflichten der Vertragsparteien ergeben sich aus §§ 617 ff. BGB. Von größerer praktischer Relevanz sind aber ungeschriebene Nebenpflichten, die sich nur in § 241 Abs. 2 BGB verankern lassen, etwa die Pflicht des Dienstverpflichteten zur Verschwiegenheit und zum Schutz von Geschäftsgeheimnissen des Dienstberechtigten.

Da der Dienstverpflichtete nur Tätigwerden, aber keinen Erfolg schuldet (anders als der Werkunternehmer, ▶ Abschn. 4.7), kennen die §§ 611 ff. BGB keine Schlechtleistung und kein Mängelgewährleistungsrecht. Der Dienstverpflichtete muss die geschuldete Tätigkeit ausführen, so gut, wie er eben kann, und steht für Schlechtleistung grundsätzlich nicht ein. Anderes gilt für Pflichtverletzungen, hier greift das allgemeine Leistungsstörungsrecht. Die Abgrenzung kann schwierig sein: Zu differenzieren ist zwischen einem punktuellen „Aussetzer", der zu einem Schaden an den Rechtsgütern des Dienstberechtigten führt, und der allgemeinen Unfähigkeit des Dienstverpflichteten, die lediglich zur Folge hat, dass die Leistung möglicherweise ihr Geld nicht wert ist.

Beispiel (bloße Schlechtleistung)
Rechtsanwalt R ist generell ein schlechter Jurist und trägt bei Gericht entsprechend wirr vor. Der Richter hat Mühe, den von R vorgetragenen Sachverhalt zu ordnen.

Beispiel (Pflichtverletzung)
Rechtsanwalt R ist generell ein schlechter Jurist, vergisst aber diesmal obendrein, fristgemäß Berufung einzulegen.

Allerdings ist auch in den §§ 611 ff. BGB Raum für Leistungsstörungen. Insbesondere gehört dazu, dass der Dienstverpflichtete an der Ausübung seiner Tätigkeit verhindert ist. Nach den allgemeinen Regeln (§§ 275, 326 BGB) müsste eigentlich mit der Pflicht des Dienstverpflichteten zum Tätigwerden auch die Pflicht des Dienstberechtigten zur Zahlung der Vergütung entfallen. Das geltende Recht kennt jedoch Ausnahmen vom Grundsatz „**kein Lohn ohne Arbeit**" (s. §§ 615 S. 1, 3 und 616 BGB).

Beispiel

Arbeitgeber AG hat ein Betriebsgelände an der Donau, das beim Frühjahrshochwasser überschwemmt wird. Seine Arbeitnehmer können deshalb nicht arbeiten. Sie verlieren ihren Vergütungsanspruch aber nicht. Kann der AG ohne eigenes Verschulden aus betriebstechnischen Gründen seine AN nicht beschäftigen, ist das sein „**Betriebsrisiko**". Dieses Risiko hat er, ebenso wie das Risiko, das die Arbeitsleistung wirtschaftlich sinnlos (wenn auch möglich ist), zu tragen.

Die Beendigung des Dienstvertrags erfolgt durch Zeitablauf oder Kündigung (§ 620 BGB) oder durch Aufhebungsvertrag. Kündigungen und Aufhebungsvertrag unterliegen einem Schriftformerfordernis (§§ 623, 126 BGB). Wie im übrigen BGB wird auch hier zwischen ordentlicher und außerordentlicher Kündigung unterschieden. Die ordentliche Kündigung erfolgt zu einem bestimmten Termin, wobei eine bestimmte Kündigungsfrist einzuhalten ist. Maßgeblich ist hier § 621 BGB, bei Arbeitsverhältnissen die Spezialvorschrift § 622 BGB.

Die außerordentliche Kündigung beendet das Dienstverhältnis hingegen fristlos, dafür bedarf es aber auch eines „wichtigen Grundes" (§ 626 BGB). Anders als weithin angenommen, geht es der außerordentlichen Kündigung nicht um Sanktion eines Fehlverhaltens, sondern darum, dass ein bestimmtes Vorkommnis das Vertrauensverhältnis zwischen den Parteien so stark beschädigt haben muss, dass eine Fortsetzung des Vertrags (sei es auch nur bis zum Ablauf der Kündigungsfrist) nicht mehr zumutbar ist. Da die Kündigung eine verhältnismäßige Reaktion auf eine Pflichtverletzung sein muss, hat ihr, abhängig von der Pflichtverletzung, auf welche die Kündigung gestützt wird, unter Umständen eine **Abmahnung** vorauszugehen.

Bei der Beendigung eines dauernden Dienstverhältnisses kann der Verpflichtete vom Dienstberechtigten ein schriftliches **Zeugnis** nach Maßgabe des § 630 BGB verlangen.

> **Auf den Punkt gebracht:** Für die Kündigung von Arbeitnehmern können besondere Vorschriften gelten, insbesondere die des Kündigungsschutzgesetzes (KSchG).

4.7 Werkvertrag

Der Werkvertrag, geregelt in §§ 631 ff. BGB, verpflichtet den **Werkunternehmer** zur Herstellung eines Werkes, den Auftraggeber, vom Gesetz „**Besteller**" genannt, zur Zahlung der Vergütung (§ 631 Abs. 1 BGB).

Liegt der Schwerpunkt der vertraglich geschuldeten Leistung weniger auf der Herstellung einer Sache als auf ihrer Lieferung, greift das Kaufrecht (s. § 651 BGB, **Werklieferungsvertrag**). Zum Dienstvertrag wird der Werkvertrag über den Begriff des „Erfolgs" abgegrenzt.

Während der Dienstnehmer (▶ Abschn. 4.6) nur ein Tätigwerden schuldet, muss der Werkunternehmer einen bestimmten Erfolg herbeiführen, wobei verschiedenste „Erfolge" in Betracht kommen, z. B. ein Computerprogramm erstellen, eine Maschine reparieren oder eine Übersetzung anfertigen. Ist der Erfolg erbracht, muss der Besteller des Werks es **„abnehmen"**, d. h. es körperlich entgegennehmen und als im Wesentlichen vertragsgemäß billigen (s. § 640 BGB). Erst dann wird die Vergütung fällig (§ 641 BGB) und die Gefahrtragung verlagert sich auf den Besteller (§ 644 BGB). Wie die Abnahme aussehen muss, hängt von der Art des Werks ab. Ein körperliches Entgegennehmen (z. B. der vom Steuerberater angefertigten Steuererklärung) kann ebenso in Betracht kommen wie eine bloße Zustimmung (Kopfnicken beim Frisör als Abnahme des Werkes „Haarschnitt"). Der Abnahme steht es gleich, wenn der Besteller seiner Abnahmepflicht innerhalb einer ihm gesetzten angemessenen Frist nicht nachkommt (§ 640 Abs. 1 S. 3 BGB). Da damit letztlich der Unternehmer vorleistungspflichtig ist, können die Parteien, um das Risiko eines Ausfalls für ihn abzumildern, Teilabnahmen vornehmen (§ 641 Abs. 1 S. 2 BGB).

Die **Höhe der Vergütung** und die Zahlungsmodalitäten sind üblicherweise vereinbart. Ist dies nicht der Fall, ist gem. § 632 BGB dennoch eine Vergütung zu zahlen, wenn die Herstellung des Werkes den Umständen nach nur gegen eine Vergütung zu erwarten ist. Ist nichts vereinbart, bemisst sich die Höhe nach der taxmäßigen, anderenfalls nach der üblichen Vergütung. Zum Zwecke der Sicherung seiner Forderungen aus dem Vertrag hat der Unternehmer an den von ihm hergestellten oder ausgebesserten beweglichen Sachen des Bestellers ein **Unternehmerpfandrecht** (§ 647 BGB), wenn die Sachen bei der Herstellung oder zum Zwecke der Ausbesserung in seinen Besitz gelangt sind.

Beispiel
Autofahrer A gibt sein Auto zur Reparatur in die Werkstatt des W. Es entsteht ein Werkunternehmerpfandrecht.

Ist das erstellte Werk mangelhaft (zum Mangelbegriff § 633 Abs. 2/Abs. 3 BGB), richten sich die Rechte des Bestellers, soweit nicht etwas anderes vereinbart ist, nach § 634 BGB. Es finden sich klare Parallelen zum Kaufrecht (Gelegenheit, die §§ 434 ff. BGB zu wiederholen …).

Wie im Kaufrecht besteht auch im Werkvertragsrecht ein Recht auf **Nacherfüllung**, s. §§ 634 Nr. 1, 635 BGB, allerdings hat der Unternehmer die Wahl, ob er ein neues Werk erstellt oder den Mangel beseitigt (kein Wahlrecht des Kunden, anders als im Kaufrecht!).

Ferner kommen Rücktritt und Minderung in Betracht (§§ 636, 638 i. V. m. § 634 Nr. 3 BGB) sowie Schadensersatz- und Aufwendungsersatzansprüche (§§ 636, 280, 281, 283, 311a, 284 i. V. m. § 634 Nr. 4 BGB). Im Unterschied zum Käufer im Kaufrecht steht dem Besteller ein Recht auf Selbstvornahme (§ 637 i. V. m. § 634 Nr. 2 BGB) zu.

Oft ist bei der Herstellung des Werkes der Unternehmer auf die **Mitwirkung des Bestellers** angewiesen, muss z. B. der Besteller dem Unternehmer Zutritt zum Grundstück verschaffen, Zugriff auf Maschinen ermöglichen o. ä. Unterlässt der Besteller die gebotene Mitwirkungshandlung, benennt § 642 Abs. 1 BGB die Voraussetzungen, unter denen der Unternehmer vom Besteller eine „angemessene Entschädigung" verlangen kann. § 643 BGB gibt dem Unternehmer ein Recht, nach erfolgloser Fristsetzung den Vertrag zu kündigen. Führt eine Mitwirkungshandlung des Bestellers dazu, dass das Werk sich verschlechtert, untergeht oder unausführbar wird, kann der Unternehmer unter den in § 645 Abs. 1 S. 1 BGB genannten Voraussetzungen einen der geleisteten Arbeit entsprechenden Teil der Vergütung und Ersatz der in der Vergütung nicht inbegriffenen Auslagen verlangen (§ 645 Abs. 1 S. 1 BGB).

Ein **Kündigungsrecht des Bestellers** findet sich hingegen in § 650 Abs. 1 BGB, für den Fall, dass ein dem Vertrag zugrunde gelegter **Kostenvoranschlag** (das Gesetz spricht von Kostenanschlag oder nur vom Anschlag) wesentlich überschritten wird. Außerdem kann bis zur Vollendung des Werks der Besteller jederzeit nach § 649 BGB kündigen, allerdings um den Preis, dass die vereinbarte Vergütung abzüglich ersparter Aufwendungen zu zahlen ist: Es wäre volkswirtschaftlich unvernünftig, ein Werk herzustellen, an dem der Besteller kein Interesse hat.

4.8 Leihe

Bei der Leihe wird, ähnlich dem Mietvertrag (▶ Abschn. 4.4.1), eine Sache jemandem auf Zeit überlassen. Allerdings erfolgt die Überlassung anders als bei der Miete unentgeltlich. Das Gesetz sagt dazu: „Durch den Leihvertrag wird der Verleiher einer Sache verpflichtet, dem Entleiher den Gebrauch der Sache unentgeltlich zu gestatten" (§ 598 BGB).

Folge der Unentgeltlichkeit: Der Verleiher wird in seiner Haftung privilegiert, er hat nur Vorsatz und grobe Fahrlässigkeit zu vertreten (s. § 599 BGB). Wer so uneigennützig ist, den Gebrauch einer Sache einem anderen gratis zu überlassen, muss vor Haftung geschützt werden.

Das Verhältnis von Verleiher und Entleiher im Übrigen regeln die §§ 600 ff. BGB. Hervorzuheben ist die spezielle Anspruchsgrundlage des Entleihers gegen den Verleiher wegen Schäden, die aus einem Mangel der Sache resultieren (§ 600 BGB, nur bei arglistigem Verschweigen des Mangels).

4.9 Bürgschaft

Zur Bürgschaft siehe noch das Kreditsicherungsrecht, ▶ Abschn. 5.5.

4.10 Reisevertrag

Das Reisevertragsrecht (§§ 651a ff. BGB, eingeschlossen Gastschulaufenthalte, § 651l BGB) soll den (Pauschal-) Reisenden schützen. Kennzeichnend für das Reisevertragsrecht sind daher besondere Dokumentationspflichten des Reiseveranstalters (Aushändigung einer „**Reisebestätigung**" (§ 651a Abs. 3 BGB)), der außerdem in besonderer Weise an einmal getroffene Vereinbarungen und an die gesetzlichen Bestimmungen des Reisevertragsrechts gebunden wird (s. §§ 651a Abs. 4, 651m BGB). Dazu gehört auch die Anordnung, dass von den Vorschriften der §§ 651a–l BGB grundsätzlich nicht zum Nachteil des Reisenden abgewichen werden darf (§ 651m S. 1 BGB). Zudem zieht § 651h BGB einen Rahmen für Haftungsbeschränkungen des Reiseveranstalters. Hervorzuheben ist ferner ein voraussetzungsloses **Rücktrittsrecht des Reisenden** vor Reisebeginn (§ 651i Abs. 1 BGB mit den Rechtsfolgen des § 651i Abs. 2, 3 BGB).

Hat die Reise nicht die zugesicherten Eigenschaften, ist sie mangelhaft und der Reiseveranstalter hat „**Abhilfe**" zu schaffen (§ 651c BGB). Dem Reisenden steht unter den Voraussetzungen des § 651c Abs. 3 BGB ein **Selbstvornahmerecht** zu. Der Reisepreis der mangelhaften Reise mindert sich gem. § 651d BGB – und anders als im Kaufrecht! – kraft Gesetzes. Die Minderung tritt nicht ein, soweit der Reisende es schuldhaft unterlässt, den Mangel anzuzeigen. Wird die Reise infolge eines Mangels erheblich beeinträchtigt, steht dem Reisenden zudem ein **Kündigungsrecht** nach § 651e Abs. 1, 2 BGB zu (mit den Rechtsfolgen des § 651e Abs. 3, 4 BGB). Die Mangelhaftigkeit der Reise kann ferner gem. § 651f BGB einen **Schadensersatzanspruch** des Reisenden nach sich ziehen. Gem. § 651f Abs. 2 BGB ist sogar eine **Entschädigung für nutzlos aufgewendete Urlaubszeit** – eigentlich ein rein ideeller Schaden – potentieller Anspruchsgegenstand. Eine spezielle **Ausschlussfrist** und eine Sonderbestimmung zur **Verjährung** der Gewährleistungsansprüche enthält § 651g BGB.

Losgelöst vom Gewährleistungsrecht enthält § 651j Abs. 1 BGB ein Recht zur **Kündigung des Reisevertrags** wegen Erschwerung/Gefährdung/Beeinträchtigung der Reise infolge höherer Gewalt, das sowohl dem Reisenden als auch dem Reiseveranstalter zusteht. Die Rechtsfolgen (neben der Vertragsbeendigung) regelt § 651j Abs. 2 BGB.

4.11 Maklervertrag

Makler, vom BGB **Mäkler** genannt, vermitteln den Abschluss von Verträgen (häufig: Kaufverträge über Immobilien). Ihre Tätigkeit ist in §§ 652 ff. BGB geregelt und steht unter dem Grundsatz der Unentgeltlichkeit. Erst wenn ein Vertrag aufgrund der Tätigkeit des Maklers zustande gekommen ist, entsteht auch ein Anspruch auf Maklerlohn

(§ 652 Abs. 1 BGB). In der Praxis problematisch sind Kausalitätsfragen (beruht der Vertrag auf dem Tätigwerden des Maklers?).

Beispiel

Nach dem Tod ihres Mannes will W im Januar 2015 das ehemalige Familienheim verkaufen und schaltet Makler M ein, der einen Käufer suchen soll. Nachdem K aufgrund der Tätigkeit des M sein Kaufinteresse bekundet hat, überlegt W es sich im letzten Moment anders. Sie hängt noch am Haus. Im Januar 2016 gerät W in Geldnot und sieht sich gezwungen, nun doch an K zu verkaufen.

M hat nur dann einen Anspruch auf Zahlung des Maklerlohns (auch „Courtage" genannt) gegen K, wenn der Abschluss des Kaufvertrags W/K kausal auf das Tätigwerden des M zurückgeht. Das ist hier zu bezweifeln: W hatte in der Zwischenzeit ihre Verkaufsabsicht (eigentlich endgültig) aufgegeben.

Sonderregelungen bestehen für die Vermittlung von Verbraucherdarlehensverträgen (§§ 655 a ff. BGB) sowie für die Vermittlung von Versicherungsverträgen (§§ 59 ff. VVG). Zur Heiratsvermittlung § 656 BGB (entsprechend für Partnervermittlung).

4.12 Auftrag, Geschäftsbesorgung und Geschäftsführung ohne Auftrag

Eng verwandt miteinander und mit dem Dienstvertrag sind Geschäftsbesorgung, Auftrag und Geschäftsführung ohne Auftrag.

4.12.1 Auftrag

Gem. § 662 BGB verpflichtet sich beim Auftrag der Beauftragte, für den Auftraggeber *unentgeltlich* ein bestimmtes Geschäft zu besorgen. Der rechtliche Begriff des „Auftrags" ist also enger als im Sprachgebrauch des täglichen Lebens, wo ein „Auftrag" sowohl ein entgeltliches Geschäft, meist einen Werkvertrag, als auch einen reinen privaten Gefallen meinen kann.

Beispiel

B will sein Dach neu eindecken lassen und erteilt Dachdeckermeister D einen entsprechenden (entgeltlichen) „Auftrag".

Ein Auftrag liegt hier nicht vor, sondern ein Werkvertrag!

Abgesehen davon, dass der Beauftragte, anders als der Dienstverpflichtete, unentgeltlich tätig wird, bestehen zwischen Beauftragten und Dienstverpflichteten erhebliche Parallelen: Auch der Beauftragte hat im Zweifel den Auftrag nicht zu übertragen, sondern persönlich tätig zu werden (s. § 664 Abs. 1 S. 1 BGB). Auch der Beauftragte ist **weisungsgebunden**. Unter welchen Voraussetzungen er von den Weisungen seines Auftraggebers abweichen darf, regelt § 665 BGB.

Den Beauftragten trifft eine umfassende **Auskunfts- und Rechenschafts-** sowie eine **Herausgabepflicht** (§§ 666, 667 BGB): Er muss über den Stand des Auftrags (mit anderen Worten: über das, was er tut oder schon getan hat) Auskunft geben, Rechenschaft ablegen (s. § 259 BGB) und alles herausgeben, was er aus der Durchführung des Auftrags erlangt. Im Gegenzug ist der Auftraggeber insbesondere zum Ersatz all jener **Aufwendungen** des Beauftragten verpflichtet, die dieser nach den Umständen des Falls für erforderlich halten durfte (§ 670 BGB). Ihn trifft insoweit auch eine **Vorschusspflicht** (§ 669 BGB).

Beispiel

Beauftragter B muss eine Flugreise unternehmen, um den ihm von A erteilten Auftrag auszuführen. Er sammelt dabei „Bonusmeilen" der Fluggesellschaft. Diese sind an A herauszugeben, weil sie aus der Durchführung des Auftrags erlangt sind.

Der Auftrag endet, wenn er erfüllt ist, wenn er – was jederzeit möglich ist – vom Auftraggeber widerrufen wird (§ 671 Abs. 1 BGB) oder wenn er – was ebenfalls grundsätzlich jederzeit möglich ist – durch den Beauftragten gekündigt wird (§ 671 Abs. 1 BGB). Sondervorschriften bei Tod der einen oder anderen Partei enthalten §§ 672, 673 BGB.

4.12.2 Geschäftsbesorgung

Anders als der Auftrag ist der Geschäftsbesorgungsvertrag durch seine Entgeltlichkeit gekennzeichnet. Der Sache nach handelt es sich um einen Dienst- oder Werkvertrag, der allerdings eine „Geschäftsbesorgung" zum Gegenstand hat: Der Verpflichtete übernimmt eine *selbständige* wirtschaftliche Tätigkeit im Interesse eines anderen innerhalb einer fremden wirtschaftlichen Interessensphäre. Häufig geht es um Vermögensverwalter, Rechtsanwälte, Steuerberater und insbesondere um den Zahlungsdienstevertrag, der in §§ 675c ff. BGB näher geregelt wird.

§ 675 Abs. 1 BGB unterstellt Geschäftsbesorgungsverträge den auftragsrechtlichen Vorschriften §§ 663, 665 bis 670 und 672 bis 674 BGB. Der Hintergrund: Die genannten Vorschriften enthalten Bestimmungen, die bei einer Tätigkeit in fremdem Interessenbereich allgemein gültige Aussagen treffen, unabhängig davon, ob es sich um Dienst- oder Werkverträge handelt.

So steht z. B. in §§ 611 ff. BGB nichts davon, dass ein Rechtsanwalt seinem Mandanten gegenüber rechenschafts- und auskunftspflichtig ist. Es liegt aber in der Natur des Vertrags, dass es solche Pflichten geben muss. Dem trägt § 675 Abs. 1 BGB Rechnung.

4.12.3 Geschäftsführung ohne Auftrag

Bisher ging es um den Fall, dass jemand entgeltlich Dienste für einen anderen erbringt (Dienstvertrag, auch in Form des Geschäftsbesorgungsvertrags), oder dass jemand unentgeltlich Dienste für einen anderen erbringt (Auftrag).

Wird aber jemand (der „Geschäftsführer") für einen anderen (den „Geschäftsherrn") tätig, ohne dazu beauftragt oder sonst berechtigt zu sein, kann es sich um eine **Geschäftsführung ohne Auftrag (GoA)** handeln (geregelt in §§ 677 ff. BGB).

Die entsprechenden Vorschriften müssen der besonderen Interessenlage – keine Absprache zwischen den Parteien – Rechnung tragen. Weder soll jemand etwas, das er nicht will oder das ihm nichts nützt, aufgedrängt bekommen. Noch soll jemand, der einem anderen hilfreich zur Seite gestanden und dafür selbst Opfer gebracht hat, schutzlos stehen.

Daraus ist die gesetzliche Unterscheidung zwischen **berechtigter und unberechtigter Geschäftsführung ohne Auftrag** entstanden (◘ Abb. 4.6): Entscheidend ist die Frage, ob die Geschäftsführung dem Interesse und dem wirklichen oder dem mutmaßlichen Willen des Geschäftsherrn entspricht.

Bei der berechtigten GoA liegt die Übernahme der Geschäftsführung im Interesse des Geschäftsherrn und entspricht seinem (wirklichen oder mutmaßlichen) Willen. Der Geschäftsführer kann dann insbesondere wie ein Beauftragter Ersatz seiner Aufwendungen verlangen (§§ 677, 683 S. 1 i. V. m. § 670 BGB). Anwendbar sind außerdem die §§ 679–682, 684 S. 2 und 686 BGB.

Arten der GoA			
Mit Fremdgeschäftsführungswillen („echte" GoA)		Ohne Fremdgeschäftsführungswillen („unechte" GoA)	
Berechtigte GoA	Unberechtigte GoA	Irrtümliche GoA	Angemaßte Eigengeschäftsführung
→ § 683 S. 1 BGB	→ § 684 BGB	→ § 687 Abs. 1 BGB	→ § 687 Abs. 2 BGB

◘ **Abb. 4.6** Arten der GoA

Beispiel
Passagier P erleidet auf einem Flug von Frankfurt nach München einen Herzstillstand. Dem zufällig mitreisenden Arzt A (Satz üblicherweise: 180 €) gelingt es, P zu reanimieren und ihn medikamentös (Präparate für 220 €) zu stabilisieren.

Unproblematisch kann A von P seine Aufwendungen (die Medikamente, 220 €) ersetzt verlangen. Der übliche Satz für die Behandlung (180 €) ist ebenfalls ersatzfähig, aber nur, weil die Geschäftsführung in den Bereich der beruflichen Tätigkeit des A fällt (Rechtsgedanke des § 1835 Abs. 3 BGB). Wäre A nicht Arzt, sondern nur Anwalt gewesen, hätte er also für sein Tätigwerden nichts verlangen können.

Bei unberechtigter Geschäftsführung, die nicht im Interesse des Geschäftsherrn ist und mit seinem Willen nicht in Einklang steht, steht dem Geschäftsführer lediglich die Herausgabe einer etwaigen ungerechtfertigten Bereicherung (§§ 684 S. 1 i. V. m. §§ 812 ff. BGB) zu. Wertung: Wer nicht hilft, sondern stört, bekommt lediglich solche Aufwendungen ersetzt, um die der Geschäftsherr auch tatsächlich bereichert ist. Im Übrigen haftet der Geschäftsführer nach § 678 BGB auf Schadensersatz.

Behandelt jemand ein fremdes Geschäft als sein eigenes, liegt eine **unechte GoA** vor, entweder in Form der angemaßten (§ 687 Abs. 2 BGB) oder der irrtümlichen Eigengeschäftsführung (§ 687 Abs. 1 BGB). Bei der **„angemaßten" (oder „unerlaubten") Eigengeschäftsführung** weiß der Geschäftsführer, dass er ein fremdes Geschäft führt und nicht dazu berechtigt ist. § 687 Abs. 2 BGB erklärt für diesen Fall einige Vorschriften des Rechts der GoA für anwendbar. Bei der **irrtümlichen Eigengeschäftsführung** gelten die allgemeinen Regelungen (z. B. der Ausgleich einer ungerechtfertigten Bereicherung, §§ 812 ff. BGB, ▶ Abschn. 4.13).

4.13 Ungerechtfertigte Bereicherung

Das Bereicherungsrecht (geregelt in §§ 812 ff. BGB) dient dem Ausgleich ungerechtfertigter Vermögensverschiebungen. Wer etwas erlangt (sei es Geld, sei es Eigentum oder Besitz an einer Sache oder ein beliebiger anderer Vermögensvorteil), das ihm nicht zusteht – weil es keinen Vertrag oder sonstigen „Rechtsgrund" gibt, der diese Vermögensverschiebung rechtfertigt – der muss es dem zurückgeben, der es zu Unrecht verloren hat. Das meiste ist Teil des Staatsexamensstoffs und wird daher hier ausgeklammert.

Bedeutung abseits des Staatsexamensstoffs haben die §§ 812 ff. BGB insbesondere bei der Rückabwicklung unwirksamer Verträge. Oft sind die Leistungen bereits ausgetauscht, bis die Parteien die Unwirksamkeit des Vertrags bemerken oder die Unwirksamkeit des Vertrags ex tunc herbeigeführt wird (Anfechtung!). Sind die Leistungen bereits ausgetauscht, muss alles wieder so rückabgewickelt werden, dass die Lage ist wie vor dem Vertragsschluss.

4.13 · Ungerechtfertigte Bereicherung

Die Rückabwicklung unwirksamer Verträge erfolgt anhand des § 812 Abs. 1 S. 1 BGB. Dieser enthält, obwohl denkbar kurz formuliert, zwei verschiedene Fälle, die **Leistungs- und die Nichtleistungskondiktion**.

Wer durch die Leistung eines anderen oder in sonstiger Weise auf dessen Kosten etwas ohne rechtlichen Grund erlangt, ist ihm zur Herausgabe verpflichtet.

Die Leistungskondiktion versteckt sich hinter den Worten „*Wer durch die Leistung eines anderen etwas ohne rechtlichen Grund erlangt, ist ihm zur Herausgabe verpflichtet*".

Die Nichtleistungskondiktion betrifft folglich die Formulierung „Wer in sonstiger Weise auf Kosten eines anderen etwas ohne rechtlichen Grund erlangt, ist ihm zur Herausgabe verpflichtet."

Die Voraussetzungen des Herausgabeanspruchs (der „Kondiktion") hängen also von der Frage ab, ob eine Leistung vorliegt (dann § 812 Abs. 1 S. 1 Fall 1 BGB) oder ob in sonstiger Weise etwas erlangt wurde (dann § 812 Abs. 1 S. 1 Fall 2 BGB).

Die Rückabwicklung von Verträgen erfolgt mit Fall 1, der Leistungskondiktion. Voraussetzung für den Anspruch auf Herausgabe „des Erlangten" ist danach,

1. dass der Anspruchsgegner „*etwas erlangt*" hat,
   Dafür genügt jede Verbesserung der Vermögenslage beim Anspruchsgegner (Erlangung von Eigentum/Besitz an einer Sache; Befreiung von einer Verbindlichkeit ...).
2. und dies *durch Leistung* des Anspruchstellers;
   D. h. durch zweckgerichtete und bewusste Mehrung fremden Vermögens, etwa, weil der Anspruchsteller sich vertraglich zur Leistung verpflichtet glaubte.
3. dass außerdem die Leistung *ohne Rechtsgrund* erfolgte.
   Es darf keine Rechtfertigung für die Leistung gegeben sein, etwa weil aufgrund eines Vertrags oder Gesetzes eine Verpflichtung bestand. Standardfall: der unwirksame Vertrag.

Rechtsfolge: Der Anspruchsgegner muss das, was er erlangt hat, in natura, d. h. so wie es ist, an den Anspruchsteller wieder herausgeben. Gem. § 818 BGB, der den Umfang des Bereicherungsanspruchs regelt, muss der Anspruchsgegner auch gezogene **Nutzungen** (s. § 100 BGB) ersetzen (§ 818 Abs. 1 BGB). Ausnahme ist die „**Entreicherung**" – keine Herausgabepflicht, wenn nichts mehr da ist (§ 818 Abs. 3 BGB)! Wenn die Herausgabe in natura nicht möglich ist, ist der Wert des Erlangten zu ersetzen (**Wertersatz**, § 818 Abs. 2 BGB).

Beispiel

V verkauft K eine Obstplantage, das Eigentum am entsprechenden Grundstück wird übertragen, K nimmt es in Besitz. Wegen eines Irrtums ficht K dann den Kaufvertrag an.

Wegen des Trennungs- und Abstraktionsprinzips führt die Anfechtung des Kaufvertrags zwar dazu, dass dieser gem. § 142 Abs. 1 BGB als ex tunc nichtig anzusehen ist, nicht aber die Übereignung des Grundstücks. Ein Anspruch des V gegen K auf Herausgabe des Grundstücks gem. § 985 BGB (lesen!) scheitert daher.

V hat aber nicht nur K den Kaufpreis zurückzugewähren, sondern K dem V auch die Obstplantage (genauer: Eigentum und Besitz an dem Grundstück, auf dem die Plantage angelegt ist), und zwar aufgrund § 812 Abs. 1 S. 1 Fall 1 BGB. Konnte K in der Zwischenzeit die Obstbäume abernten, ist die Ernte als „Nutzung" ebenfalls Teil der geschuldeten Leistung.

Problematisch sind im Bereicherungsrecht vor allem **Drei-Personen-Verhältnisse**. Hier muss man sich fragen, wer gegen wen unmittelbar „kondizieren" soll. Faustformel: Es gilt der **Vorrang der Leistungsbeziehungen**: Jeder soll grundsätzlich sich an seinen Vertragspartner halten, es soll „entlang der Leistungsbeziehungen abgewickelt" werden – schließlich hat man sich seinen Vertragspartner ja auch selbst ausgesucht, mit allen Risiken!

Beispiel
D liefert aufgrund eines Vertrags mit Bauunternehmer B Dachziegel für das Einfamilienhaus des E. B liefert sie an E weiter. Ist der Vertrag zwischen B und D unwirksam, hat D die Ziegel ohne Rechtsgrund geliefert. Er kann sich jetzt aber nicht etwa an E wenden (und ihm womöglich das Dach abdecken!), sondern muss sich an B halten.

4.14 Deliktsrecht

Das Deliktsrecht (§§ 823 ff. BGB) regelt die Schadensersatzansprüche wegen unerlaubter Handlung, und damit Schadensersatzansprüche als Kompensation dafür, dass jemand durch eine rechtswidrige, schuldhafte Handlung einem anderen Schaden an den vom Gesetz geschützten Rechtsgütern zufügt.

Ihm gehen etwaige vertragliche Regelungen vor – Privatautonomie! Selbst wenn ein Vertrag vorliegt, der selbst keine Regelung zum Schadensersatz enthält, sind immer noch die §§ 280 ff. BGB zu prüfen.

Außerdem gibt es zahlreiche **Haftungsvorschriften außerhalb des BGB**, in Spezialgesetzen, die an besondere Verhaltensweisen oder Ereignisse anknüpfen, z. B. an das Inverkehrbringen fehlerhafter Produkte (ProdHG) oder an Schäden, die durch Arzneimittel verursacht wurden (AMG), an das Fehlverhalten bestimmter Berufsgruppen (§ 63 VVG für Versicherungsagenten oder -makler) oder an Schäden aus Umwelteinwirkungen bestimmter Anlagen (UmweltHG). Diese Aufzählung ist nicht abschließend!

Für den Anspruchsteller sind die Spezialvorschriften oft günstiger als das Deliktsrecht, denn nicht alle setzen auch ein Verschulden voraus. Teilweise haften bestimmte Personen schon deshalb, weil sie eine bestimmte Gefahr gesetzt haben („**Gefährdungshaftung**"). Häufig ist sie bei Schäden, die beim Betrieb von Verkehrsmitteln entstehen

4.14 · Deliktsrecht

(§ 33 Abs. 1 S. 1 LuftVG für die Halter von Luftfahrzeugen, § 7 Abs. 1 StVG für Halter von Kraftfahrzeugen).

Greift ein Spezialgesetz ein, ist dieses vorrangig vor dem BGB zu prüfen. Das BGB kann subsidiär herangezogen werden, es sei denn, die Spezialvorschrift soll abschließend sein (was gegebenenfalls durch Auslegung zu ermitteln ist).

Die §§ 823 ff. BGB (die Haftung aus Delikt oder **deliktische Haftung**) sind also vor allem dann wichtig, wenn keine spezielle Haftungsvorschrift erfüllt ist und wenn entweder kein Vertrag zwischen Schädiger und Geschädigtem besteht oder vertragliche Schadensersatzansprüche bereits verjährt sind (deliktische Ansprüche unterliegen der allgemeinen Verjährungsfrist, die noch mal wie lang war? ▶ Abschn. 2.4).

Bevor sie weiterlesen: Lesen Sie unbedingt alle §§ 823 ff. BGB!

Sie enthalten neben dem zentralen § 823 BGB noch spezielle Haftungsnormen, etwa §§ 824–826 BGB oder §§ 832–840 BGB. Sie ordnen Haftung bestimmter Personen an, die „gefährliche" Tätigkeiten ausüben (vom Tierhalter bis zum Beamten), und solcher Personen, die bestimmte ausgewählte Rechtsgüter verletzt haben (z. B. sexuelle Selbstbestimmung).

§§ 827, 828 BGB regeln, wer überhaupt deliktisch haften kann („deliktsfähig" ist), häufigster Fall des Deliktsunfähigen sind Kinder unter 7 Jahren (§ 828 Abs. 1 BGB, beachten Sie auch die Privilegierung im Straßenverkehr für Personen ab 7 und unter 10 Jahren, § 828 Abs. 2 BGB). § 830 klärt die Haftung von Mittätern und Beteiligten. §§ 840 ff. BGB betreffen dann den genauen Inhalt und Umfang des Schadensersatzanspruchs (lesen!).

Der Grundtatbestand der Haftung ist in § 823 BGB geregelt. Er ist gegliedert in zwei Absätze und damit in zwei verschiedene Haftungstatbestände:

§ 823 Abs. 1 BGB sieht für die rechtswidrige und schuldhafte Verletzung der dort aufgezählten Rechtsgüter eine Schadensersatzpflicht vor.

§ 823 Abs. 2 BGB knüpft die Schadensersatzpflicht an die Verletzung eines Schutzgesetzes, eines Gesetzes, das dem Schutz des verletzten Rechtsguts dient.

§ 823 Abs. 1 BGB greift nur bei
1. Rechtsgutverletzung
2. Rechtswidrigkeit
3. Verschulden
4. Kausalität
5. Rechtsfolge

Dies soll im Folgenden erläutert werden.

Rechtsgutverletzung Problematisch ist das vom Gesetz erwähnte „**sonstige Recht**" – es wurde von der Rechtsprechung dahin ausgelegt, dass hier nur den anderen genannten Rechten ähnliche, d. h. **absolute Rechte** geschützt werden sollen. Hervorzuheben sind der **berechtigte Besitz** gem. § 854 BGB, das **allgemeine Per-

sönlichkeitsrecht, das aus Art. 1 Abs. 1, 2 Abs. 1 GG hergeleitet wird und etwa das Recht am eigenen Wort und am eigenen Bild umfasst, und das Recht am eingerichteten und ausgeübten **Gewerbebetrieb** (hergeleitet aus Art. 12 GG). Damit eine Verletzung des eingerichteten und ausgeübten Gewerbebetriebs zur Haftung nach § 823 Abs. 1 BGB führt, muss die Verletzung, der „Eingriff", aber „betriebsbezogen" sein, gerade auf den Betrieb abzielen. Kein sonstiges Recht ist hingegen das **Vermögen**. Eine Haftung für Vermögensschäden sieht das Deliktsrecht nicht vor, sie erschien dem Gesetzgeber als zu uferlos.

Beispiel 1
T zerstört im Streit mit O dessen kostbare Vase. Verletztes Rechtsgut: Eigentum des O.

Beispiel 2
Arzneimittelhersteller A schaltet Werbung für das Testosteronpräparat T in verschiedenen Zeitungen. Die Werbung zeigt den Prominenten P beim Springreiten und preist an: „Immer leistungsfähig mit T!" P ist entrüstet, er wurde nicht gefragt.

Verletzt ist Ps allgemeines Persönlichkeitsrecht.

Beispiel 3
T parkt Os Einfahrt zu, sodass O seinen dort abgestellten Wagen nicht mehr ausparken kann.

Verletzung von Besitz des O in Bezug auf seinen Wagen.

Rechtswidrigkeit Diese liegt vor, wenn keine Rechtfertigungsgründe die Schädigung rechtfertigen (z. B. §§ 227, 228 BGB).

Beispiel
Aufgrund eines Streiks, zu dem die Gewerkschaft G aufgerufen hat, steht bei AG über Tage hinweg die Produktion still. AG erleidet dramatische Einbußen. Er will diese von G ersetzt verlangen.

Hier liegt ein Eingriff in das Recht am eingerichteten und ausgeübten Gewerbebetrieb des AG vor, und dieser Eingriff ist auch betriebsbezogen. Aber: Rechtswidrig ist er nur, wenn der Streik der G rechtswidrig war. War der Streik rechtmäßig, ist G gerechtfertigt!

Verschulden § 823 Abs. 1 BGB verlangt Vorsatz oder Fahrlässigkeit. Vorsatz = Wissen und Wollen der Tatbestandsverwirklichung. Leichte Fahrlässigkeit = Außerachtlassen der im Verkehr erforderlichen Sorgfalt (Faustformel: „Das kann passieren!"). Grobe

4.14 · Deliktsrecht

Fahrlässigkeit = Außerachtlassen der im Verkehr erforderlichen Sorgfalt in besonders schwerem Maße, das außer Acht lassen, was im gegebenen Fall jedem hätte einleuchten müssen (Faustformel: „Das darf nicht passieren!").

Kausalität Die Rechtsgutsverletzung muss aufgrund einer Handlung oder Unterlassung (wenn eine Pflicht zum Handeln besteht) erfolgen, zwischen Handlung und Rechtsgutsverletzung muss ein Zusammenhang bestehen (haftungsbegründende Kausalität). Zur Kausalität (einschließlich der haftungsausfüllenden Kausalität) ▶ Abschn. 3.6.2.

Rechtsfolge Pflicht zum Ersatz der dem Geschädigten entstandenen Schäden (§§ 249 ff. BGB). Auf den Grad des Verschuldens kommt es dafür nicht an!

§ 823 Abs. 2 BGB hingegen setzt die Verletzung eines **Schutzgesetzes** voraus. Dafür ist ein § aufzufinden, der „Schutzgesetz" sein könnte. Schutzgesetz ist eine Vorschrift, die nach ihrem Zweck dazu bestimmt ist, zumindest auch bestimmte Personen vor bestimmten Rechtsgutsverletzungen zu schützen. Zu den Schutzgesetzen zählen häufig Strafvorschriften, etwa aus dem StGB.

Beispiel
Als die von X initiierte Filmfondsgesellschaft infolge der Insolvenz ihrer Filmproduktionsdienstleisterin in wirtschaftliche Schieflage gerät und Anleger O vom Totalverlust seiner Anlage erfährt, fühlt O sich getäuscht: X habe in den von ihm herausgegebenen Prospekten, mit denen im größeren Stil Anleger geworben werden sollten, die Risiken kleingeredet und versichert, mindestens das angelegte Geld würden die Anleger stets zurückerhalten.

In Betracht kommt hier ein Kapitalanlagebetrug durch X (strafbar gem. § 264a StGB). § 264a StGB ist auch Schutzgesetz i. S. d. § 823 Abs. 2 BGB.

Das Besondere: Mit § 823 Abs. 2 BGB ist es in gewissen Grenzen möglich, die Entscheidung des Gesetzgebers in § 823 Abs. 1 BGB, keine Haftung für Vermögensschäden vorzusehen, zu umgehen. Voraussetzung ist, dass ein Schutzgesetz vorliegt, das auch das Vermögen schützt. Die Haftung wird aber dadurch eingeschränkt, dass in jedem Fall ein Verschulden in Bezug auf die Schutzgesetzverletzung erforderlich ist – auch dann, wenn das Schutzgesetz selbst ein Verschulden nicht voraussetzt (s. § 823 Abs. 2 S. 2 BGB).

§ 826 BGB, die **vorsätzliche sittenwidrige Schädigung**, ist der Auffangtatbestand im Bereich deliktischer Haftung und wurde von der Rechtsprechung in Fallgruppen näher konkretisiert. Häufige Anwendung findet er in Insolvenz- und Kapitalmarktrecht sowie im Gesellschaftsrecht.

Mit § 831 BGB wird es möglich, gegen den Geschäftsherrn eines **Verrichtungsgehilfen** vorzugehen, wenn der Verrichtungsgehilfe in Ausübung seiner Verrichtung einen Schaden verursacht. Es handelt sich nicht um eine Zurechnungsnorm, mit der der Geschäftsherr für fremdes Fehlverhalten verantwortlich gemacht wird (wie § 278 BGB), sondern um eine eigenständige Anspruchsgrundlage, die an eigenes Fehlverhalten des Geschäftsherrn anknüpft, nämlich an ein Auswahl- oder Überwachungsverschulden.

Beispiel

AGs Kurierfahrer AN rauscht auf dem Weg zu seinem nächsten Ziel mit seinem Fahrrad heran und fährt Fußgänger F an. F trug eine teure Vase, die bei dem Zusammenstoß zerstört wird.

F hat zwar aus § 823 Abs. 1 BGB einen Schadensersatzanspruch gegen AN. Interessanter sind für ihn aber möglicherweise Ansprüche gegen ANs (wirtschaftlich im Zweifel besser aufgestellten) Arbeitgeber AG. Anspruchsgrundlage ist hier § 831 Abs. 1 BGB. Voraussetzung ist, dass AN Verrichtungsgehilfe ist.

> **Merke!**
>
> **Verrichtungsgehilfe** ist, wem für einen anderen, in dessen Einflussbereich er steht und zu dem eine gewisse Weisungsgebundenheit bestehen muss, eine Tätigkeit ausführt. Standardfall ist der Arbeitnehmer, da er weisungsgebunden und vom Arbeitgeber persönlich abhängig ist.

Der Verrichtungsgehilfe muss in Ausführung der Verrichtung (nicht nur bei Gelegenheit) und widerrechtlich handeln. Es besteht für den Geschäftsherrn die Möglichkeit, sich zu exkulpieren (s. § 831 Abs. 1 S. 2 BGB): Wenn er seinen Verrichtungsgehilfen sorgfältig ausgewählt (und überwacht) hat, haftet er nicht. Für unser Beispiel kommt es also darauf an, ob AG seinen Kurierfahrer AN sorgfältig ausgewählt hat.

§ 831 BGB greift nur bei Verrichtungsgehilfen. Um juristischen Personen das Verhalten ihrer Vertreter (im untechnischen Sinne) zuzurechnen – die gerade nicht wie Arbeitnehmer weisungsgebunden sind – ist § 31 BGB anzuwenden. Anders als bei § 831 BGB handelt es sich nicht um eine eigene Anspruchsgrundlage. Auch eine Möglichkeit, das Fehlverhalten des Vertreters zu exkulpieren, besteht nicht. Die Norm wird nicht nur auf Vereine und ihre Vorstände angewendet, sondern darüber hinaus auch bei oHG, KG oder GbR.

Fehlerhaftes Verhalten von Erfüllungsgehilfen wird gem. § 278 BGB zugerechnet, und zwar (nur) bei Schadensersatzansprüchen im vertraglichen Bereich. Der Schuldner muss sich das Fehlverhalten des Erfüllungsgehilfen zurechnen lassen. Auf sein eigenes Verschulden kommt es nicht an.

4.15 Lern-Kontrolle

Kurz und bündig

Der Besondere Teil des Schuldrechts (§§ 433–853 BGB) enthält zum einen Vorschriften über verschiedene, besonders häufig vorkommende Vertragstypen (z. B. Kaufvertrag, Werkvertrag, Mietvertrag). Meist sind Gegenstand der gesetzlichen Regelung die Hauptleistungspflichten und die Rechte und Pflichten der Vertragsparteien bei Schlechtleistung. Zum anderen finden sich im Besonderen Teil des Schuldrechts Bestimmungen über Entstehung und Inhalt der gesetzlichen Schuldverhältnisse Geschäftsführung ohne Auftrag, ungerechtfertigte Bereicherung und Delikt.

❓ Let's check

1. Liegt bei Gefahrübergang ein Sach- oder Rechtsmangel vor, muss der Käufer gem. §§ _____ Nr. 1, _____ BGB zunächst Nacherfüllung in Form der _____ oder _____ wählen und dem Verkäufer damit eine Chance zur zweiten Andienung geben. Bei der _____ muss der Verkäufer die Sache auf eigene Kosten (§ _____ BGB) in mangelfreien Zustand versetzen. Statt der Nachbesserung kann der Käufer nach seiner Wahl auch _____ (§ _____ BGB) vom Verkäufer verlangen. Der Käufer ist dann aber zur Rückgewähr der mangelhaften Sache verpflichtet (§ _____ BGB).

2. X „borgt" sich von seinem Nachbarn N ein Päckchen Zucker. Um welchen Vertragstyp handelt es sich?
   a. Mietvertrag
   b. Leihvertrag
   c. Sachdarlehensvertrag
   d. Dienstvertrag

3. Bei entgeltlichen _____ zwischen _____ und _____ gelten zusätzlich zu den §§ 488 ff. BGB die §§ _____ ff. BGB, es sei denn es liegt ein sogenanntes **Bagatelldarlehen** mit einem Nettodarlehensvertrag unter 200 € vor, § 491____ BGB. Geschützt wird der Verbraucher u. a. durch _____ (§§ 492, 494, 126 BGB) des Vertrages. Der Vertrag muss zudem bestimmte Angaben mindestens enthalten (§_____ BGB). Vor unerwünschter Vertragsbindung, etwa nach einem übereilten Vertragsschluss, soll das _____ (§§ 495, 355 BGB) schützen.

4. Was stimmt?
   a. Mietverträge können mündlich geschlossen werden.
   b. Der Vermieter hat grundsätzlich die Kosten für Schönheitsreparaturen zu tragen.
   c. Ein Mietverhältnis über Wohnraum endet beim Verkauf des Hauses.

5. Welche der folgenden Rechte/Rechtsfolgen sieht das Gesetz bei Mängeln der Mietsache (gegebenenfalls unter weiteren Voraussetzungen) vor?
   a. Befreiung des Mieters von der Mietzahlung
   b. Recht, die Mietminderung zu erklären
   c. Anspruch auf Beseitigung des Mangels
   d. Recht, den Mangel selbst zu beseitigen
6. Grundsätzlich darf der Mieter die Sache nicht Dritten überlassen (§ _____ BGB). Allerdings kann bei Mietverträgen über Wohnraum der Mieter vom Vermieter entsprechende Erlaubnis verlangen, wenn _____ und der Vermieter darf diese nur aus wichtigem Grund verweigern (§§ 540, _____ BGB).
7. Der Dienstvertrag muss schriftlich geschlossen werden. Richtig?
8. Fehlt die Vereinbarung der Vergütung im Werkvertrag, so kommt er nicht zustande. Richtig?
9. Welche Rechte kann der Besteller bei einem mangelhaften Werk haben?
   a. Nacherfüllung
   b. Minderung
   c. Rücktritt
   d. Selbstvornahme
   e. Schadensersatz
   f. Aufwendungsersatz
10. Die Abnahme besteht aus der körperlichen _____ und der _____ des Werkes als _____. Sofern erstere nicht möglich ist, z. B. weil der Besteller bereits Besitzer des Werkes ist, genügt die _____.

❓ Vernetzende Aufgaben

1. Unter welchen Voraussetzungen ist der Zinssatz bei einem Darlehen wucherisch/sittenwidrig?
2. Journalist J arbeitet bei Zeitung Z aufgrund eines Vertrags als „freier Mitarbeiter" im Umfang von 30 Stunden in der Woche gegen feste Vergütung nach Stunden. Er ist der Sportredaktion zugeordnet. Worüber er genau berichtet (Tennis, Fußball o. ä.), bestimmt der Ressortchef. Im Inhalt der Berichterstattung ist J frei. J verfügt über keinen festen Büroarbeitsplatz bei Z, sondern arbeitet vom eigenen Laptop aus. An Redaktionskonferenzen nimmt er teil. Abwesenheiten trägt er in einen Urlaubsplan ein, wobei ihm sechs Wochen Abwesenheit im Jahr zustehen. In dieser Zeit wird er nicht bezahlt. Ob der Urlaub genommen werden darf, bestimmt Zs Personalabteilung. Ist J Arbeitnehmer?

4.15 · Lern-Kontrolle

> **Lesen und Vertiefen**
> **Lehrbücher zu vertragliche Schuldverhältnisse**[3]
> – Looschelders, D. (2016). *Schuldrecht – Besonderer Teil*. München: Vahlen.
>
> Hier insbesondere vertiefen: Aus dem Kaufrecht: Falschlieferung, Lieferung einer wertvolleren Sache als geschuldet; Darlehensvertrag: Sittenwidrigkeit von Darlehen, Rückabwicklung von sittenwidrigen Darlehen; Widerruf bei Verbraucherdarlehen; Mietrecht: Systematik: Kündigungsrecht und Schadensersatzrecht; Dienstvertrag: Arbeitnehmerbegriff, Abgrenzung Arbeitnehmer/Dienstverpflichteter/Werkunternehmer, Haftung des Dienstverpflichteten und innerbetrieblicher Schadensausgleich; Behandlungsvertrag*: grundlegende Pflichten, Dokumentations- und Aufklärungspflichten, Beweislast und Haftung; Werkvertrag: Abgrenzung zu Werklieferungs- und Dienstvertrag, Kündigungsrechte der Beteiligten, Sicherung des Werkunternehmers, Werkunternehmerpfandrecht einschließlich Rechtslage bei nicht dem Besteller gehörenden Sachen*.
> – Tonner, K. (2016). *Schuldrecht – Vertragliche Schuldverhältnisse*. Baden-Baden: Nomos.
>
> Hier insbesondere vertiefen: Kaufrecht: Mangelfolgeschaden; Verbrauchsgüterkauf, insbesondere Reichweite des § 476 BGB (nach EuGH C-497/13 – „Faber"); Maklervertrag: Handelsmakler.
>
> **Ergänzung zum Handelskauf**
> – Oetker, H. (2015). *Handelsrecht*. Berlin u. a.: Springer.
>
> Hier insbesondere vertiefen: Handelskauf, insbesondere Anwendungsbereich des vierten Buches des HGB und Gewährleistungsrecht*.
>
> **Sonstige Ergänzungen**
> – Drettmann, F. (2012). Die AGB-Kontrolle im Wohnraummietverhältnis. *WuM 2012*, 535 ff.
>
> Überblick über die Zulässigkeit gängiger AGB in Mietverträgen über Wohnraum: Schönheitsreparaturen, Kleinreparaturen, Verhaltensregeln (z. B. Haustierhaltung) etc.
> – Lorenz, S. (2014). Grundwissen – Zivilrecht: Der Reisevertrag (§§ 651a ff. BGB) *JuS 2014*, 589 ff.
>
> Rechte des Kunden beim Reisevertrag, insbes. gem. § 651f BGB, einschließlich Rechte des Mitreisenden, Verhältnis zum Deliktsrecht.
> – Lorenz, S., & Arnhold, S. (2014). Grundwissen – Zivilrecht: Der Nacherfüllungsanspruch. *JuS 2014*, 7 ff.
>
> Mängelgewährleistung und allgemeines Leistungsstörungsrecht, bspw. Unmöglichkeit; Selbstvornahme des Käufers bei Mängeln.

---

[3] Mit * versehene Themen bedürfen nur der Vertiefung, soweit sie in der Studienordnung Ihres Studiengangs vorgesehen sind (bei Rechtswissenschaft/Staatsexamen ist dies stets der Fall).

- Roth, H. (2012). in F. J. Säcker, H. Oetker, R. Rixecker & B. Limperg (Hrsg.). *Münchener Kommentar zum BGB, § 652*. München: C. H. Beck, Rn. 173 ff.
    Kausalität beim Maklervertrag (lesen, um eine Vorstellung von den typischen Kausalitätsproblemen zu bekommen, auf keinen Fall Einzelfälle auswendig lernen!).

Gesetzliche Schuldverhältnisse

Die gesetzlichen Schuldverhältnisse gehören üblicherweise nur sehr begrenzt zum Stoff der Wirtschaftsrechtsstudiengänge und wurden daher hier entsprechend knapp dargestellt. Sollte Ihre Studienordnung etwas anderes vorsehen (bei Staatsexamensstudiengängen ist dies immer der Fall), lernen Sie von Grund auf anhand eines Lehrbuchs, z. B.

- Looschelders, D. (2016). *Schuldrecht – Besonderer Teil*. München: Vahlen.
- Peifer, K.-N. (2014). *Schuldrecht – Gesetzliche Schuldverhältnisse*. Baden-Baden: Nomos.
- Schlechtriehm, P. & Schmidt-Kessel, M. (2016). *Schuldrecht – Besonderer Teil*. Tübingen: Mohr Siebeck.
- Wandt, M. (2015). *Gesetzliche Schuldverhältnisse*. München: Vahlen.

Sachenrecht

Lena Rudkowski

5.1 Einführung – 134

5.2 Besitz – 136

5.3 Eigentum – 138
5.3.1 Rechtsgeschäftlicher Eigentumserwerb an beweglichen Sachen – 138
5.3.2 Der lastenfreie Erwerb gem. § 936 BGB – 143
5.3.3 Der Erwerb des Eigentums gem. §§ 946 ff. BGB – 144
5.3.4 Exkurs: Eigentum an Schuldurkunden, § 952 BGB – 145
5.3.5 Das Anwartschaftsrecht – 146
5.3.6 Der Eigentumserwerb an unbeweglichen Sachen – 147

5.4 Das Eigentümer-Besitzer-Verhältnis (EBV) – 148
5.4.1 Die Vindikationslage (§ 985 BGB) – 149
5.4.2 Nutzungen – 150
5.4.3 Schadensersatzansprüche des Eigentümers – 151
5.4.4 Haftung für Verzug – 151
5.4.5 Ansprüche gegen den redlichen Besitzer – 151
5.4.6 Haftung des deliktischen Besitzers – 153
5.4.7 Ansprüche des Besitzers auf Verwendungsersatz – 153

5.5 Kreditsicherung – 154
5.5.1 Personalsicherheiten – 155
5.5.2 Realsicherheiten – 158

5.6 Lern-Kontrolle – 165

© Springer Fachmedien Wiesbaden GmbH 2016
L. Rudkowski, *Wirtschaftsrecht: BGB AT, Schuldrecht, Sachenrecht,*
Studienwissen kompakt, DOI 10.1007/978-3-658-09868-1_5

> **Lern-Agenda**
> Unabhängig von den schuldrechtlichen Vorschriften bestimmt das Sachenrecht, wie man Eigentum und Besitz an beweglichen und unbeweglichen Sachen erlangt, an andere überträgt und verliert. Zum Sachenrecht gehört, mit Schnittstellen zum Schuldrecht, außerdem das Kreditsicherungsrecht. Im folgenden Abschnitt lernen Sie, welchen Grundprinzipien das Sachenrecht folgt, wie Eigentum und Besitz zusammenspielen und wie sich Gläubiger gegen den Ausfall ihrer Forderungen absichern können.
>
> | | |
> |---|---|
> | Grundstrukturen des Sachenrechts; PASTA | ▶ Abschn. 5.1 |
> | Besitz, Besitzerwerb, Besitzverlust, Mitbesitz, mittelbarer Besitz, Besitzdienerschaft | ▶ Abschn. 5.2 |
> | Eigentum, Befugnisse des Eigentümers, Erwerb des Eigentums vom Berechtigten und vom Nichtberechtigten, sonstige Erwerbstatbestände, Anwartschaftsrecht, lastenfreier Erwerb | ▶ Abschn. 5.3 |
> | Eigentümer-Besitzer-Verhältnis, Ansprüche des Eigentümers gegen den redlichen/verklagten/bösgläubigen Besitzer | ▶ Abschn. 5.4 |
> | Kreditsicherungsrecht, Bürgschaft, Schuldübernahme, Schuldbeitritt, Garantie, Patronatserklärung, Sicherungsabtretung, Sicherungsübereignung, Pfandrecht, Eigentumsvorbehalt, Hypothek, Grundschuld | ▶ Abschn. 5.5 |

5.1 Einführung

Das Sachenrecht behandelt die rechtlichen Beziehungen zwischen Personen und Sachen (anders als das Schuldrecht: Rechtsbeziehungen zwischen Personen). So geht es etwa darum, was „Eigentum" ist, was der Eigentümer darf und wie man Eigentum erlangt. Das Sachenrecht regelt damit wichtige Bestandteile der deutschen Rechtsordnung, insbesondere mit dem **Eigentum** das stärkste Recht, das eine Person an einer Sache haben kann.

Weil es so wichtige Rechte zum Gegenstand hat, unterliegt das Sachenrecht besonderen Prinzipien, anderen als das Schuldrecht. Der Gesetzgeber will, dass die **sachenrechtliche** (oder „**dingliche**") Rechtslage jederzeit eindeutig ist, dass z. B. jederzeit festgestellt werden kann, wer Eigentümer einer Sache ist.

Daraus folgen die ersten drei grundlegenden **Prinzipien des Sachenrechts**:
1. Die sachenrechtliche Rechtslage ist nach dem **Trennungs- und Abstraktionsprinzip** (▶ Abschn. 2.1.6) von der schuldrechtlichen streng zu trennen.

5.1 · Einführung

2. Weil der Gesetzgeber will, dass so wichtige Rechte wie das Eigentum jederzeit einer Person zugeordnet werden können, gibt es das **Publizitäts- oder Offenkundigkeitsprinzip**: Eine Sache wird einer Person grundsätzlich aufgrund dieses Prinzips, durch „Offenkundigkeit" oder einen „Publizitätsakt" zugeordnet. Meist kommt die Publizität vom **Besitz**, also vom tatsächlichen Innehaben der Sachherrschaft. So wird vermutet, dass der Besitzer einer Sache auch ihr Eigentümer ist (s. im Einzelnen § 1006 BGB). Damit ist das Gesetz nah am Leben dran: Die Erfahrung lehrt, wer eine Sache „in der Hand hat", wer ihr Besitzer ist, wird oft auch ihr Eigentümer sein.
3. Während das Schuldverhältnis grundsätzlich nur zwischen den Personen wirkt, die – etwa aufgrund ihres eigenen Willens (Vertrag) oder aufgrund eines bestimmten Verhaltens (z. B. bei § 823 BGB: schädigende Handlung) – Teil des Schuldverhältnisses sind („inter partes-Wirkung"), wirken die Rechte des Eigentümers oder Besitzers oder der sonstigen Akteure des Sachenrechts „erga omnes", gegenüber jedermann. Man spricht von der **Absolutheit** des Sachenrechts gegenüber der Relativität der Schuldverhältnisse.

Das Sachenrecht ist aufgrund dieser Besonderheiten sehr viel formaler als das Schuldrecht. Das führt zu weiteren Prinzipien des Sachenrechts:

4. Bestimmtheit („**Spezialitätsprinzip**"): Dingliche Rechte können nur an einzelnen, individuell bestimmten Sachen bestehen – eine „Gattungsschuld" wie im Schuldrecht gibt es nicht.

Beispiel
K verkauft an V „alles, was ich habe". Der Kaufvertrag über „alles, was ich habe" ist grundsätzlich wirksam. Sachenrechtlich ist das Geschäft aber unwirksam. Es muss genau klar sein, worauf sich die Verfügung bezieht. Was aber ginge: wenn K alles verkauft, „was sich in meiner gegenwärtigen Wohnung befindet".

5. **Typenzwang**: Während im Schuldrecht völlige Gestaltungsfreiheit herrscht, gilt im Sachenrecht der Grundsatz: Geschäfte, die nicht im Gesetz stehen, gibt es auch nicht! Das heißt, dass z. B. Eigentum an beweglichen Sachen (nur) nach den gesetzlichen Erwerbstatbeständen erlangt werden kann, insbesondere nach §§ 929 ff. BGB – andere Wege des Erwerbs gibt es nicht!

Die hier vorgestellten Prinzipien fasst man unter dem Schlagwort „PASTA" zusammen (◘ Abb. 5.1). Wichtig werden sie nicht nur, um das manchmal sehr abstrakt formulierte Gesetz zu verstehen, sondern auch, um bei Unklarheiten in der Rechtslage eine mit dem Willen des Gesetzgebers kompatible Lösung zu finden.

Im Wirtschaftsrecht kommt es besonders bei der Kreditsicherung auf das Sachenrecht an. Nur wer den Erwerb des Eigentums verstehen kann, wird auch mit dem Kreditsicherungsrecht etwas anfangen können.

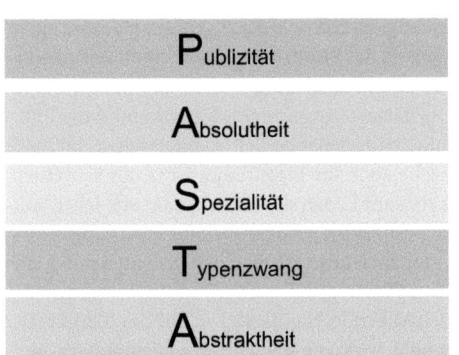

Abb. 5.1 Prinzipien des Sachenrechts

5.2 Besitz

> **Merke!**
>
> Der **Besitz** (geregelt in §§ 854 ff. BGB) wird definiert als die tatsächliche Sachherrschaft, die von einem Besitzwillen getragen ist.

Vereinfacht gesagt geht es darum, wer eine Sache im wahrsten Wortsinn „besitzt", sie gleichsam „in der Hand hält".

Das BGB kennt verschiedene Arten des Besitzes:
- der (unmittelbare) Besitz, § 854 BGB,
- der mittelbare Besitz, § 868 BGB,
- der Eigenbesitz, § 872 BGB,
- der Mitbesitz, § 866 BGB,
- (der Teilbesitz, § 865 BGB),
- (der Erbenbesitz, § 857 BGB).

Die wichtigste Funktionen des Besitzes ist die **Publizitätsfunktion:** Der Besitz macht sachenrechtliche Rechtsverhältnisse offensichtlich. Wer Besitzer einer Sache ist, so lehrt die Lebenserfahrung, ist häufig auch ihr Eigentümer.

Unmittelbaren Besitz erwirbt man durch „Erlangung der tatsächlichen Sachherrschaft", indem man entweder „Besitz ergreift" oder ihn vom Vorbesitzer übernimmt (s. §§ 854, 857 BGB). Der Besitz endet, indem der Besitzer die „tatsächliche Gewalt" über die Sache aufgibt oder verliert (§ 856 Abs. 1 BGB).

Besitzer ist nicht notwendigerweise nur eine einzige Person. Auch mehrere Personen können gemeinschaftlich und gleichberechtigt/gleichrangig eine Sache besitzen,

5.2 · Besitz

siehe § 866 BGB. Sie können dabei jeder für sich Zugriff auf die Sache haben (**einfacher Mitbesitz**) oder nur zusammen (**qualifizierter Mitbesitz**).

Beispiel (einfacher Mitbesitz)
Die Espressomaschine in der WG-Küche wird von allen Mitbewohnern gleichberechtigt benutzt.

Beispiel (qualifizierter Mitbesitz)
Die Eheleute M und F haben jeweils einen Schlüssel zum Tresor ihres Hauses, nur mit beiden Schlüsseln zusammen lässt sich der Tresor öffnen.

Es gibt aber auch Fälle, in denen jemand Besitzer ist, ohne direkten Zugriff auf die Sache zu haben, ohne die Sache „in der Hand" zu haben. Es geht um **mittelbaren Besitz** (§ 868 BGB): *„Besitzt jemand (der unmittelbare Besitzer) eine Sache ... (in einem Rechts-) Verhältnis, vermöge dessen er einem anderen gegenüber auf Zeit zum Besitz berechtigt oder verpflichtet ist, so ist auch der andere Besitzer"*, (nämlich mittelbarer Besitzer).

„In der Hand" hat die Sache ein anderer, der unmittelbare Besitzer. Der mittelbare Besitzer kann lediglich über den unmittelbaren Besitzer auf die Sache Einfluss nehmen. Das Verhältnis zwischen unmittelbarem Besitzer und mittelbarem Besitzer heißt **Besitzmittlungsverhältnis**. Es entsteht aufgrund Gesetzes (z. B. § 1698 BGB, Eltern/Kinder) oder aufgrund Vereinbarung.

Beispiel
Der Mieter einer Wohnung ist ihr unmittelbarer Besitzer, der Vermieter mittelbarer Besitzer: Er wohnt nicht direkt in der Wohnung, aber im Mietvertrag sind die Voraussetzungen geregelt, unter denen er den unmittelbaren Besitz des Mieters duldet.

Neben dem Besitzmittlungsverhältnis ist erforderlich, dass der unmittelbare Besitzer auch für den mittelbaren Besitzer besitzen will (Besitzmittlungswille). Dass der unmittelbare Besitzer plötzlich seinen Willen ändert, ist häufiger Klausurfall.

Der mittelbare Besitz führt zu einer „Besitzstufung" (unmittelbarer Besitzer/mittelbarer Besitzer). Es kann beliebig viele Stufen geben (◘ Abb. 5.2), was von Bedeutung ist beim Anwartschaftsrecht oder bei der Pfändung (in der Zwangsvollstreckung).

Mittelbarer Besitz wird erworben durch Begründung eines Besitzmittlungsverhältnisses (d. h. der unmittelbare wird zum mittelbaren Besitzer) oder Übertragung des Herausgabeanspruchs gem. § 870 BGB (Abtretung des Anspruchs). Die Beendigung erfolgt durch:
1. Verlust des unmittelbaren Besitzes (z. B. Wegnahme der Sache durch verbotene Eigenmacht, § 858 BGB),
2. Erlöschen des Herausgabeanspruchs oder
3. Änderung des Besitzmittlungswillens.

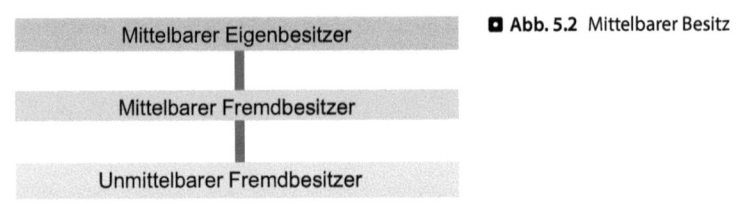

Abb. 5.2 Mittelbarer Besitz

Der **Besitzdiener** (§ 855 BGB) ist nicht Besitzer. Er „dient" einem Besitzer, dem er weisungsgebunden ist (Unterschied zum mittelbaren Besitzer). Alle Sachen, die der Besitzdiener in seiner „tatsächlichen Gewalt" hat, befinden sich im Besitz seines „Herrn". Das Institut dient dazu, z. B. die Einschaltung von Hilfspersonen beim Eigentumserwerb zu ermöglichen.

Beispiel
Nimmt die Haushaltshilfe für die Hausherrin ein Paket an der Tür an, ist nicht die Haushaltshilfe Besitzerin, sondern schon die Hausherrin!
Umgekehrt: Der Mieter ist dem Vermieter nicht weisungsgebunden und daher nicht Besitzdiener des Vermieters – die Wohnung befindet sich im unmittelbaren Besitz des Mieters.

5.3 Eigentum

Für den wohl wichtigsten Begriff des Sachenrechts gibt es im Gesetz keine Definition. Lediglich die Rechte des Eigentümers werden in § 903 BGB benannt. Das Eigentum ist das umfassendste Recht, das man an einer Sache haben kann. Da es gegenüber jedermann wirkt, ist es ein absolutes Recht. Eigentum kann an **beweglichen Sachen (Mobilien)** und **unbeweglichen Sachen (Immobilien[1])** bestehen. Die Befugnisse des Eigentümers sind in den §§ 903 ff. BGB geregelt.

5.3.1 Rechtsgeschäftlicher Eigentumserwerb an beweglichen Sachen

Der Eigentumserwerb an beweglichen Sachen wird vom „**Mobiliarsachenrecht**" in §§ 929 ff. BGB geregelt. Die beteiligten Personen heißen Veräußerer und Erwerber (niemals: Verkäufer/Käufer, Schenker/Beschenkter, das ist schuldrechtliche Terminologie!).

---

1 Umgangssprachlich sind mit „Immobilien" v. a. Häuser gemeint. Rechtlich meinen Immobilien schlicht unbewegliche Sachen.

5.3 · Eigentum

5.3.1.1 Rechtsgeschäftlicher Erwerb des Eigentums vom Berechtigten

Der rechtsgeschäftliche Erwerb funktioniert immer nach dem gleichen Muster:
Erstens: Nichts geschieht gegen den Willen der Beteiligten, also braucht es eine Einigung.

Zweitens: Das sachenrechtliche Publizitätsprinzip verlangt, dass die dingliche Rechtslage nach außen sichtbar ist, also braucht es die Übergabe der Sache oder etwas Vergleichbares.

Drittens: Der Veräußerer muss zur Verfügung berechtigt sein – oder es muss etwas über den „Defekt" der Nichtberechtigung hinweg helfen (gutgläubiger Erwerb, ▶ Abschn. 5.3.1.2.1)

5.3.1.1.1 Der Grundtatbestand des Eigentumserwerbs (§ 929 S. 1 BGB)

Der Eigentumserwerb an beweglichen Sachen setzt im Grundtatbestand voraus:
1. Einigung von Erwerber und Veräußerer
   Bei der Einigung handelt es sich um einen dinglichen Vertrag, der meist konkludent geschlossen wird. Es gelten die Regeln des BGB AT. Stellvertretung ist möglich; Auslegung gem. §§ 133, 157 BGB.
   Die Einigung muss „hinreichend bestimmt" sein, Konsequenz des sachenrechtlichen **Spezialitätsprinzips**. Hinreichend bestimmt ist eine Einigung, wenn es für jeden, der die Abreden kennt, im Zeitpunkt der Einigung ohne Weiteres ersichtlich ist, welche Sachen übereignet worden sind.
2. Übergabe der Sache
   Eine Übergabe liegt vor, wenn der Erwerber in den Besitz der Sache gelangt, der Veräußerer keinen „Besitzrest" mehr übrig behält und dies alles auf Veranlassung des Veräußerers (d. h. in Vollziehung der Übereignung) geschieht.
   Es handelt sich um einen *tatsächlichen* Akt, daher ist hier Stellvertretungsrecht nicht anwendbar (wohl aber Besitzdienerschaft).
3. (Einigsein von Erwerber und Veräußerer im Zeitpunkt der Übergabe)
   Da die Einigung (s. Prüfungspunkt 1) frei widerruflich ist, muss sie auch noch im Zeitpunkt der Übergabe bestehen – daher der (selten relevante) Prüfungspunkt 3.
4. Verfügungsberechtigung des Veräußerers
   Der Veräußerer ist verfügungsbefugt, wenn er entweder Eigentümer oder vom Eigentümer gem. § 185 Abs. 1 BGB zur Verfügung ermächtigt ist.

5.3.1.1.2 Die Übereignung kurzer Hand (§ 929 S. 2 BGB)

Vom Grundfall der Übereignung (§ 929 S. 1 BGB) aus gesehen, hat die Übereignung „kurzer Hand" gem. § 929 S. 2 BGB – salopp formuliert – einen „Defekt", nämlich beim Prüfungspunkt „Übergabe". Die Sache ist bereits im Besitz des Erwerbers. Sie noch einmal hin und her zu geben, wäre sinnlos. Deswegen wird sie „kurzerhand" beim Erwerber belassen.

Für die Prüfung heißt das:
- Einigung mit dem Inhalt des § 929 S. 2 BGB.
- Übergabe entfällt, Sache ist bereits im Besitz des Erwerbers.
- Verfügungsbefugnis des Veräußerers.

Beispiel
E hat sein Fahrrad an seinen Freund F verliehen. F gefällt das Fahrrad so gut, dass er es kaufen will. E ist einverstanden, das Fahrrad bleibt gleich bei F.

5.3.1.1.3 Die Übereignung durch Besitzkonstitut (§§ 929, 930 BGB)

Von § 929 S. 1 BGB aus betrachtet, liegt der „Fehler" bei einer Übereignung gem. § 930 BGB darin, dass der Veräußerer gerne weiterhin im Besitz der Sache bleiben möchte, um sie weiter nutzen zu können. Häufigster Fall ist die **Sicherungsübereignung**. Der Erwerber, der Sicherungsnehmer, hat hier kein Interesse an der Sache (stellen Sie sich vor, was Banken alles zur Sicherheit übereignet bekommen – wenn sie das alles in Besitz nehmen und einlagern sollten …). Der Gesetzgeber hat die Notwendigkeit gesehen, auch in diesen Fällen eine Übereignung zuzulassen. Die Lösung ist eine Übereignung, bei der die Übergabe durch eine andere besitzrechtliche Konstruktion ersetzt wird, durch ein Besitzkonstitut, die Vereinbarung eines Besitzmittlungsverhältnisses (s. § 870 BGB und ▶ Abschn. 5.2). Der Erwerber wird nur mittelbarer Besitzer der Sache, unmittelbarer Besitzer bleibt der Eigentümer. Das Prüfungsschema wird daher so modifiziert:
- Einigung mit dem Inhalt des § 930 BGB,
- Übergabesurrogat: Vereinbarung eines Besitzmittlungsverhältnisses,
- Einigsein im Zeitpunkt der Vereinbarung des Besitzmittlungsverhältnisses,
- Verfügungsbefugnis des Veräußerers.

Beispiel
Landwirt X braucht Kredit. Hausbank B verlangt Sicherheiten. X bietet an, B seinen Mähdrescher zu übereignen, wobei er ihn selbst im unmittelbaren Besitz behalten will, um die Ernte einzubringen.

5.3.1.1.4 Die Übereignung durch Abtretung eines Herausgabeanspruchs (§§ 929, 931 BGB)

Befindet sich die Sache, die veräußert werden soll, weder im Besitz des Erwerbers noch im Besitz des Veräußerers, sondern im Besitz eines Dritten, kann sie veräußert werden, indem der Veräußerer dem Erwerber seine Ansprüche gegen den Dritten auf Herausgabe der Sache abtritt. Das Eigentum folgt dann quasi zum neuen Anspruchsinhaber.

Der Eigentumserwerb gem. § 931 BGB funktioniert nach dem von § 929 S. 1 BGB bekannten Schema:

- Sache ist im Besitz eines Dritten,
- Einigung,
- Übergabesurrogat: Abtretung des Herausgabeanspruchs,
- Verfügungsbefugnis des Veräußerers.

Beispiel
A vermietet Autos. Den an X vermieteten Wagen will A an D weiterveräußern. D hat ein Interesse daran, dass der Wagen bei X bleibt, denn auch D ist Autovermieter. Ihm kommt es nicht auf den Wagen an, sondern auf die Mieteinnahmen. A tritt also die Herausgabeansprüche gegen X an D ab.

5.3.1.2 Rechtsgeschäftlicher Erwerb des Eigentums vom Nichtberechtigten

Beim Erwerb vom Nichtberechtigten bleibt eigentlich alles beim Grundschema, bei Einigung und Übergabe (oder Übergabesurrogat als Publizitätsakt).

Da der Veräußerer aber „Nichtberechtigter" ist, d. h. nicht zur Verfügung befugt und insbesondere nicht Eigentümer ist, stellt das Gesetz an den Eigentumserwerb besondere Anforderungen. Dabei stellt es bestimmte Erwägungen an, um die hier widerstreitenden Interessen auszugleichen:
1. Der wahre Eigentümer wird durch den Erwerber aus seiner Position verdrängt.[2] Dies muss gerechtfertigt werden. Das ist nicht möglich, wenn ihm die Sache abhandengekommen ist, d. h. er den unmittelbaren Besitz an ihr gegen oder ohne seinen Willen verloren hat. Er muss die Sache, damit der Erwerb vom Nichtberechtigten möglich ist, freiwillig aus der Hand gegeben haben. Daher: § 935 BGB, kein Eigentumserwerb an **abhandengekommenen Sachen**, mit Ausnahmen z. B. bei Geld, das von besonderer Verkehrsfähigkeit gekennzeichnet ist.
2. Die Lebenserfahrung sagt, dass der Besitzer einer Sache ziemlich oft auch ihr Eigentümer ist. Es *scheint* für den durchschnittlichen Teilnehmer am Privatrechtsverkehr erst einmal so, als sei der Besitzer einer Sache auch Eigentümer, es besteht also durch den Besitz ein *Rechtsschein*. Ein Erwerber, der eine Sache vom Besitzer erlangt und dabei **gutgläubig** ist, d. h. daran glaubt, dass er die Sache vom Eigentümer erlangt, ist schutzbedürftig.

Der Rechtsschein des Besitzes und die Gutgläubigkeit des Erwerbers helfen daher über die fehlende Verfügungsbefugnis des Veräußerers hinweg. Man nennt die §§ 932–934 BGB auch Vorschriften über den gutgläubigen Eigentumserwerb.

---

[2] Und er kann sie auch nicht gegen den Willen des Neu-Eigentümers zurück erhalten: Insbesondere ist der geglückte Erwerb vom Nichtberechtigten „konditionsfest" – der wahre Eigentümer (dann Ex-Eigentümer) kann sein Eigentum nicht vom Neu-Eigentümer nach §§ 812 ff. BGB herausverlangen (kondizieren). Er muss sich stattdessen an den Verfügenden, den Nichtberechtigten, halten, und zwar gem. § 816 Abs. 1 BGB.

Beispiel
E hat sein Fahrrad an T verliehen. T verkauft und übereignet es an X, der glaubt, T sei Eigentümer des Fahrrads.

Ausnahme 1: §§ 932 ff. BGB sind nur anwendbar auf den rechtsgeschäftlichen Erwerb, und auch nur auf den Erwerb im Rahmen von **Verkehrsgeschäften**. Ein solches liegt vor, wenn auf der Erwerberseite mindestens eine Person steht, die nicht auch auf Veräußererseite beteiligt ist.

Ausnahme 2: Eigentlich setzen die Vorschriften §§ 932 ff. BGB Gutgläubigkeit i. S. d. § 932 Abs. 2 BGB voraus. Der Erwerber muss daran glauben, dass der Veräußerer Eigentümer der Sache ist. Anders unter Kaufleuten: § 366 HGB (lesen!) schützt auch den guten Glauben an die Verfügungsbefugnis des Veräußerers. Es handelt sich um eine typisch handelsrechtliche Wertung: „Der Rechtsverkehr geht vor."

5.3.1.2.1 Erwerb vom Nichtberechtigten gem. §§ 929 S. 1, 932 Abs. 1 S. 1 BGB

Der Grundtatbestand des Erwerbs vom Nichtberechtigten läuft parallel zu § 929 S. 1 BGB (deshalb ist beim gutgläubigen Erwerb zum §, der den gutgläubigen Erwerb regelt, immer der Grundtatbestand der § 929–931 BGB hinzu zu zitieren). Es ergibt sich aus den §§ folgendes Prüfungsschema:
1. Einigung,
2. Übergabe,
3. (Einigsein im Zeitpunkt der Übergabe),
4. Berechtigung des Veräußerers (-), daher:
    - § 932 BGB: Erwerber wird trotzdem Eigentümer, es sei denn, er ist bösgläubig im Zeitpunkt des Eigentumserwerbs, § 932 Abs. 1 S. 1 BGB. Definition der Bösgläubigkeit: § 932 Abs. 2 BGB.
    - Ausnahme: § 935 Abs. 1 BGB (Sache ist abhandengekommen),
    - (Rückausnahme: § 935 Abs. 2 BGB).

5.3.1.2.2 Erwerb vom Nichtberechtigten gem. §§ 929 S. 1, 930, 933 BGB

Auf die im Verhältnis zu § 929 S. 1 BGB geänderten Besitzverhältnisse und damit auf § 930 BGB nimmt § 933 BGB Bezug: Gehört die nach § 930 BGB veräußerte Sache nicht dem Veräußerer, wird der Erwerber Eigentümer, wenn ihm die Sache vom Veräußerer übergeben wird. Erst wenn also die Sache übergeben ist, d. h. insbesondere der Veräußerer überhaupt keinen Besitz mehr an ihr hat, ist die Position des Erwerbers schutzwürdiger als die des Eigentümers. Schon wieder: Publizitätsprinzip!

Da § 933 BGB auf § 930 BGB aufbaut, ändern Sie die Prüfung des § 930 BGB also nach dem soeben unter 1. gezeigten Schema im Punkt „Berechtigung des Veräußerers" ab. Zusätzlich zu §§ 932, 935 BGB ist die Übergabe gem. § 933 BGB zu prüfen.

5.3 · Eigentum

Beispiel
K übereignet einen in seinem Besitz befindlichen Lkw zur Sicherung einer Forderung an die Bank B. Was B nicht weiß: Der Lkw gehört gar nicht K, denn K hat ihn von V, dem wahren Eigentümer, unter Eigentumsvorbehalt gekauft und noch nicht alle Raten an V gezahlt. B wird trozdem Eigentümer, wenn K den LKW an sie übergiebt.

5.3.1.2.3 Erwerb vom Nichtberechtigten gem. §§ 929 S. 1, 931, 934 BGB

§ 934 BGB knüpft an § 931 BGB an, an die Verfügung durch Abtretung des Herausgabeanspruchs, und umfasst zwei Fallgruppen:

§ 934 Alt. 1 BGB: Der nichtberechtigte Veräußerer ist mittelbarer Besitzer. Für den gutgläubigen Eigentumserwerb lässt § 934 BGB die Abtretung des Herausgabeanspruchs an den Erwerber genügen.

Beispiel
N vermietet eine ihm nicht gehörende Maschine an X und veräußert sie an D, indem er diesem den Herausgabeanspruch gegen M abtritt.

§ 934 Alt. 2 BGB: Der Nichtberechtigte ist nicht mittelbarer Besitzer, er tritt den nur vermeintlich bestehenden Herausgabeanspruch ab. Hier verlangt § 934 BGB für den Eigentumserwerb, dass der unmittelbare Besitzer die Sache an den Erwerber aufgrund des abgetretenen Anspruchs herausgibt.

Beispiel
N veräußert eine sich nicht in seinem Besitz befindliche und ihm auch nicht gehörende Maschine an D. D gegenüber gibt er sich als Eigentümer aus. Dem unmittelbaren Besitzer der Maschine, X, spiegelt N vor, der wahre Eigentümer der Maschine habe diese an D veräußert, sodass X den D als neuen Eigentümer anerkennt.

5.3.2 Der lastenfreie Erwerb gem. § 936 BGB

Der lastenfreie Erwerb gem. § 936 BGB behandelt den Fall, dass der Veräußerer der Sache (untechnisch gesprochen) zwar berechtigt ist, die Sache zu veräußern, aber „nicht so" (bitte nicht mit dem terminus technicus des „Nicht-so-berechtigten-Besitzers" im Rahmen des EBV verwechseln!). Die Sache ist nämlich belastet mit dem Recht eines Dritten.

Beispiel
E ist Eigentümer eines Konzertflügels und veräußert diesen an X. An dem Flügel besteht aber ein Vermieterpfandrecht von Es Vermieter V wegen offener Forderungen aus dem Mietverhältnis E/V.

X erwirbt unproblematisch Eigentum vom Berechtigten, denn E ist als Eigentümer voll verfügungsbefugt. Aber: Der Flügel ist mit dem Vermieterpfandrecht des V belastet. Dieses kann doch durch den Eigentümerwechsel nicht wegfallen?

Doch! § 936 BGB (im Ganzen lesen!) enthält den Grundsatz: Der Erwerber erwirbt lastenfreies Eigentum. Er kann also etwaige Belastungen der Sache, etwaige Rechte Dritter, „wegerwerben" – immer vorausgesetzt, die Anforderungen des § 936 BGB sind erfüllt. Sie variieren abhängig von der Art des Eigentumserwerbs, abhängig davon, welcher Erwerbstatbestand aus den §§ 929 ff. BGB einschlägig ist. So muss für den lastenfreien Erwerb gem. § 930 BGB der Erwerber aufgrund der Veräußerung den Besitz an der Sache erlangt haben, damit die Rechte erlöschen (§ 936 Abs. 1 S. 2 BGB).

5.3.3 Der Erwerb des Eigentums gem. §§ 946 ff. BGB

Hier werden nur die klausurrelevanteren §§ besprochen – lesen Sie trotzdem einmal den ganzen Untertitel im BGB.

5.3.3.1 Eigentumserwerb durch Verbindung (§ 946 BGB)

§ 946 BGB regelt die Eigentumsverhältnisse bei **Verbindung einer beweglichen Sache mit einem Grundstück**: Wird die bewegliche Sache „wesentlicher Bestandteil" (§ 94 BGB) des Grundstücks, so erstreckt sich das Grundstückseigentum auch auf sie. Der Grundstückseigentümer ist also auch Eigentümer der beweglichen Sache. Gem. § 949 BGB (lesen!) erlöschen auch die sonstigen an der Sache bestehenden Rechte. Unter Umständen bestehen Ansprüche des Ex-Eigentümers gegen den Grundstückseigentümer gem. § 951 BGB.

5.3.3.2 Eigentumserwerb durch Verarbeitung (§ 950 BGB)

Wer einen oder mehrere Stoffe verarbeitet oder umbildet und dadurch eine neue bewegliche Sache herstellt, wird gem. § 950 Abs. 1 BGB deren Eigentümer. Die an den verarbeiteten Stoffen bestehenden Rechte erlöschen (§ 950 Abs. 2 BGB). Ausnahme: Der Wert der Verarbeitung oder Umbildung ist erheblich geringer als der Wert des Stoffes (§ 950 Abs. 1 S. 1 BGB am Ende, Verhältnis Verarbeitungswert/Stoffwert 60/100). Beispielfälle für das Verarbeiten finden sich in § 950 Abs. 1 S. 2 BGB. Den „verdrängten" Eigentümern können Ansprüche gem. § 951 BGB zustehen.

Ob eine neue bewegliche Sache entstanden oder lediglich eine alte abgeändert worden, aber letztlich dieselbe geblieben ist, richtet sich nach der Verkehrsanschauung. Hier gilt es zu argumentieren (hat die Sache einen neuen Namen, eine andere Zweckbestimmung …?).

Mit dieser Regelung bewertet der Gesetzgeber die Arbeitsleistung des **Herstellers** höher als die Interessen des Rohstoffeigentümers (eine volkswirtschaftliche Erwägung). § 950 BGB ist daher auch nicht abdingbar. Aber nach der Rechtsprechung können die Parteien vereinbaren, wer als Hersteller der neuen beweglichen Sache anzusehen sein soll – mit der Folge, dass es im Ergebnis quasi doch zu einer Abbedingung kommt, z. B. ein bloßer Warenlieferant durch Vereinbarung der Parteien zum „Hersteller" und damit zum Eigentümer der verarbeiteten Sachen gemacht werden kann. Wichtig ist dies zur Absicherung der Lieferanten. Zahlt der Abnehmer den Kaufpreis für die gelieferte Ware nicht, bleibt dem „Hersteller"-Lieferanten wenigstens das Eigentum an der aus seiner Lieferung hergestellten Ware.

5.3.4 Exkurs: Eigentum an Schuldurkunden, § 952 BGB

§ 952 BGB regelt das Eigentum an „Schuldurkunden". Das sind die in § 952 BGB genannten Urkunden, ferner alle Urkunden, die ein Schuldner über seine Verpflichtung ausstellt. Hierzu gehören insbesondere die **Namens-** oder **Rektapapiere** („Leistung d*irekt* an den Berechtigten"; Papiere, bei denen eine bestimmte Person als Berechtigter eingetragen ist (z. B. Sparbücher)).

Der Gesetzgeber will, dass der Inhaber einer Forderung, über die eine Urkunde ausgestellt ist, und der Eigentümer dieser Urkunde deckungsgleich sind. Beides soll in einer Hand bleiben. Das zu erreichen, gibt es zwei Wege: Entweder ist der Forderungsinhaber auch Eigentümer der Urkunde, oder umgekehrt, wer die Urkunde hat, ist deren Eigentümer und Forderungsinhaber.

§ 952 BGB geht den ersten Weg, der Forderungsinhaber ist auch Eigentümer der Urkunde. Der Inhaber der Forderung ist auch dann Eigentümer der Urkunde, wenn sie ihm nicht übergeben wird. Er hat dann gegebenenfalls einen Herausgabeanspruch gem. §§ 985, 952 BGB.

Der alternative Weg findet sich bei Order- und Inhaberpapieren, auf die folglich § 952 BGB auch nicht anwendbar ist: **Orderpapiere** nennen den Namen des ursprünglich Berechtigten, können aber übertragen werden, z. B. Schecks. Übliche Formulierung: „Zahlen Sie gegen diesen Scheck X Euro an A oder Order ...".

Inhaberpapiere nennen keine Namen. Hier kann an jeden geleistet werden, der die Schuldurkunde „innehat" (z. B. die „Inhabermarke" (§ 807 BGB) Kinokarte). Es wird vermutet, dass der Inhaber des Papiers zugleich Berechtigter ist.

Praktisch wichtig: Der **Kfz-Brief** ist zwar kein Schuldschein, hat aber eine gewisse Ähnlichkeit zu den von § 952 BGB erfassten Rektapapieren: Wem das Kfz (= die „Forderung") gehört, dem steht auch das Recht am Brief (der Urkunde) zu (und nicht etwa umgekehrt!).

5.3.5 Das Anwartschaftsrecht

Der Erwerb des Eigentums erfolgt, abweichend von dem bisher Gelernten, oft nicht „auf einen Schlag", sondern ist ein längerer Prozess.

Beispiel
K kauft von V eine Maschine. K hat aber nicht das Geld, den Kaufpreis in ganzer Summe zu bezahlen. V hingegen will zwar gerne K die Maschine verkaufen, aber nicht das Eigentum an ihr hergeben, solange sie noch nicht bezahlt ist.

Die interessengerechte Lösung für das Problem ist der „**Eigentumsvorbehalt**": V und K vereinbaren, K solle die Maschine in Raten abbezahlen und V solange Eigentümer der Maschine bleiben, bis K den Kaufpreis komplett bezahlt hat. Diese Vereinbarung ist möglich, weil die dingliche Einigung nach § 929 S. 1 BGB eine gewöhnliche Willenserklärung ist, und daher auch unter einer Bedingung (hier einer aufschiebenden, § 158 Abs. 1 BGB) abgegeben werden kann. Davon geht auch § 449 BGB aus, der einige Regelungen zum Eigentumsvorbehalt trifft (lesen!).

Wenn K bereits einige Raten gezahlt hat, aber noch nicht alle, ist er noch nicht Eigentümer der Sache. Es wäre aber unbillig, ihm überhaupt keine dingliche Rechtsposition zuzugestehen – er hat schließlich schon Geld bezahlt.

Die Rechtsprechung hat daher als Rechtsposition für K das „Anwartschaftsrecht" erfunden (K ist „**Anwartschaftsrechtskäufer**", V entsprechend „**-verkäufer**"). Es ist gesetzlich nicht geregelt, aber allgemein anerkannt. Es handelt sich um ein dingliches Recht, ein „**wesensgleiches Minus**" zum Eigentum. Voraussetzung für die Entstehung eines Anwartschaftsrechts ist, dass *bei einem mehraktigen Entstehungstatbestand eines Rechts schon so viele Erfordernisse erfüllt sind, dass von einer gesicherten Rechtsstellung des Erwerbers gesprochen werden kann, die der Veräußerer nicht mehr durch einseitige Erklärung zerstören kann.*

Das Anwartschaftsrecht ist also in gewisser Weise vom Kaufvertrag abhängig, der Erwerber aber ist nicht schutzlos den Launen des Veräußerers ausgeliefert. Das Gesetz schützt ihn gegen Verfügungen des Veräußerers über die Sache durch § 161 Abs. 1 BGB (ganzen § 161 BGB lesen und in den regulatorischen Kontext – BGB AT, Eigentumserwerb – einordnen!).

Da das Anwartschaftsrecht ein „wesensgleiches Minus" zum Eigentum ist, kann über das Anwartschaftsrecht verfügt werden, und zwar analog §§ 929 ff. BGB. Trifft ein Anwartschaftsrechtskäufer eine Verfügung, ist sorgfältig zu unterscheiden: Verfügt er über das Eigentum, verfügt er als Nichtberechtigter, verfügt er über das Anwartschaftsrecht, verfügt er als Berechtigter.

5.3.6 Der Eigentumserwerb an unbeweglichen Sachen

Wird Eigentum an einer unbeweglichen Sache (einem Grundstück) erworben, passt das bekannte Prinzip aus Einigung und „Publizitätsakt Übergabe" nicht (wie „übergibt" man ein Grundstück?). Zugleich ist zu bedenken, dass Grundstücke regelmäßig besonders wertvolle und beständige Vermögensbestandteile sind. Sie gehen nicht so leicht unter wie bewegliche Sachen. Daher sind besonders hohe Anforderungen an die Eigentumsübertragung zu stellen.

Geregelt ist der Eigentumserwerb an unbeweglichen Sachen im „**Immobiliarsachenrecht**", in den §§ 925 ff. BGB, die aber oft den Rückgriff auf das allgemeine Grundstücksrecht (§§ 873 ff. BGB) erfordern.

Das Eigentum an einem Grundstück wird gem. §§ 873, 925 Abs. 1 BGB durch **Einigung** von Veräußerer und Erwerber übertragen (insoweit nicht anders als bei beweglichen Sachen). Diese Einigung nennt sich „**Auflassung**" und ist formbedürftig: Sie muss notariell beurkundet werden (§ 873 Abs. 2 BGB, auch zu weiteren Möglichkeiten).[3]

Die Auflassung muss ins **Grundbuch eingetragen** werden (§ 873 Abs. 1 BGB). Das Grundbuch ist ein öffentliches Register, das bei den Grundbuchämtern (meist: Amtsgerichten) geführt wird. In ihm ist jedes Grundstück (= jeder katastermäßig vermessene Teil der Erdoberfläche) eingetragen. Aus dem Grundbuch ergeben sich für jedes Grundstück die Eigentumsverhältnisse und Belastungen (Hypotheken, sonstige Lasten). Es gibt ein spezielles Grundbuchrecht, das etwa Voraussetzungen für die Eintragung von Rechten in das Grundbuch regelt, die **GBO** (Grundbuchordnung).

Nicht anders als bei beweglichen Sachen muss auch bei unbeweglichen Sachen der Veräußerer Eigentümer oder sonst zur Veräußerung berechtigt sein. Ist dies nicht der Fall, kann das Eigentum am Grundstück gutgläubig erworben werden.

Hier die Voraussetzungen noch einmal im Überblick:
1. Einigung gem. §§ 873 Abs. 1 Var. 1, 925 Abs. 1 S. 1 BGB (Auflassung).
2. Eintragung (§ 873 Abs. 1 BGB).
3. (Einigsein im Zeitpunkt der Eintragung, § 873 Abs. 2 BGB).
4. Berechtigung des Verfügenden.

Fehlt es an der Berechtigung des Veräußerers, kommt das Grundbuch zum Tragen. Es ist gem. § 892 BGB mit „**öffentlichem Glauben**" ausgestattet. D. h. was im Grundbuch steht, gilt grundsätzlich als richtig. Wer auch immer also als Eigentümer eines Grundstücks im Grundbuch eingetragen ist, gilt grundsätzlich als Eigentümer (§ 891 BGB). Der Erwerber eines Grundstücks darf sich auf die Richtigkeit der Grundbucheintra-

---

3 Bitte unterscheiden Sie § 873 Abs. 2 BGB von § 311b Abs. 1 BGB! § 311b Abs. 1 BGB regelt nur die Formbedürftigkeit des schuldrechtlichen Teils des Geschäfts, § 873 Abs. 2 BGB die Formbedürftigkeit des dinglichen Teils.

gung verlassen. Tut er dies und ist dort der Veräußerer als Eigentümer eingetragen, kann er Eigentum vom Veräußerer erwerben, obwohl der Veräußerer gar nicht Eigentümer ist. Zerstört werden kann dieser „öffentliche Glaube" des Grundbuchs, indem der wahre Eigentümer (oder der, der es zu sein glaubt) einen **Widerspruch** ins Grundbuch eintragen lässt (§ 892 BGB). Außerdem gibt es einen Anspruch auf **Grundbuchberichtigung** (§ 894 BGB). Da die Berichtigung des Grundbuchs die Zustimmung des Eingetragenen voraussetzt (auch im Sachenrecht gilt: Niemand verliert ein Recht, ohne es zu wollen!), richtet sich der Anspruch nicht etwa gegen das Grundbuchamt, sondern gegen den vermeintlichen Rechtsinhaber. Gem. § 894 BGB kann der wahre Rechtsinhaber Zustimmung zur Berichtigung vom vermeintlichen Rechtsinhaber verlangen. Das Grundbuchamt ist „außen vor".

Die Eintragung des neuen Eigentümers ins Grundbuch durch das Grundbuchamt muss erst beantragt werden und dauert oft etwas länger. Es kann daher zwischen der Auflassung und dem Eigentumserwerb eine längere Zeitspanne liegen. Um zu vermeiden, dass der Veräußerer sich unredlich verhält und das Grundstück mehrfach veräußert oder belastet, wird deshalb in der Praxis üblicherweise zugunsten des Erwerbers eine **Vormerkung** (§ 883 BGB) eingetragen. Sichert sie die Auflassung, nennt man diese spezielle Vormerkung „**Auflassungsvormerkung**". Wird nach der Eintragung der Vormerkung eine Verfügung getroffen, die den gesicherten Anspruch vereiteln oder beeinträchtigen würde, ist diese Verfügung insoweit unwirksam (§ 883 Abs. 2 BGB). Die Vormerkung muss vom Berechtigten bewilligt und ins Grundbuch eingetragen werden (§ 885 BGB).

5.4 Das Eigentümer-Besitzer-Verhältnis (EBV)

§ 903 BGB legt fest, dass der Eigentümer einer Sache mit dieser nach Belieben verfahren kann. Was aber, wenn der Eigentümer gar nicht im Besitz der Sache ist?

Das Gesetz gibt ihm für diesen Fall einen Herausgabeanspruch gegen den Besitzer (§ 985 BGB) und Ansprüche auf Nutzungsersatz sowie auf Schadensersatz für den Fall, dass die Sache sich beim Besitzer verschlechtert hat oder nicht herausgegeben werden kann.

Die Rechte des Eigentümers sind aber in doppelter Weise eingeschränkt: Gleichsam „im Gegenzug" für die Rechte des Eigentümers erhält der Besitzer Ansprüche gegen den Eigentümer auf Ersatz von freiwilligen Vermögensopfern, von **Verwendungen**, die er auf die Sache gemacht hat (§§ 994 ff. BGB). Vor allem aber: Der redliche Besitzer (der Besitzer, der an sein Besitzrecht glaubt und auch glauben darf) wird in der **Haftung privilegiert**. Mag das Eigentum auch das stärkste Recht an einer Sache sein – der Besitz, die tatsächliche Sachherrschaft, ist auch eine schützenswerte Position. Die §§ 985 ff. BGB sind daher so „gestrickt", dass sie den redlichen Besitzer, d. h. denjenigen privilegieren, der unverklagt ist und an sein Besitzrecht glauben darf.

5.4 • Das Eigentümer-Besitzer-Verhältnis (EBV)

> **Merke!**
>
> Der redliche, unverklagte Besitzer haftet dem Eigentümer grundsätzlich nicht!

Damit diese Privilegierung auch effektiv ist, sind die §§ 985 ff. BGB grundsätzlich abschließend, d. h. gehen anderen Anspruchsgrundlagen vor. Der Schutz des redlichen Besitzers soll nicht durch Anwendung anderer Normen (wie z. B. §§ 823 ff. BGB) umgangen werden.

5.4.1 Die Vindikationslage (§ 985 BGB)

Voraussetzung für alle Ansprüche ist das Eigentümer-Besitzer-Verhältnis (EBV), das Vorliegen einer **Vindikationslage**, d. h. es muss ein Herausgabeanspruch des Eigentümers gegen den Besitzer gem. § 985 BGB bestehen.

Die Voraussetzungen des § 985 BGB:
1. Anspruchsteller = Eigentümer
   Hier ist historisch zu prüfen: Ursprünglich war der Anspruchsteller Eigentümer, aber hat er das Eigentum vielleicht zwischenzeitlich verloren? S. §§ 929 ff. BGB, 946 ff. BGB.
2. Anspruchsgegner = Besitzer (dieser Punkt ist meist unproblematisch)
3. Anspruchsgegner hat kein Recht zum Besitz (§ 986 BGB)
   Ein Recht zum Besitz kann sich z. B. ergeben aus einem Mietvertrag, Pachtvertrag, einer Leihe ...

Ist die Vindikationslage gegeben, ist das der Schlüssel zu den §§ 987 ff. BGB. Um hier die richtige Anspruchsgrundlage herauszusuchen, ist zuerst zu fragen, was der Anspruchsteller will: Nutzungen (dann: §§ 987, 988, 990 BGB) oder Schadensersatz (§§ 989, 990, 992 BGB)?

Oder geht es um Ansprüche des Besitzers gegen den Eigentümer (auf Verwendungsersatz, §§ 994–996, auf Wegnahme hinzugefügter Bestandteile, § 997 BGB)?

Die nächste Frage lautet, ob der Besitzer redlich ist, d. h. an sein Besitzrecht glaubt, und dies auch durfte (es gilt der Maßstab des § 932 Abs. 2 BGB). Ist er vom Eigentümer verklagt worden („Eintritt der Rechtshängigkeit"[4])? Weiß er sonst um sein fehlendes Besitzrecht? Ist er sogar deliktischer Besitzer (hat er also den Besitz durch eine deliktische Handlung (verbotene Eigenmacht/Straftat) erlangt)?

---

[4] Verklagt ist der Besitzer, wenn die Herausgabeklage des Eigentümers rechtshängig ist. Rechtshängigkeit tritt mit Klageerhebung ein (§ 261 Abs. 1 ZPO). Die Klageerhebung erfolgt durch Zustellung eines Schriftsatzes, der Klageschrift (s. § 253 Abs. 1 ZPO).

Das Gesetz schützt den redlichen Besitzer. Abgesehen von Übermaßfrüchten ist er „weder zur Herausgabe von Nutzungen noch zum Schadensersatz verpflichtet" (§ 993 Abs. 1 letzter Halbsatz BGB).

Der deliktische Besitzer hingegen haftet sogar nach Deliktsrecht (§ 992 BGB) – die §§ 823 ff. BGB sind also anwendbar!

Das Prüfungsschema besteht also immer aus *1. Vindikationslage* (mit den hier dargestellten Unterpunkten) und *2. den weiteren Voraussetzungen der eigentlichen Anspruchsgrundlage* (insbesondere: Bösgläubigkeit des Besitzers/Rechtshängigkeit).

5.4.2 Nutzungen

Für Nutzungen (§ 100 BGB) haftet der *verklagte Besitzer* nach § 987 Abs. 1 BGB, vorausgesetzt, er hat Nutzungen nach Eintritt der Rechtshängigkeit der Herausgabeklage i. S. v. § 261 ZPO gezogen. Solange die Klage nicht erhoben war und der Besitzer Nutzungen gezogen hat, ist er durch seine Redlichkeit vor Ersatzansprüchen geschützt.

Nichts anderes gilt im Anwendungsbereich des § 987 Abs. 2 BGB, dem Anspruch auf Herausgabe schuldhaft nicht gezogener Nutzungen. Auch hier ist wieder Rechtshängigkeit Voraussetzung, d. h. haftet der redliche, unverklagte Besitzer nicht!

Der *bösgläubige Besitzer* haftet gem. §§ 987 Abs. 1, 990 Abs. 1 BGB, wenn er Nutzungen gezogen hat. Beachten Sie: § 990 Abs. 1 BGB tut letztlich nichts anderes, als die Haftung des verklagten Besitzers, die § 987 Abs. 1 BGB anordnet, auf den unredlichen zu erstrecken. Ähnlich läuft dies auch bei den Schadensersatzansprüchen des Eigentümers (▶ Abschn. 5.4.3).

Beispiel
Der nichtsahnende B kauft am 1.2. ein Fahrzeug von D an, das D dem E gestohlen hat. Es gelingt E am 1.5., B ausfindig zu machen und ihn aufzuklären. E verlangt von B Herausgabe des Fahrzeugs und Ersatz für die gezogenen Gebrauchsvorteile (B ist mit dem Wagen ja schon eine Weile gefahren).

Der Herausgabeanspruch (§ 985 BGB) ist unproblematisch gegeben. Zum Ersatz für die Nutzungen: B war bei Besitzerwerb gutgläubig, daher haftet er E für die Zeit vom 1.2. bis zum 1.5. nicht. Danach haftet B aber, weil E ihn aufgeklärt hat (zu allem: § 990 Abs. 1 BGB).

Beachten Sie hier das Haftungsprivileg des § 991 Abs. 1 BGB. § 991 Abs. 1 BGB sagt letztlich nichts anderes als: Wenn der unmittelbare Besitzer bösgläubig ist, dann kann der Eigentümer nur Nutzungsherausgabe von ihm verlangen, wenn auch der mittelbare Besitzer bösgläubig oder verklagt ist.

5.4 · Das Eigentümer-Besitzer-Verhältnis (EBV)

Beispiel
Der gutgläubige B aus dem Beispiel eben vermietet den Wagen an X. X weiß, dass der Wagen dem E gestohlen wurde. E könnte jetzt eigentlich an X herantreten und gem. §§ 987, 990 BGB Ersatz verlangen. X hat aber möglicherweise Regressansprüche gegen den redlichen mittelbaren Besitzer (B), von dem er sein Besitzrecht ableitet. Auf diese Weise würde am Ende ein Redlicher in Anspruch genommen. Das soll nicht sein!

5.4.3 Schadensersatzansprüche des Eigentümers

Der Schadensersatzanspruch des Eigentümers wegen Verschlechterung oder Untergang der Sache oder sonstiger Unmöglichkeit ihrer Herausgabe (insbesondere: Abhandenkommen) ergibt sich aus § 989 BGB (für den *verklagten Besitzer*). § 990 Abs. 1 BGB erstreckt ihn auf den *unredlichen Besitzer*. Der Anspruch setzt Verschulden des Besitzers voraus. Zum Schaden §§ 249 ff. BGB.

> **Auf den Punkt gebracht:** Es genügt, wenn die Vindikationslage (1. Anspruchsvoraussetzung) im Zeitpunkt der schädigenden Handlung vorlag. Im Zeitpunkt der Anspruchserhebung muss sie nicht mehr gegeben sein.

Beispiel
Der gestohlene Ring fällt dem neuen Besitzer bei einer Bootstour ins Meer. Der Schadensersatzanspruch wegen des Untergangs der Sache liefe ins Leere, wenn im Zeitpunkt der Anspruchstellung noch eine Vindikationslage bestehen müsste (die Sache ist schließlich beim Besitzer nicht mehr vorhanden!).

5.4.4 Haftung für Verzug

Wie § 990 Abs. 2 BGB klarstellt, haftet der *unredliche Besitzer* auch wegen Verzugs. § 990 Abs. 2 BGB enthält dafür eine Rechtsgrundverweisung auf §§ 280 Abs. 1, 2, 286 ff. BGB. Rechtsgrundverweisung heißt: Die §§ 280 Abs. 1, 2, 286 ff. BGB sind in allen Voraussetzungen zu prüfen.

5.4.5 Ansprüche gegen den redlichen Besitzer

Der redliche Besitzer haftet nur in Fällen des § 988 BGB und des § 993 Abs. 1 Halbsatz 1 BGB. Gem. § 988 BGB haftet er auf Nutzungen, wenn er **unentgeltlicher Besitzer** ist. Dann ist er nämlich ausnahmsweise nicht schutzwürdig, denn er hat den Besitz an der Sache unentgeltlich erlangt.

Beispiel
F bekommt von ihrem Freund D ein Auto geschenkt. Sie weiß nicht, dass er dieses gestohlen hat.

F hat hier die gezogenen Nutzungen nach dem Bereicherungsrecht zu ersetzen – es handelt sich um eine Rechtsfolgenverweisung, d. h. um eine Verweisung auf § 818 BGB.
Gem. § 993 Abs. 1 Halbsatz 1 BGB haftet der redliche Besitzer außerdem, wenn er **Übermaßfrüchte** gezogen hat, d. h. Früchte, die „nach den Regeln einer ordnungsmäßigen Wirtschaft nicht als Ertrag der Sache anzusehen sind". Der Besitzer ist dann nicht schutzwürdig, denn er bereichert sich auf Kosten der Sachsubstanz.

Beispiel
Der redliche Waldbesitzer B lässt, statt ordnungsgemäße Forstwirtschaft zu betreiben, den kompletten, im Eigentum des E stehenden Wald abholzen.

§ 993 Abs. 1 Halbsatz 1 BGB beinhaltet eine Rechtsfolgenverweisung auf das Bereicherungsrecht.
Außerdem haftet der **redliche Besitzmittler** gem. §§ 991 Abs. 2, 989 BGB. § 991 Abs. 2 BGB begründet die Haftung des unmittelbaren Besitzers, der einem mittelbaren Besitzer den Besitz mittelt. Ausgangspunkt ist eine Drei-Personen-Konstellation: Der Eigentümer (und Anspruchsteller) wendet sich an den unmittelbaren Besitzer. Muss der unmittelbare Besitzer – sei er auch redlich und unverklagt – gegenüber seinem mittelbaren Besitzer haften, haftet er auch dem Eigentümer. Wer sowieso haften muss, der braucht gegenüber dem Eigentümer keine Privilegierung! Es handelt sich um eine Rechtsgrundverweisung auf § 989 BGB (die Voraussetzungen des § 989 BGB müssen also vorliegen).

Beispiel
mB vermietet B ein Auto, von dem er B vorspiegelt, es stehe in seinem, des mB, Eigentum. Das Auto gehört in Wirklichkeit E. B verursacht versehentlich einen Totalschaden. E will Schadensersatz von B.

Aus dem Mietvertrag mit mB haftet B dem mB wegen des Untergangs der Sache, das Auto schrottreif zu fahren war eine Verletzung vertraglicher Pflichten. Gegenüber E haftet B eigentlich nicht: B glaubte, er habe das Auto vom Eigentümer angemietet. Damit glaubte er an sein Besitzrecht, ist also redlich und unverklagt gewesen im Zeitpunkt der schädigenden Handlung. Das Ergebnis – B haftet nicht – wäre für E unbillig: mB könnte auf Grundlage des Mietvertrags mit B Schadensersatz von B erlangen, E aber wegen der Haftungsprivilegierung des redlichen Besitzers in den §§ 987 ff. BGB nicht. Darüber hilft § 991 Abs. 2 BGB hinweg. Er sagt, auf das Beispiel übertragen:

Da B ja sowieso haftet (vertraglich, gegenüber mB), kann B auch E haften (der ist als Eigentümer der Sache ohnehin schutzwürdiger als mB).

5.4.6 Haftung des deliktischen Besitzers

Der unredliche Besitzer, der den Besitz durch eine Straftat oder verbotene Eigenmacht erlangt hat, haftet gem. § 992 i. V. m. §§ 823 ff. BGB nach den allgemeinen Regeln. Er verdient keine Privilegierung durch das EBV. Umstritten ist, ob die verbotene Eigenmacht schuldhaft begangen worden sein muss (wie die Straftat).

5.4.7 Ansprüche des Besitzers auf Verwendungsersatz

Für Ansprüche des Besitzers auf Verwendungsersatz (◘ Abb. 5.3) gegen den Eigentümer gilt der Grundsatz: „Je schutzwürdiger der Besitzer, desto besser muss seine Rechtsposition sein, desto mehr Ansprüche sind zu bejahen!"

Der *unredliche Besitzer* kann daher Ersatz nur für notwendige Verwendungen und nur gem. § 994 Abs. 2 BGB i. V. m. GoA (Rechtsgrundverweisung) erlangen.

Anspruchs-gegenstand	unverklagter/redlicher Besitzer	verklagter (bösgläubiger) Besitzer	Deliktischer Besitzer
- Schadensersatz	- § 993 Abs. 1 a.E.: keine Haftung Ausnahme: § 991 Abs. 2 BGB	- §§ 989 (990 Abs. 1) BGB - Verzugshaftung nach §§ 990 Abs. 2, 286 BGB!	- § 992 i.V.m. § 823 BGB - Insbesondere: Haftung für Zufall, § 848 BGB!
- Herausgabe von Nutzungen	- § 988 BGB: Haftung des unentgeltlichen Besitzers - § 993 Abs. 1 BGB: Herausgabe von Übermaßfrüchten	- §§ 987 Abs. 1, 2, (990 Abs. 1) BGB	- Im Übrigen Haftung wie bösgläubiger Besitzer
- Verwendungsersatz (notwendige)	- § 994 Abs. 1 BGB	- § 994 Abs. 2 BGB → GoA	
- Verwendungsersatz (nützliche)	- § 996 BGB	- § 996 BGB	

◘ **Abb. 5.3** Ansprüche aus EBV

> **Merke!**
>
> Notwendig ist eine **Verwendung**, wenn sie der Sache zugutekommt, weil sie objektiv erforderlich ist, um die Sache einschließlich Nutzungsfähigkeit zu erhalten, sie wiederherzustellen, zu verbessern, ohne sie grundlegend zu verändern. Der redliche Besitzer erhält notwendige Verwendungen gem. § 994 Abs. 1 BGB ersetzt, mit der Einschränkung der §§ 994 Abs. 1 S. 2, 995 S. 2 BGB. Der redliche Besitzer erhält außerdem nützliche Verwendungen ersetzt (§ 996 BGB). Nützlich sind solche Verwendungen, die den Wert der Sache erhöhen.

Was ergibt sich also aus § 996 BGB für die nützlichen Verwendungen des unredlichen Besitzers?

Sie sind nicht ersatzfähig!

5.5 Kreditsicherung

Das Kreditsicherungsrecht behandelt die rechtlichen Mittel zur Absicherung des Kreditrisikos (d. h. das Risiko des Gläubigers, dass eine Forderung ausfällt) und setzt sich zusammen aus schuld- und sachenrechtlichen Fragestellungen. In diesem Rechtsbereich ist das Sicherungsinteresse des Gläubigers mit dem Interesse des Schuldners an der Wahrung seiner wirtschaftlichen Bewegungsfreiheit zum Ausgleich zu bringen. Der Gläubiger muss abgesichert sein, ohne sich zu „übersichern". Der Schuldner muss weiterhin handlungsfähig bleiben.

Die Beteiligten haben im Kreditsicherungsrecht eine Doppelposition: Der Gläubiger ist zugleich Sicherungsnehmer, der Schuldner Sicherungsgeber. Die Forderung des Gläubigers ist die „besicherte" oder „gesicherte" Forderung. Von ihr zu unterscheiden ist das Rechtsgeschäft/sind die Rechtsgeschäfte, mit denen die Sicherung vorgenommen wird.

Es gibt allerdings auch Dreieckskonstellationen, in denen Sicherungsgeber und Schuldner nicht identisch sind, etwa bei der Bürgschaft. Der Schuldner wird dann zum „Hauptschuldner", der Sicherungsgeber tritt grundsätzlich unabhängig neben ihn. Die besicherte Forderung ist die „Hauptforderung". Auch hier gilt, die (Haupt-)forderung ist in ihrem Zustandekommen und ihrer Wirksamkeit streng von dem/den sie sichernden Rechtsgeschäft(en) zu trennen.

Im Extremfall kann die Unabhängigkeit von besicherter Forderung und Sicherungsgeschäft (auch „Nichtakzessorietät" genannt) dazu führen, dass die Forderung schon längst erloschen ist, weil der Schuldner erfüllt hat, während die Sicherheit immer noch besteht und der (unredliche oder einfach nur zerstreute) Gläubiger versucht, sie zu verwerten!

Allerdings sind einige Sicherheiten kraft Gesetzes „akzessorisch". Sie hängen (wie ein „Accessoire") von der gesicherten Forderung ab, teilen ihr Schicksal – wird also die gesicherte Forderung z. B. erfüllt, erlischt die Sicherheit automatisch.

Man unterscheidet **Personal-** und **Realsicherheiten**: Bei Ersteren erfolgt die Besicherung durch eine Person, bei Letzteren durch eine (bewegliche oder unbewegliche) Sache.

5.5.1 Personalsicherheiten

In allen Fällen der Personalsicherheit geht es um eine Dreieckskonstellation – der Gläubiger bekommt als „Sicherheit" eine weitere Person zum Schuldner hinzu, die typischerweise solventer ist als der Schuldner. Ihre Rechtsstellung bestimmt sich danach, welche Personalsicherheit gewählt ist.

Die Dreieckskonstellationen können in der Handhabung etwas schwierig sein, weil neben dem Rechtsverhältnis Schuldner/Gläubiger und Gläubiger/Sicherungsgeber auch noch das Verhältnis Sicherungsgeber/Schuldner hinzukommt. Hier hilft oft: einfach alle Beteiligten und ihre Rechtsbeziehungen grafisch darstellen!

5.5.1.1 Bürgschaft

Die Bürgschaft (§§ 765 ff. BGB) gehört zu den wohl bekanntesten Sicherungsmitteln. Der Bürge (Sicherungsgeber) verspricht dem Gläubiger des Schuldners (nicht etwa dem Schuldner!), persönlich dafür einzustehen, dass die Forderung erfüllt wird, notfalls durch ihn. Er haftet dem Gläubiger mit seinem ganzen Vermögen.

Da das Versprechen für den Bürgen also ein sehr weitgehendes ist, muss die Bürgschaftserklärung (= die Erklärung des Bürgen, dass er sich verbürgt, nicht der gesamte Vertrag) gem. § 766 S. 1 BGB die Schriftform einhalten. Die elektronische Form genügt nicht (§ 766 S. 2 BGB). Wird die Schriftform nicht eingehalten, kann die Nichtigkeit der Bürgschaftserklärung allerdings durch Bewirken der Leistung geheilt werden (§ 766 S. 3 BGB). Dies alles gilt jedoch nicht bei Handelsgeschäften: Gem. § 350 HGB findet § 766 S. 1 und 2 BGB keine Anwendung, wenn die Bürgschaft für den Bürgen ein Handelsgeschäft ist.

Aus § 767 Abs. 1 S. 1 BGB ergibt sich, dass die Bürgschaft zu den akzessorischen Sicherheiten gehört. Ihr Schicksal wird vom Schicksal der gesicherten Forderung bestimmt (in den Grenzen des § 767 Abs. 1 S. 3 BGB, lesen!).

Die Akzessorietät kann für den Bürgen nachteilig sein (s. die „automatische" Erstreckung der Bürgschaft gem. § 767 Abs. 1 S. 2 BGB z. B. auf Forderungen, die durch den Verzug des Hauptschuldners entstehen, lesen!). Vor allem aber schützt den Bürgen die Akzessorietät.

So erlaubt § 768 Abs. 1 S. 1 BGB dem Bürgen, sämtliche dem Hauptschuldner zustehenden Einreden gegen die Hauptforderung geltend zu machen. Der Bürge verliert auch eine Einrede nicht dadurch, dass der Hauptschuldner auf sie verzichtet (§ 768

Abs. 2 BGB). Konsequenterweise bestimmt § 770 BGB, dass der Bürge die Befriedigung des Gläubigers verweigern kann, solange dem Hauptschuldner noch das Recht zusteht, das der gesicherten Forderung zugrunde liegende Rechtsgeschäft anzufechten, außerdem dann, wenn der Gläubiger Befriedigung noch durch Aufrechnung gegen eine fällige Forderung gegen den Hauptschuldner erlangen kann. § 770 BGB wird entsprechend auf alle anderen Gestaltungsrechte des Schuldners (z. B. das Rücktrittsrecht) angewendet. Der Bürge kann also auf zwei Rechtsverhältnisse „zugreifen", wenn er sich gegen die Inanspruchnahme durch den Gläubiger wehren will – auf sein eigenes Rechtsverhältnis zum Gläubiger (das versteht sich von selbst) und auf das Rechtsverhältnis des Schuldners zum Gläubiger (s. §§ 768, 770 BGB).

Zum Schutz des Bürgen sieht das Gesetz außerdem vor, dass sich der Gläubiger grundsätzlich erst an seinen Schuldner halten soll. Der Bürge haftet nur subsidiär, d. h. er soll erst einstehen, wenn der Gläubiger beim Schuldner erfolglos war, und zwar erst dann, wenn er den Schuldner auf Zahlung verklagt und obsiegt und erfolglos die Zwangsvollstreckung gegen ihn versucht hat. Das Gesetz nennt dies die „Einrede der Vorausklage" („Versuchen Sie es erst beim Schuldner!", § 771 S. 1 BGB). Auf diese Einrede kann der Bürge allerdings verzichten (§ 773 Abs. 1 Nr. 1 BGB), was in der Praxis auch üblich ist. Verzichtet er, spricht man von einer „selbstschuldnerischen Bürgschaft" – der Gläubiger kann sich bei Fälligkeit der Leistung sofort an den Bürgen halten. Ist die Bürgschaft für den Bürgen ein Handelsgeschäft, steht ihm die Einrede der Vorausklage ohnehin nicht zu, er ist kraft Gesetzes (§ 349 S. 1 HGB) selbstschuldnerischer Bürge.

Der Bürge wird oft aus altruistischen Gründen tätig – der berühmte Erbonkel, der für seinen Neffen bei dessen Vermieter für die Mietforderungen bürgt. Der Bürge wird in diesen Fällen, nachdem er den Gläubiger befriedigt hat, sich nicht an den Schuldner halten.

§ 774 BGB geht aber davon aus, dass der Bürge nicht rein altruistisch tätig wird, sondern, wenn er vom Gläubiger in Anspruch genommen wurde, vom Schuldner Rückgriff verlangen will. § 774 Abs. 1 S. 1 BGB bestimmt deshalb, dass die Forderung des Gläubigers gegen den Schuldner auf den Bürgen übergeht. Der Schuldner bekommt also einen neuen Gläubiger, seinen Bürgen. Der Gläubigerwechsel erinnert an die Abtretung (▶ Abschn. 3.9), ist aber keine Abtretung, kein Forderungsübergang kraft Rechtsgeschäft, sondern kraft Gesetzes (§ 774 BGB ordnet ihn an). Die Forderung geht über, ob der Schuldner will oder nicht, und ohne, dass er etwas dafür tun müsste oder etwas dagegen tun könnte. Es handelt sich um einen „gesetzlichen Forderungsübergang", lat. **cessio legis**.

Für den Bürgen ist die Forderung gegen den Schuldner im Zweifel natürlich wenig interessant – wenn der Schuldner Geld hätte, hätte er ja den Gläubiger selbst befriedigen können! Aber: § 412 BGB (aus dem Recht der Abtretung!) bestimmt für den gesetzlichen Forderungsübergang, dass die §§ 399–404 BGB Anwendung finden. Aus § 401 BGB ergibt sich, dass mit der Hauptforderung auch die weiteren Sicherungsrechte auf den Bürgen übergehen.

5.5.1.2 Schuldbeitritt und Schuldübernahme

Zu den Personalsicherheiten gehört außerdem der im Gesetz nicht geregelte **Schuldbeitritt**. Nomen est omen – die weitere Person tritt der Schuld des Schuldners bei, der Gläubiger hat also zwei Schuldner, die er gleichrangig in Anspruch nehmen kann. Die beiden Schuldner sind Gesamtschuldner i. S. d. §§ 421 ff. BGB (▶ Abschn. 3.5). Für den Gläubiger ist ein Schuldbeitritt daher üblicherweise günstiger als eine Bürgschaft, bei welcher der Bürge selbst ja nicht Schuldner der Hauptforderung wird.

Beispiel
Weil S' wohlhabende Ehefrau F bereits weiß, dass Gläubiger G ihrem S bald keinen Kredit mehr gewähren will, wendet sie sich an G und bietet an, der Schuld des S beizutreten.

Wegen der fehlenden gesetzlichen Regelung ist die Vertragsgestaltung beim Schuldbeitritt besonders wichtig. Der Schuldbeitritt findet in der Regel im Verhältnis Beitretender/Gläubiger statt, denkbar ist aber auch (weil er den Gläubiger nur begünstigt, also kein Vertrag zu Lasten Dritter ist) ein Vertrag zwischen Beitretendem und Schuldner.

Ist bei der Erklärung des Beitretenden unklar, ob wirklich ein Beitritt (oder doch eine Bürgschaft) beabsichtigt ist, ist die Erklärung auszulegen. Bei ihrer Auslegung zu bedenken, dass der Schuldbeitritt für den Sicherungsgeber ungünstiger ist als die Bürgschaft. Er wird schließlich „gewöhnlicher" Schuldner der Forderung. Deshalb wird bei Unklarheiten nur dann, wenn der Sicherungsgeber ein eigenes (wirtschaftliches) Interesse an der Leistung hat, auch ein Wille zum Beitritt anzunehmen sein.

Vom Schuldbeitritt zu unterscheiden ist die **Schuldübernahme** (§§ 414 ff. BGB). Es handelt sich letztlich nicht um eine Sicherheit, sondern der „Sicherungsgeber" übernimmt die Schuld des (alten) Schuldners und wird neuer Schuldner. Der alte Schuldner wird von seiner Schuld frei.

Für den Gläubiger ist dies natürlich nur sinnvoll, wenn der neue Schuldner wirtschaftlich besser gestellt ist als der alte Schuldner. Daher kann sich der alte Schuldner nicht beliebig „aus der Affäre ziehen", sondern der Gläubiger ist zu beteiligen: Der Schuldnerwechsel findet entweder aufgrund eines Vertrags des neuen Schuldners mit dem Gläubiger (§ 414 BGB) oder aufgrund eines Vertrags des neuen Schuldners mit dem alten Schuldner (§ 415 BGB) statt. Der Gläubiger wird sich auf ihn nur einlassen, wenn er daraus wirtschaftlich keine Nachteile fürchten muss, daher braucht es hier die Zustimmung des Gläubigers (§ 415 BGB).

5.5.1.3 Garantie /Patronatserklärung

Garantie und Patronatserklärung sind im BGB nicht geregelt, es kommt hier folglich im Einzelnen auf die Vereinbarung der Parteien an.

Allgemein lässt sich aber festhalten, dass die „Garantie" zu Sicherungszwecken nichts zu tun hat mit der kaufrechtlichen Garantie (insbes. § 443 BGB). Die Garantie zu Sicherungszwecken ähnelt vielmehr der Bürgschaft. Der Garantierende verspricht, im **Garantiefall** eine Leistung zu erbringen (üblicherweise: auf eine Forderung zu zahlen). Anders als die Bürgschaft ist die Garantie nicht akzessorisch. Die Garantie ist vom Schicksal der gesicherten Forderung unabhängig. Die Pflicht des Garantiegebers zur Zahlung bestimmt sich nur danach, was in der Garantieerklärung versprochen /im Garantievertrag vereinbart ist, was mit anderen Worten der vereinbarte „Garantiefall" ist. Die Voraussetzungen können frei von den Parteien festgelegt werden.

Dass die Garantie meist weiter geht als die Bürgschaft, der Garantiegeber also in einer deutlich schlechteren Position ist als der Bürge, zeigt sich ganz klar bei der **Garantie auf erstes Anfordern**: Der Garantiefall ist hier nicht, dass der Schuldner nicht zahlt, sondern die bloße Anforderung der Leistung durch den Sicherungsnehmer („Ganz gleich ob der Schuldner zahlt, ich will, dass du zahlst!"). Erst wird also gezahlt, dann geklärt, ob auch eine Verpflichtung zur Zahlung bestand (oder etwa die Garantie nichtig war etc.).

Erfolgt eine Erklärung, zumindest für die Liquidität des Schuldners sorgen zu wollen durch eine Konzerngesellschaft für eine andere Gesellschaft desselben Konzerns, kann es sich um eine **Patronatserklärung** handeln.

5.5.2 Realsicherheiten

Wird zur Kreditsicherung eine (bewegliche oder unbewegliche) Sache oder ein Recht verwendet, liegt eine „Realsicherheit" vor. Der Sicherungsgeber, der Eigentümer der zur Sicherung verwendeten Sache oder Inhaber der verwendeten Forderung, muss nicht identisch sein mit dem Schuldner, kann aber identisch sein.[5]

5.5.2.1 Realsicherheiten bei beweglichen Sachen

Wird eine bewegliche Sache als Sicherheit verwendet, geht dies im Wege von Pfandrecht, Sicherungseigentum und Eigentumsvorbehalt.

5.5.2.1.1 Pfandrecht

Eine bewegliche Sache wird durch Verpfändung zur Sicherung herangezogen. Das BGB formuliert: Die Sache wird zur Sicherung einer Forderung in der Weise belastet, dass der Gläubiger berechtigt ist, Befriedigung aus der Sache zu suchen (§ 1204

---

5 Ist der Sicherungsgeber nicht zugleich Eigentümer der verwendeten Sache, kommt ggf. ein gutgläubiger Erwerb der Realsicherheit in Betracht. Staatsexamenskandidaten müssen sich hiermit auseinandersetzen, Master-/Bachelorkandidaten üblicherweise nicht.

Abs. 1 BGB). Die Worte „zur Sicherung einer Forderung" machen deutlich, dass das Pfandrecht akzessorisch ist (wie etwa die Bürgschaft) – keine gesicherte Forderung, kein Pfandrecht!

Die weiteren Voraussetzungen für die Pfandrechtsbestellung enthält § 1205 BGB: (1) Einigung zwischen Schuldner und Eigentümer der zu verpfändenden Sache (2) Übergabe der Sache.

Nach dem Muster der §§ 929 ff. BGB (▶ Abschn. 5.3.1) kann die Übergabe der Sache entbehrlich sein. Was allerdings fehlt: eine § 930 BGB entsprechende Vorschrift. Die verpfändete Sache muss zwingend den Besitzer wechseln. Hintergrund: Das Gesetz findet es für bewegliche Sachen für den Gläubiger zu unsicher, wenn die bewegliche Sache beim Verpfänder bleibt. Anderenfalls könnte für den Schuldner ein Anreiz bestehen, die Sache vielleicht „verschwinden" zu lassen. Aufgrund dieses zwingenden Besitzerwechsels hat die Verpfändung nach § 1204 BGB kaum praktische Bedeutung, Ausnahme: die „Beleihung" von Sachen durch Pfandleihhäuser.

Das weitere Schicksal der Sache ist von der Akzessorietät geprägt, insbesondere besteht gem. § 1228 BGB ein Recht des Pfandgläubigers, die Sache zu verkaufen und aus dem Erlös seine Forderung zu begleichen, wenn die Forderung fällig ist.

5.5.2.1.2 Sicherungsübereignung

Anders als die Verpfändung setzt die Sicherungsübereignung nicht voraus, dass der neue Eigentümer der Sache, der Sicherungsnehmer und Gläubiger des Sicherungsgebers, den Besitz an der Sache erlangt. Das hat dazu geführt, dass die Sicherungsübereignung praktisch sehr viel mehr Bedeutung erlangt hat als die Verpfändung.

Die Sicherungsübereignung ist ihrer rechtlichen Konstruktion nach nichts weiter als eine Übereignung gem. §§ 929, 930 BGB (▶ Abschn. 5.3.1.1.3). Der Schuldner und Eigentümer der Sachen nutzt den Weg über §§ 929, 930 BGB, um einem Gläubiger Sachen als Sicherheit zu übereignen, zugleich aber im Besitz der Sachen zu bleiben.

Die Übereignung wird ergänzt durch die Sicherungsabrede: Der Gläubiger und Sicherungsnehmer wird zwar neuer Eigentümer, dies aber nur treuhänderisch. Sachenrechtlich ist er zwar voll und ganz „gewöhnlicher" Eigentümer wie jeder andere auch. Aber er wird durch die Sicherungsabrede schuldrechtlich gebunden. So darf er Befriedigung aus dem Sicherungsgut nur suchen, wenn der Eigentümer der übereigneten Sachen die Schuld nicht tilgt. Welche Forderung gesichert wird, wird ebenfalls in der Abrede festgehalten. Bei Tilgung der Forderung ist das Eigentum zurückzuübertragen, es besteht aber keine akzessorische Bindung von Eigentum und Forderung: Das Eigentum fällt grundsätzlich nicht mit Tilgung der Forderung automatisch zurück an den Sicherungsgeber.

Um an die Akzessorietät so nah wie möglich heranzukommen und dem Sicherungsgeber sofort bei Tilgung der Schuld sein Eigentum zurück zu verschaffen, wird oft das Eigentum an der Sache aber nur bedingt übertragen. Der Sicherungsgeber ist gegenüber dem Sicherungsnehmer dann also doppelt abgesichert, schuld- und sachenrechtlich. Die nach § 929 S. 1 BGB erforderliche Einigung wird unter der auflösenden Bedingung (§ 158 Abs. 2 BGB) der Schuldtilgung vorgenommen.

Damit die Sicherungsübereignung nach §§ 929, 930 BGB wirksam ist, muss sie hinreichend bestimmt sein (s. das sachenrechtliche Spezialitätsprinzip, ▶ Abschn. 5.1). Da es bei der Sicherungsübereignung keine Übergabe der zu übereignenden Sache gibt, muss irgendwie anders deutlich gemacht werden, welche Sache von der Sicherungsübereignung betroffen ist. In der Sicherungsabrede ist dies genau festzulegen.

Beispiel (ausreichende Abrede)
„Übereignet wird der gesamte Inhalt des auf dem Betriebsgelände XY befindlichen Lagerschuppens."

Beispiel (unzureichende Abrede)
„Übereignet wird ¼ des Inhalts des Inhalts des auf dem Betriebsgelände XY befindlichen Lagerschuppens." (Es wird nicht klar, welches Viertel.)

Beispiel (ausreichende Abrede)
S vereinbart mit G, die Ware, die er zur Sicherheit an G übereignen will, zwar in seinem Lagerhaus nicht gesondert zu lagern, aber mit einem roten Bändchen zu kennzeichnen.

Da die Sicherungsübereignung selbst dann nicht akzessorisch zur gesicherten Forderung ist, wenn das Zurückfallen des Eigentums an den Sicherungsgeber über § 158 Abs. 2 BGB abgesichert ist, kann es zur **nachträglichen Übersicherung** kommen: Der Gläubiger ist in einem solchen Fall Eigentümer von Sachen, deren Wert den der gesicherten Forderung deutlich übersteigt. (Das kann allerdings auch schon ein Fehler sein, der von Anfang an in der Sicherungsabrede angelegt war, **anfängliche Übersicherung**.)

Die anfängliche Übersicherung führt zur Sittenwidrigkeit der Sicherungsübereignung und der Sicherungsabrede, feste Grenzen gibt es hier nicht. Die nachträgliche Übersicherung beginnt, wenn der realisierbare Wert des Sicherungsgutes 110 % der gesicherten Forderung übersteigt, jedenfalls aber, wenn der Schätzwert des Sicherungsguts 150 % der gesicherten Forderung übersteigt.

5.5.2.1.3 Eigentumsvorbehalt

Der Eigentumsvorbehalt, für den § 449 BGB eine ausschnittsweise Regelung enthält (lesen!), ist das Standardsicherungsmittel bei der Lieferung von Waren: Der (Eigentumsvorbehalts-)Verkäufer liefert Waren an den (Eigentumsvorbehalts-)Käufer, behält sich aber bis zur vollständigen Bezahlung der Waren das Eigentum an ihnen vor.

Sachenrechtlich handelt es sich um eine aufschiebend bedingte Einigung zur Übereignung (§§ 929 S. 1, 158 Abs. 1 BGB). Wird die Ware vollständig bezahlt, tritt die

5.5 · Kreditsicherung

Übereignung ein, der Käufer wird Eigentümer. Bis zur vollständigen Bezahlung hat der Eigentumsvorbehaltskäufer aber bereits eine Rechtsposition, die etwas weniger als das Eigentum ist – das Anwartschaftsrecht (▶ Abschn. 5.3.5).

Geht es nicht um den Geschäftsverkehr mit Verbrauchern, sondern unter Geschäftsleuten, wird der Eigentumsvorbehalt üblicherweise „verlängert". Der **„verlängerte Eigentumsvorbehalt"** setzt sich zusammen aus
1. dem Eigentumsvorbehalt,
2. einer Ermächtigung des Käufers, die Waren im Rahmen des üblichen Geschäftsgangs weiter zu veräußern (nach § 185 Abs. 1 BGB) und
3. einer Vorausabtretung der Forderungen des Käufers gegen seine Endabnehmer.

Auf diese Weise kann der Eigentumsvorbehaltskäufer die Ware weiter veräußern, obwohl er noch nicht ihr Eigentümer ist.

Beispiel
Hersteller H liefert Fernseher an F, den Betreiber einer Elektromarktkette.

Läge ein einfacher Eigentumsvorbehalt vor, blieben die Fernseher im Eigentum des H solange, bis F sie bezahlt hat. Das Problem: Um die Fernseher bezahlen zu können, muss F sie erst weiter verkaufen. Wenn F die Fernseher aber an seine Kunden veräußert, ohne bezahlt zu haben, verfügt er als Nichtberechtigter. Die Kunden könnten allenfalls gem. §§ 929 S. 1, 932 BGB Eigentum erwerben. Viel einfacher: Mit dem verlängerten Eigentumsvorbehalt verfügt F als Berechtigter bei der Veräußerung der Fernseher an die Kunden. Es greift § 929 S. 1 BGB.

Problematisch (und klausurrelevant) wird diese Konstellation vor allem, wenn der Eigentumsvorbehaltskäufer seine Forderungen gegen seine Kunden bereits im Rahmen einer Globalzession an einen Dritten abgetreten hat. Die Abtretung im Rahmen des verlängerten Eigentumsvorbehalts läuft dann ins Leere, sämtliche zukünftigen Forderungen sind ja bereits abgetreten (Prioritätsprinzip, die erste Abtretung zählt). Folge: Entweder, der Eigentumsvorbehaltskäufer wird im Verhältnis zum Eigentumsvorbehaltsverkäufer vertragsbrüchig, und verkauft die unter Eigentumsvorbehalt gelieferten Waren, obwohl die Abtretung der daraus entstehenden Forderungen an den Eigentumsvorbehaltsverkäufer ins Leere läuft. Oder er ist ehrlich und legt beim Eigentumsvorbehaltsverkäufer offen, dass er zur Vorausabtretung wegen der vorausgegangenen Globalzession nicht mehr in der Lage ist. Dann wird der Eigentumsvorbehaltsverkäufer aber, weil er sich nicht ausreichend gesichert sieht, möglicherweise vom gesamten Geschäft Abstand nehmen, sodass, wenn sich dies öfter wiederholt, der Eigentumsvorbehaltskäufer über kurz oder lang kaum noch Lieferanten finden und in seiner geschäftlichen Existenz gefährdet werden wird. Mit Blick auf diese Zwickmühle für den Eigentumsvorbehaltskäufer bewertet die Rechtsprechung solche Globalabtretungen als sittenwidrig und gem. § 138 Abs. 1 BGB unwirksam, die auch Forderungen umfassen, die künftigen Warenlieferanten des Sicherungsgebers im Rahmen eines verlängerten Eigentumsvorbehalts abgetreten werden. Darüber hinweg hilft nur eine „dingliche Verzichtsklausel", nach der solche Forderungen von der Globalzession ausgenommen sind, die üblicherweise im Rahmen eines verlängerten Eigentumsvorbehalts abgetreten werden. Warenkreditgeber sollen Vorrang haben vor Geldkreditgebern!

5.5.2.2 Realsicherheit bei Rechten: Sicherungsabtretung

Unkörperliche Sachen (Forderungen, Rechte) werden durch die **Sicherungsabtretung** zur Sicherung herangezogen. Es handelt sich im Grundsatz um eine gewöhnliche Abtretung (§§ 398 ff. BGB): Der Schuldner und Sicherungsgeber tritt an seinen Gläubiger eine Forderung ab, die ihm gegen einen Dritten zusteht. Dies ist einfacher als der Weg der Verpfändung (§§ 1273 ff., 1279 ff. BGB), die überdies gegenüber dem Schuldner offenbart werden muss (§ 1280 BGB).

Beispiel
S ist Handwerker und knapp bei Kasse. G will ihm nur noch gegen Sicherheit Kredit gewähren. S hat offene Forderungen aus Werkverträgen bei seinen Kunden K1 bis K10, die er an G abtritt.

Die Sicherungsabtretung wird ergänzt durch eine schuldrechtliche Sicherungsabrede, in der festgelegt ist, unter welchen Voraussetzungen der Sicherungsnehmer die Forderung einziehen darf und unter welchen Voraussetzungen er sie zurückzuübertragen hat. Üblicherweise ist der Sicherungsfall, dass die Forderung des Sicherungsnehmers gegen den Sicherungsgeber trotz Fälligkeit nicht erfüllt wird.

Eng mit der Sicherungsabtretung in Zusammenhang steht das **Factoring**. Es handelt sich jedoch nicht um eine Abtretung zur Sicherheit, sondern um einen Forderungskauf.

Beispiel
Gläubiger G verkauft Forderungen gegen seinen Schuldner S an D (den sogenannten Factor), unter sofortiger Gutschrift des Kaufpreises. Der Kaufpreis liegt unter dem Nennwert der Forderungen – dadurch spart sich G etwaige Inkassokosten und erlangt sofort Liquidität, D kann dadurch Gewinn machen, dass er bei S mehr Geld eintreibt, als er an G gezahlt hat.

Dieses Beispiel zeigt das **echte Factoring**. Das Risiko der Uneinbringlichkeit der Forderung (das Risiko, dass die Schuld nicht eingetrieben werden kann), liegt hier beim Factor. Er ist es, der die Forderung in eigenem Namen (gegebenenfalls vergeblich) geltend macht. Beim **unechten Factoring** hingegen stehen Verkauf und Abtretung der Forderung an den Factor unter der Bedingung erfolgreicher Einziehung, die Gutschrift durch den Factor an den Gläubiger erfolgt zunächst nur darlehensweise und wird erst bei erfolgreichem Einzug der Forderung beim Dritten endgültig. Fällt die Forderung aus, ist das Darlehen zurückzuerstatten – das Risiko der „Uneinbringlichkeit der Forderung" liegt hier beim Verkäufer der Forderung.

5.5.2.3 Realsicherheiten bei unbeweglichen Sachen

Besonders beliebte Realsicherheiten sind die **Grundpfandrechte** Hypothek und Grundschuld. Es handelt sich um Sicherungsrechte an Grundstücken, und Grundstücke sind meist besonders werthaltig. Sie werden im Grundbuch eingetragen.

5.5.2.3.1 Hypothek

Die Hypothek ist, wie § 1113 BGB mit den Worten „zur Befriedigung wegen einer ... Forderung" deutlich macht, ein akzessorisches Sicherungsrecht. Sie wird zur Sicherung einer Forderung bestellt, ihr Schicksal ist abhängig vom Schicksal der gesicherten Forderung. Der Eigentümer kann daher gegen die Hypothek die dem persönlichen Schuldner gegen die Forderung zustehenden Einreden geltend machen (§ 1137 Abs. 1 S. 1 BGB). Wird die gesicherte Forderung übertragen (abgetreten), zieht sie die Hypothek mit sich (s. § 1153 BGB). Etwaige Einwendungen des Eigentümers gegen die Hypothek gehen mit (§ 1157 BGB). Aus der Akzessorietät folgt außerdem, dass die Hypothek an den Eigentümer des Grundstücks zurückfällt, wenn die gesicherte Forderung getilgt wird (§ 1163 Abs. 1 BGB).

Voraussetzungen für das Entstehen einer Hypothek (abseits des Bestehens der Forderung) sind gem. § 873 Abs. 1 Fall 2 BGB
1. eine Einigung zwischen Sicherungsgeber und -nehmer über die Bestellung der Hypothek,
2. die Eintragung der Hypothek ins Grundbuch (mit dem Inhalt des § 1115 BGB) und
3. der Verfügende muss Eigentümer des Grundstücks oder sonst verfügungsbefugt gewesen sein.

Wird – wie in der Praxis üblich – eine **Briefhypothek** bestellt, wird außerdem ein Brief erteilt und dem Eigentümer des Grundstücks oder später dem Sicherungsnehmer übergeben (§§ 1116, 1117 BGB). Der Hypothekenbrief erleichtert dem Gläubiger den Nachweis, dass eine Hypothek zu seinen Gunsten besteht (s. § 1155 BGB), und erhöht damit die Verkehrsfähigkeit der Hypothek. Die Hypothek kann aber auch als **Buchhypothek** erteilt werden (§ 1116 Abs. 2 S. 1 BGB).

Tritt der Sicherungsfall ein, erfolgt die Verwertung der Sicherheit durch Zwangsvollstreckung in das Grundstück. Der Sicherungsgeber hat sie zu dulden (§ 1147 BGB). Aus dem Erlös der Zwangsvollstreckung wird der Gläubiger befriedigt.

Die Hypothek kann im Zwei-Personen-Verhältnis von Gläubiger-Sicherungsnehmer und Schuldner-Sicherungsgeber bestellt werden. Es gibt aber auch hier Dreieckskonstellationen, bei denen der Eigentümer des Grundstücks zwar Sicherungsgeber ist (d. h. zulässt, dass die Grundschuld bestellt wird), aber nicht Schuldner der Forderung (vom Gesetz „persönlicher Schuldner" genannt).

Beispiel
Schuldner S hat nichts mehr (außer Schulden). Um ihm „aus der Patsche" zu helfen, willigt seine Ehefrau E ein, dass zugunsten des G, des größten Gläubigers des S, eine Hypothek an einem ihrer Grundstücke bestellt wird.

Für den Eigentümer ist dieses Geschäft allerdings riskant, es geht ihm insoweit wie dem Bürgen, als er von der Zahlungsfähigkeit (und -moral) des Schuldners abhängig ist. Anders als der Bürge haftet der Eigentümer des Grundstücks aber nicht mit seinem ganzen Vermögen, sondern seine Haftung ist auf das Grundstück beschränkt. Damit er sein Grundstück für sich erhalten kann, kann er den Gläubiger befriedigen, mit der Folge, dass die Forderung auf ihn übergeht. § 774 Abs. 1 BGB findet entsprechende Anwendung (§ 1143 BGB).

5.5.2.3.2 Grundschuld
In der Praxis wichtiger als die Hypothek ist die Grundschuld (§§ 1191 ff. BGB), denn sie ist zwar wie die Hypothek ein Grundpfandrecht, d. h. der Sicherungsnehmer kann Zwangsvollstreckung in das Grundstück des Sicherungsgebers betreiben, das Grundstück wird versteigert und der Sicherungsnehmer durch den Erlös befriedigt; allerdings fehlt es bei der Grundschuld im Gegensatz zur Hypothek an der Akzessorietät – ihr Bestand ist von der Existenz einer zu sichernden Forderung nicht abhängig. Für den Gläubiger ist dies attraktiv. Für den Eigentümer des Grundstücks aber ist die Grundschuld riskanter als die Hypothek. Da die Grundschuld, anders als die Hypothek, unabhängig von der besicherten Forderung übertragen werden kann, ist möglicherweise nach einer Übertragung der Hypothekengläubiger nicht mehr personenidentisch mit dem Inhaber der Forderung. Es besteht die Gefahr, dass der Eigentümer sich mit einem ihm unbekannten, ihm möglicherweise wenig genehmen Gläubiger konfrontiert sieht, dem er seine Einwendungen gegen die besicherte Forderung mangels Akzessorietät nicht entgegen halten kann.

Ist die Grundschuld eine **Sicherungsgrundschuld**, d. h. dient sie der Sicherung eines Anspruchs (s. § 1192 Abs. 1a BGB), gibt es zwar eine Sicherungsabrede, aus der sich ergibt, unter welchen Voraussetzungen der Gläubiger die Grundschuld verwerten darf und unter welchen Voraussetzungen er sie zurückübertragen muss. Überträgt der Gläubiger die Grundschuld aber an einen neuen Gläubiger, kann der Grundstückseigentümer diesem die Sicherungsabrede mangels Akzessorität eigentlich nicht entgegenhalten – die Abrede besteht nur zwischen ihm und dem Altgläubiger. Dies kann zu unbilligen Ergebnissen führen (der Schuldner bedient die Forderung, der Gläubiger will trotzdem verwerten). Klassischer Fall aus der Wirtschaftskrise der Jahre 2008/2009:

Beispiel
Schuldner S hat sein Einfamilienhäuschen auf Kredit gekauft und mit einer Grundschuld zugunsten der kreditgebenden Bank B gesichert. B gerät in wirtschaftliche Schieflage und

überträgt die Grundschuld an X. X wiederum überträgt sie an Y. Irgendwann sieht S sich mit Z konfrontiert, der gegen S, unabhängig davon, dass S immer brav seine Raten auf den Kredit bei B gezahlt hat, aus der Grundschuld vorgeht.

Um diese Situation zu vermeiden, wurde in der Wirtschaftskrise eine Sonderregelung in § 1192 Abs. 1a BGB eingefügt, die die Nicht-Akzessorietät der Grundschuld aufweicht: Handelt es sich bei der Grundschuld um eine Sicherungsgrundschuld, können Einreden, die dem Eigentümer auf Grund des Sicherungsvertrags mit dem bisherigen Gläubiger gegen die Grundschuld zustehen oder sich aus dem Sicherungsvertrag ergeben, auch jedem Erwerber der Grundschuld entgegengesetzt werden.

Ansonsten trägt die gesetzliche Regelung der praktischen Bedeutung der Grundschuld nicht Rechnung. Die §§ 1191 ff. BGB enthalten nur eine knappe Regelung, nach der auf die Grundschuld die Vorschriften über die Hypothek entsprechende Anwendung finden, soweit sich nicht daraus ein anderes ergibt, dass die Grundschuld nicht eine Forderung voraussetzt (§ 1192 Abs. 1 BGB). Die Grundschuld wird daher nach denselben Grundsätzen behandelt wie die Hypothek. Es können daher auch zur Hypothek ähnliche Probleme auftreten, etwa wenn Eigentümer des Grundstücks und Schuldner der Forderung nicht deckungsgleich sind. Bei der Anwendung der §§ über die Hypothek ist stets zu prüfen, ob sie auf deren Akzessorietät beruhen (dann keine Anwendbarkeit auf die Grundschuld).

5.6 Lern-Kontrolle

Kurz und bündig

Das Sachenrecht (§§ 854 ff. BGB) regelt die rechtlichen Beziehungen, die Personen zu Sachen haben können, darunter, wie Besitz und Eigentum erlangt und verloren werden und wozu die Rechtsstellung als Besitzer oder Eigentümer berechtigt. Daneben fußt auf dem Sachenrecht das Kreditsicherungsrecht, das verschiedene rechtliche Mittel des Gläubigers bereithält, um eine Forderung gegen Ausfall abzusichern, u. a. Bürgschaft, Eigentumsvorbehalt, Sicherungsübereignung oder Hypothek und Grundschuld.

❓ **Let's check**
1. Was ist Besitzwehr? Was ist Besitzkehr? Wo findet sie sich im Gesetz?
2. Welcher § regelt, unter welchen Voraussetzungen ein Grundstückseigentümer gegen die Zuführung von Dämpfen und Rauch vorgehen kann?
3. Der gute Glaube an die Verfügungsbefugnis des Veräußerers einer Sache wird vom BGB nicht geschützt. Richtig?
4. A verkauft B ein Grundstück, Auflassung und Vormerkung erfolgen, die Eintragung des neuen Eigentümers erfolgt aufgrund fehlender Urkunden noch nicht. A verkauft das Grundstück dann noch an C, der auch im Grundbuch eingetra-

gen wird. In dieser Konstellation geht B leer aus, weil es A unmöglich (§ 275 Abs. 1 BGB) ist, ihm das Grundstück zu übertragen. Richtig?
5. Der Begriff des guten Glaubens bzw. der Bösgläubigkeit im Immobiliarsachenrecht entspricht dem des Mobiliarsachenrechts. Richtig?
6. Ist eine Eintragung im Grundbuch unrichtig, kann der wahre Rechtsinhaber eine Vormerkung eintragen lassen, um das Grundbuch korrigieren zu lassen. Richtig?
7. § 1004 BGB regelt ausschließlich das Verhältnis von Eigentümer und Besitzer einer Sache. Richtig?
8. Was ist der Unterschied zwischen Eigentumsvorbehalt und Sicherungsübereignung?

Vernetzende Aufgaben
1. Sachen sind nur körperliche Gegenstände (§ _____ BGB). Zu unterscheiden sind Mobilien und _____, sowie _____ (§ ____ BGB) und unvertretbare Sachen. Teile eine Sache werden in wesentliche (§§ _____ BGB) und nicht wesentliche _____ eingeteilt. Abzugrenzen davon ist das _____ (§ 97 BGB). Eine Sache kann Früchte (§ _____ BGB) haben.
2. V hat K Lieferung von zwei Kartons Sektkelchen „Nizza" zugesagt. Als er mit seinem Lkw bei K vorfährt, nimmt Ks Lagerleiter L die Kartons in Empfang und will sie in die Lagerhalle des K tragen, stolpert aber auf dem Weg hinein. Die Sektkelche gehen alle zu Bruch. K verlangt von V erneute Lieferung von zwei Kartons Sektkelchen „Nizza". Zu Recht?
3. Die §§ 985 ff. BGB dienen der _____. Sie sind daher grundsätzlich abschließend, insbesondere mit Blick auf die §§_____.

Lesen und Vertiefen
Lehrbücher zum Sachenrecht
- Prütting, H. (2014). *Sachenrecht*. München: C. H. Beck.
  Hier insbesondere vertiefen: Besitzverhältnisse bei Ehegatten und nichtehelichen Lebensgemeinschaften*; Besitzschutz unter Mitbesitzern*; Übersicherung bei der Globalzession; Ansprüche aus § 1007 BGB*; Miteigentum nach Bruchteilen und Gemeinschaft*.
- Vieweg, K. & Werner, A. (2015). *Sachenrecht*. München: Vahlen.
  Hier insbesondere vertiefen: Erbenbesitz*; Nebenbesitz*; § 1006 BGB*; gesetzliche Besitzmittlungsverhältnisse (z. B. Eltern ggü. Kindern)*; Begriff der Übergabe; Geheißerwerb, Scheingeheißerwerb, Lieferketten; Immobilienerwerb durch Minderjährige*; Sicherungsübereignung, insbesondere Übereignung von Warenlagern, Übersicherung, Freigabeansprüche; Gutgläubiger Erwerb des Eigentums: Bösgläubigkeit i. S. d. § 932 Abs. 2 BGB; Auslegung von § 934 BGB*; Begriff des Abhandenkommens (§ 935 BGB); Verkehrsgeschäft; gutgläubiger Erwerb vom Minderjährigen*; Rückerwerb durch den Nichtberechtigten*;

5.6 · Lern-Kontrolle

gutgläubiger lastenfreier Erwerb*; gutgläubiger Erwerb des Anwartschaftsrechts; Eigentumserwerb nach §§ 946 ff. BGB, insbesondere durch Verarbeitung (§ 950 BGB, einschließlich Herstellerklausel); Ausgleich für Rechtsverlust (§ 951 BGB einschließlich Verhältnis zum EBV); Eigentümer-Besitzer-Verhältnis: § 986 BGB und Recht zum Besitz; Auslegung der §§ 988 (analog), 991 BGB*; Fremdbesitzerexzess*; Konkurrenzen, z. B. zum Deliktsrecht*; Gegenrechte des Besitzers*; Gutgläubiger Erwerb des Grundeigentums*; insbesondere Verhältnis von Grundbuch und Erbschein*.

- Weber, R. (2016). *Sachenrecht I – Bewegliche Sachen*. Baden-Baden: Nomos.

Hier insbesondere vertiefen: Kollisionsprobleme des Eigentumsvorbehalts*; nicht-so-berechtigter Besitzer, nicht-mehr-berechtigter Besitzer*; Aufschwingen vom Fremd- zum Eigenbesitzer*; analoge Anwendung der §§ 987 ff. BGB*; Redlichkeit des Besitzers bei Besitzerwerb durch Gehilfen*; Verwendungen auf die Sache*; §§ 999 ff. BGB*; Ansprüche nach § 1004 BGB*.

- Weber, R. (2015). *Sachenrecht II, Grundstücksrecht*. Baden-Baden: Nomos.

Hier insbesondere vertiefen: Nachbarrecht (§ 906 BGB)*; Grundbuchberichtigungsanspruch*; Eigentumserwerb vom Berechtigten und vom Nichtberechtigten*; Gutgläubiger (Erst-/Zweit-) Erwerb von Vormerkungen*; Entstehung von Hypotheken, Haftungsverband und „Enthaftung", Erwerb von Hypotheken, gutgläubiger Erst- und Zweiterwerb, Zahlungen des Schuldner-Eigentümers auf die Forderung/die Hypothek/Rechtsfolgen*; Personenverschiedenheit von Sicherungsgeber und Eigentümer des sichernden Grundstücks: Zahlungen des Eigentümers auf die Forderung/die Hypothek/Rechtsfolgen*; Entstehung und Übertragung der Grundschuld, insbes. Bedeutung der Sicherungsabrede*; gutgläubiger Erwerb der Grundschuld*; Personenverschiedenheit von Sicherungsgeber und Eigentümer des sichernden Grundstücks, Zahlungen des Schuldners/des Eigentümers auf die Forderung/die Grundschuld/Rechtsfolgen*.

Lehrbücher zum Kreditsicherungsrecht

- Weber, H.& Weber, J.-A. (2012). *Kreditsicherungsrecht*. München: C. H. Beck.

Hier insbesondere vertiefen: Einzelheiten zur Bürgschaft.

Aufsätze, die ausgewählte Probleme vertiefen

- Reischl, K. (1998). Grundfälle zu den Grundpfandrechten. *JuS 1998*, 125, 220 und 318.

Erläuterung insbesondere der Rechtslage bei Hypotheken anhand von Beispielen; „Wettlauf der Sicherungsgeber".

- Schmolke, K. U. (2009). Grundfälle zum Bürgschaftsrecht. *JuS 2009*, 585 ff.

Insbesondere: Abredewidrig ausgefülltes Blanko-Bürgschaftsformular.

- Schreiber, K. (2013). Der Beseitigungs- und Unterlassungsanspruch aus § 1004 BGB, *Jura 2013*, 111 ff.

Erläutert den Anwendungsbereich des § 1004 BGB, der über den Wortlaut der Norm deutlich hinausgeht.

Anhang: Wichtige Definitionen

Lena Rudkowski

Abgabe – Entäußerung einer Willenserklärung in Richtung des Erklärungsempfängers.

Abhandenkommen einer Sache (§ 935 BGB) – Besitzverlust ohne/gegen den Willen des unmittelbaren Besitzers.

Abnahme (§ 640 BGB) – die körperliche Entgegennahme des Werks und seine Billigung als im Wesentlichen vertragsgemäß.

Angebot – Willenserklärung, die einem anderen einen Vertragsschluss so anträgt, dass dieser nur noch zustimmen muss.

Annahme – Willenserklärung, die die Zustimmung zu einem Angebot zum Ausdruck bringt.

Anspruch – Das Recht, von einem anderen ein Tun oder Unterlassen zu verlangen (Legaldef. in § 194 Abs. 1 BGB).

Anwartschaft – wesensgleiches Minus zum Eigentum, das entsteht, wenn von einem mehraktigen Entstehungstatbestand eines Rechts schon so viele Voraussetzungen erfüllt sind, dass der Veräußerer den Rechtserwerb des Erwerbers nicht mehr einseitig verhindern kann.

Aufwendung – freiwilliges Vermögensopfer.

Besitz – tatsächliche Sachherrschaft, getragen von einem Herrschaftswillen.

Bösgläubigkeit (i. S. d. § 932 Abs. 2 BGB) – wenn dem Erwerber bekannt oder infolge grober Fahrlässigkeit unbekannt ist, dass die Sache nicht dem Veräußerer gehört (§ 932 Abs. 2 BGB).

Empfangsbote – wer vom Empfänger ermächtigt oder nach Verkehrsanschauung als ermächtigt anzusehen ist, Willenserklärungen für den Empfänger entgegenzunehmen.

Erfüllungsgehilfe – Hilfsperson, die mit dem Wissen und Willen des Schuldners zur Erfüllung einer diesen treffenden Verbindlichkeit eingesetzt wird.

Erklärungsbote – wer vom Erklärenden eingesetzt wird, eine Willenserklärung zu übermitteln.

Fahrlässigkeit, grobe – Außerachtlassung der im Verkehr erforderlichen Sorgfalt, wenn schon einfachste, ganz naheliegende Überlegungen nicht angestellt werden und dasjenige unbeachtet gelassen wird, was im gegebenen Fall jedem hätte einleuchten müssen.

Fahrlässigkeit, einfache/leichte – Außerachtlassung der im Verkehr erforderlichen Sorgfalt.

Geschäftsfähigkeit – die Fähigkeit, sich selbst wirksam durch Verträge verpflichten zu können.

Gutgläubigkeit – siehe Bösgläubigkeit.

Leistung (i. S. v. § 812 Abs. 1 S. 1 Fall 1 BGB) – zweckgerichtete und bewusste Mehrung fremden Vermögens.

Nutzungen – die Früchte einer Sache oder eines Rechts sowie die Vorteile, welche der Gebrauch der Sache oder des Rechts gewährt (s. § 100 BGB).

Rechtsfähigkeit – die Fähigkeit, Träger von Rechten und Pflichten sein zu können.

Schuldverhältnis – ein Rechtsverhältnis zwischen mindestens zwei Personen, das die eine Person (den Gläubiger) berechtigt, von einer anderen Person (dem Schuldner) eine Leistung zu fordern.

Schaden – unfreiwilliges Vermögensopfer.

Schutzgesetz (i. S. v. 823 Abs. 2 BGB) – Jede Rechtsnorm, die ihrem Zweck nach nicht nur Allgemeininteressen, sondern zumindest auch Individualinteressen des Geschädigten schützen soll.

Sittenwidrigkeit (i. S. v. § 138 Abs. 1 BGB) – Verstoß gegen das Anstandsgefühl aller billig und gerecht Denkenden.

Übergabe (i. S. v. § 929 S. 1 BGB) – Besitzverlust auf Veräußererseite, Besitzerlangung des Erwerbers, auf Veranlassung des Veräußerers.

Unternehmer – eine natürliche oder juristische Person oder eine rechtsfähige Personengesellschaft, die bei Abschluss eines Rechtsgeschäfts in Ausübung ihrer gewerblichen oder selbständigen beruflichen Tätigkeit handelt (§ 14 Abs. 1 BGB).

Unverzüglich – ohne schuldhaftes Zögern (s. § 122 Abs. 1 BGB).

Verbotsgesetz (i. S. v. § 134 BGB) – eine Rechtsnorm, die sich ihrem Sinn und Zweck nach gegen den Inhalt eines Rechtsgeschäfts richtet, nicht nur gegen die Art und Weise seines Zustandekommens.

Verbraucher – jede natürliche Person, die ein Rechtsgeschäft zu Zwecken abschließt, die überwiegend weder ihrer gewerblichen noch ihrer selbständigen beruflichen Tätigkeit zugerechnet werden können (§ 13 BGB).

Verfügung – ein Rechtsgeschäft, mit dem ein Recht aufgehoben, übertragen, belastet oder inhaltlich geändert wird.

Vertrag – ein Rechtsgeschäft, das sich aus zwei übereinstimmenden, aufeinander bezogenen Willenserklärungen zusammensetzt, Angebot und Annahme.

Verrichtungsgehilfe – wer für einen anderen, in dessen Einflussbereich er steht und zu dem eine gewisse Weisungsgebundenheit bestehen muss, eine Tätigkeit ausführt.

Verwendung – freiwilliges Vermögensopfer, das einer Sache zugutekommt, sie wiederherstellt, erhält oder verbessert, ohne sie aber grundlegend zu verändern.

Verwendung, notwendige – bei vernünftiger wirtschaftlicher Betrachtungsweise objektiv erforderlich, um eine Sache in ihrem wirtschaftlichen Bestand zu erhalten.

Verwendung, nützliche – eine Verwendung, die nicht notwendig ist, aber den Wert der Sache objektiv erhöht oder ihre Gebrauchsfähigkeit steigert.

Vorsatz – Wissen und Wollen in Bezug auf den Eintritt des tatbestandlichen Erfolgs (meist nur in Bezug auf die Rechtsgutverletzung, nicht in Bezug auf den Schaden).

Willenserklärung – jede auf einen rechtlichen Erfolg gerichtete menschliche Willensäußerung.

Zugang – eine Willenserklärung ist so in den Herrschaftsbereich des Empfängers gelangt, dass dieser Kenntnis nehmen kann und damit unter normalen Umständen zu rechnen ist.

Serviceteil

Tipps fürs Studium und fürs Lernen – 174

Der Abschnitt „Tipps fürs Studium und fürs Lernen" wurde von Andrea Hüttmann verfasst.

© Springer Fachmedien Wiesbaden GmbH 2016
L. Rudkowski, *Wirtschaftsrecht: BGB AT, Schuldrecht, Sachenrecht*,
Studienwissen kompakt, DOI 10.1007/978-3-658-09868-1

Tipps fürs Studium und fürs Lernen

- **Studieren Sie!**

Studieren erfordert ein anderes Lernen, als Sie es aus der Schule kennen. Studieren bedeutet, in Materie abzutauchen, sich intensiv mit Sachverhalten auseinanderzusetzen, Dinge in der Tiefe zu durchdringen. Studieren bedeutet auch, Eigeninitiative zu übernehmen, selbstständig zu arbeiten, sich autonom Ziele zu setzen, anstatt auf konkrete Arbeitsaufträge zu warten. Ein Studium erfolgreich abzuschließen erfordert die Fähigkeit, der Lebensphase und der Institution angemessene effektive Verhaltensweisen zu entwickeln – hierzu gehören u. a. funktionierende Lern- und Prüfungsstrategien, ein gelungenes Zeitmanagement, eine gesunde Portion Mut und viel pro-aktiver Gestaltungswille. Im Folgenden finden Sie einige erfolgserprobte Tipps, die Ihnen beim Studieren Orientierung geben, einen grafischen Überblick dazu zeigt ◘ Abb. A.1.

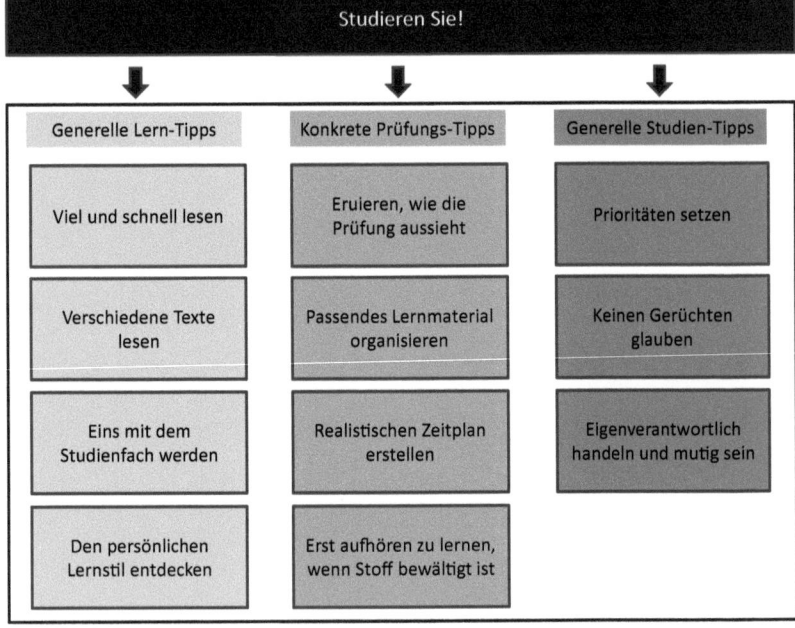

◘ Abb. A.1 Tipps im Überblick

Tipps fürs Studium und fürs Lernen

Lesen Sie viel und schnell

Studieren bedeutet, wie oben beschrieben, in Materie abzutauchen. Dies gelingt uns am besten, indem wir zunächst einfach nur viel lesen. Von der Lernmethode – lesen, unterstreichen, heraus schreiben – wie wir sie meist in der Schule praktizieren, müssen wir uns im Studium verabschieden. Sie dauert zu lange und raubt uns kostbare Zeit, die wir besser in Lesen investieren sollten. Selbstverständlich macht es Sinn, sich hier und da Dinge zu notieren oder mit anderen zu diskutieren. Das systematische Verfassen von eigenen Text-Abschriften aber ist im Studium – zumindest flächendeckend – keine empfehlenswerte Methode mehr. Mehr und schneller lesen schon eher ...

Werden Sie eins mit Ihrem Studienfach

Jenseits allen Pragmatismus sollten wir uns als Studierende eines Faches – in der Summe – zutiefst für dieses interessieren. Ein brennendes Interesse muss nicht unbedingt von Anfang an bestehen, sollte aber im Laufe eines Studiums entfacht werden. Bitte warten Sie aber nicht in Passivhaltung darauf, begeistert zu werden, sondern sorgen Sie selbst dafür, dass Ihr Studienfach Sie etwas angeht. In der Regel entsteht Begeisterung, wenn wir die zu studierenden Inhalte mit lebensnahen Themen kombinieren: Wenn wir etwa Zeitungen und Fachzeitschriften lesen, verstehen wir, welche Rolle die von uns studierten Inhalte im aktuellen Zeitgeschehen spielen und welchen Trends sie unterliegen; wenn wir Praktika machen, erfahren wir, dass wir mit unserem Know-how – oft auch schon nach wenigen Semestern – Wertvolles beitragen können. Nicht zuletzt: Dinge machen in der Regel Freude, wenn wir sie beherrschen. Vor dem Beherrschen kommt das Engagement: Engagieren Sie sich also und werden Sie eins mit Ihrem Studienfach!

Entdecken Sie Ihren persönlichen Lernstil

Jenseits einiger allgemein gültiger Lern-Empfehlungen muss jeder Studierende für sich selbst herausfinden, wann, wo und wie er am effektivsten lernen kann. Es gibt die Lerchen, die sich morgens am besten konzentrieren können, und die Eulen, die ihre Lernphasen in den Abend und die Nacht verlagern. Es gibt die visuellen Lerntypen, die am liebsten Dinge aufschreiben und sich anschauen; es gibt auditive Lerntypen, die etwa Hörbücher oder eigene Sprachaufzeichnungen verwenden. Manche bevorzugen Karteikarten verschiedener Größen, andere fertigen sich auf Flipchart-Bögen Übersichtsdarstellungen an, einige können während des

Spazierengehens am besten auswendig lernen, andere tun dies in einer Hängematte. Es ist egal, wo und wie Sie lernen. Wichtig ist, dass Sie einen für sich effektiven Lernstil ausfindig machen und diesem – unabhängig von Kommentaren Dritter – treu bleiben.

Bringen Sie in Erfahrung, wie die bevorstehende Prüfung aussieht

Die Art und Weise einer Prüfungsvorbereitung hängt in hohem Maße von der Art und Weise der bevorstehenden Prüfung ab. Es ist daher unerlässlich, sich immer wieder bezüglich des Prüfungstyps zu informieren. Wird auswendig Gelerntes abgefragt? Ist Wissenstransfer gefragt? Muss man selbstständig Sachverhalte darstellen? Ist der Blick über den Tellerrand gefragt? Fragen Sie Ihre Dozenten. Sie müssen Ihnen zwar keine Antwort geben, doch die meisten Dozenten freuen sich über schlau formulierte Fragen, die das Interesse der Studierenden bescheinigen und werden Ihnen in irgendeiner Form Hinweise geben. Fragen Sie Studierende höherer Semester. Es gibt immer eine Möglichkeit, Dinge in Erfahrung zu bringen. Ob Sie es anstellen und wie, hängt von dem Ausmaß Ihres Mutes und Ihrer Pro-Aktivität ab.

Decken Sie sich mit passendem Lernmaterial ein

Wenn Sie wissen, welcher Art die bevorstehende Prüfung ist, haben Sie bereits viel gewonnen. Jetzt brauchen Sie noch Lernmaterialien, mit denen Sie arbeiten können. Bitte verwenden Sie niemals die Aufzeichnungen Anderer – sie sind inhaltlich unzuverlässig und nicht aus Ihrem Kopf heraus entstanden. Wählen Sie Materialien, auf die Sie sich verlassen können und zu denen Sie einen Zugang finden. In der Regel empfiehlt sich eine Mischung – für eine normale Semesterabschlussklausur wären das z. B. Ihre Vorlesungs-Mitschriften, ein bis zwei einschlägige Bücher zum Thema (idealerweise eines von dem Dozenten, der die Klausur stellt), ein Nachschlagewerk (heute häufig online einzusehen), eventuell prüfungsvorbereitende Bücher, etwa aus der Lehrbuchsammlung Ihrer Universitätsbibliothek.

Erstellen Sie einen realistischen Zeitplan

Ein realistischer Zeitplan ist ein fester Bestandteil einer soliden Prüfungsvorbereitung. Gehen Sie das Thema pragmatisch an und beantworten Sie folgende Fragen: Wie viele

Wochen bleiben mir bis zur Klausur? An wie vielen Tagen pro Woche habe ich (realistisch) wie viel Zeit zur Vorbereitung dieser Klausur? (An dem Punkt erschreckt und ernüchtert man zugleich, da stets nicht annähernd so viel Zeit zur Verfügung steht, wie man zu brauchen meint.) Wenn Sie wissen, wie viele Stunden Ihnen zur Vorbereitung zur Verfügung stehen, legen Sie fest, in welchem Zeitfenster Sie welchen Stoff bearbeiten. Nun tragen Sie Ihre Vorhaben in Ihren Zeitplan ein und schauen, wie Sie damit klar kommen. Wenn sich ein Zeitplan als nicht machbar herausstellt, verändern Sie ihn. Aber arbeiten Sie niemals ohne Zeitplan!

Beenden Sie Ihre Lernphase erst, wenn der Stoff bewältigt ist

Eine Lernphase ist erst beendet, wenn der Stoff, den Sie in dieser Einheit bewältigen wollten, auch bewältigt ist. Die meisten Studierenden sind hier zu milde im Umgang mit sich selbst und orientieren sich exklusiv an der Zeit. Das Zeitfenster, das Sie für eine bestimmte Menge an Stoff reserviert haben, ist aber nur ein Parameter Ihres Plans. Der andere Parameter ist der Stoff. Und eine Lerneinheit ist erst beendet, wenn Sie das, was Sie erreichen wollten, erreicht haben. Seien Sie hier sehr diszipliniert und streng mit sich selbst. Wenn Sie wissen, dass Sie nicht aufstehen dürfen, wenn die Zeit abgelaufen ist, sondern erst wenn das inhaltliche Pensum erledigt ist, werden Sie konzentrierter und schneller arbeiten.

Setzen Sie Prioritäten

Sie müssen im Studium Prioritäten setzen, denn Sie können nicht für alle Fächer denselben immensen Zeitaufwand betreiben. Professoren und Dozenten haben die Angewohnheit, die von ihnen unterrichteten Fächer als die bedeutsamsten überhaupt anzusehen. Entsprechend wird jeder Lehrende mit einer unerfüllbaren Erwartungshaltung bezüglich Ihrer Begleitstudien an Sie herantreten. Bleiben Sie hier ganz nüchtern und stellen Sie sich folgende Fragen: Welche Klausuren muss ich in diesem Semester bestehen? In welchen sind mir gute Noten wirklich wichtig? Welche Fächer interessieren mich am meisten bzw. sind am bedeutsamsten für die Gesamtzusammenhänge meines Studiums? Nicht zuletzt: Wo bekomme ich die meisten Credits? Je nachdem, wie Sie diese Fragen beantworten, wird Ihr Engagement in der Prüfungsvorbereitung ausfallen. Entscheidungen dieser Art sind im Studium keine böswilligen Demonstrationen von Desinteresse, sondern schlicht und einfach überlebensnotwendig.

Glauben Sie keinen Gerüchten

Es werden an kaum einem Ort so viele Gerüchte gehandelt wie an Hochschulen – Studierende lieben es, Durchfallquoten, von denen Sie gehört haben, jeweils um 10–15 % zu erhöhen, Geschichten aus mündlichen Prüfungen in Gruselgeschichten zu verwandeln und Informationen des Prüfungsamtes zu verdrehen. Glauben Sie nichts von diesen Dingen und holen Sie sich alle wichtigen Informationen dort, wo man Ihnen qualifiziert und zuverlässig Antworten erteilt. 95 % der Geschichten, die man sich an Hochschulen erzählt, sind schlichtweg erfunden und das Ergebnis von ‚Stiller Post'.

Handeln Sie eigenverantwortlich und seien Sie mutig

Eigenverantwortung und Mut sind Grundhaltungen, die sich im Studium mehr als auszahlen. Als Studierende verfügen Sie über viel mehr Freiheit als als Schüler: Sie müssen nicht immer anwesend sein, niemand ist von Ihnen persönlich enttäuscht, wenn Sie eine Prüfung nicht bestehen, keiner hält Ihnen eine Moralpredigt, wenn Sie Ihre Hausaufgaben nicht gemacht haben, es ist niemandes Job, sich darum zu kümmern, dass Sie klar kommen. Ob Sie also erfolgreich studieren oder nicht, ist für niemanden von Belang außer für Sie selbst. Folglich wird nur der eine Hochschule erfolgreich verlassen, dem es gelingt, in voller Überzeugung eigenverantwortlich zu handeln. Die Fähigkeit zur Selbstführung ist daher der Soft Skill, von dem Hochschulabsolventen in ihrem späteren Leben am meisten profitieren. Zugleich sind Hochschulen Institutionen, die vielen Studierenden ein Übermaß an Respekt einflößen: Professoren werden nicht unbedingt als vertrauliche Ansprechpartner gesehen, die Masse an Stoff scheint nicht zu bewältigen, die Institution mit ihren vielen Ämtern, Gremien und Prüfungsordnungen nicht zu durchschauen. Wer sich aber einschüchtern lässt, zieht den Kürzeren. Es gilt, Mut zu entwickeln, sich seinen eigenen Weg zu bahnen, mit gesundem Selbstvertrauen voranzuschreiten und auch in Prüfungen eine pro-aktive Haltung an den Tag zu legen. Unmengen an Menschen vor Ihnen haben diesen Weg erfolgreich beschritten. Auch Sie werden das schaffen!

Andrea Hüttmann ist Professorin an der accadis Hochschule Bad Homburg, Leiterin des Fachbereichs „Communication Skills" und Expertin für die Soft-Skill-Ausbildung der Studierenden. Sie ist Autorin des bei Springer Gabler erschienenen Buches „Erfolgreich studieren mit Soft Skills". Als Coach ist sie auch auf dem freien Markt tätig und begleitet Unternehmen, Privatpersonen und Studierende bei Veränderungsvorhaben und Entwicklungswünschen (▶ www.andrea-huettmann.de).

Springer Gabler

springer-gabler.de

Studienwissen kompakt:
Die neue Lehrbuchreihe für alle Studiengebiete der Wirtschaft!

Opresnik et al.
Allgemeine Betriebswirtschaftslehre
2. Aufl. Brosch. € (D) 14,99 |
€ (A) 15,41 | * sFr 19,00
ISBN 978-3-662-44326-2

Holzmann
Wirtschaftsethik
Brosch. ca. € (D) 14,99 |
€ (A) 15,41 | * sFr 19,00
ISBN 978-3-658-06820-2

Arndt
Logistikmanagement
Brosch. € (D) 14,99 |
€ (A) 15,41 | * sFr 19,00
ISBN 978-3-658-07211-7

Franken
Personal: Diversity Management
Brosch. € (D) 14,99 |
€ (A) 15,41 | * sFr 19,00
ISBN 978-3-658-06796-0

Egner
Internationale Steuerlehre
Brosch. ca. € (D) 14,99 |
€ (A) 15,41 | * sFr 19,00
ISBN 978-3-658-07350-3

€ (D) sind gebundene Ladenpreise in Deutschland und enthalten 7% MwSt. € (A) sind gebundene Ladenpreise in Österreich und enthalten 10% MwSt.
Die mit * gekennzeichneten Preise sind unverbindliche Preisempfehlungen und enthalten die landesübliche MwSt. Preisänderungen und Irrtümer vorbehalten.

Jetzt bestellen: springer-gabler.de

MIX
Papier aus verantwortungsvollen Quellen
Paper from responsible sources
FSC® C105338

If you have any concerns about our products,
you can contact us on
ProductSafety@springernature.com

In case Publisher is established outside the EU,
the EU authorized representative is:
**Springer Nature Customer Service Center GmbH
Europaplatz 3, 69115 Heidelberg, Germany**

Printed by Libri Plureos GmbH
in Hamburg, Germany